JN409349

발길을 붙드는 백제탑이여!

— 나의 우리 문화 순례기

발길을 붙드는 백제탑이여!

— 나의 우리 문화 순례기

조윤수 제5수필집

수필과비평사

| 서문

국보 제217호인 겸재 정선의 〈금강산전도〉는 내금강의 모습을 그린 것이다. 전체적으로 원형구도로 위에서 아래로 내려다본 모습이다.

나는 금강산에 가본 적도 없지만, 이 그림에서 금강산의 아름다움 그 이상을 느낄 수 있었다. 정선은 실경산수의 효시이지만, 금강산의 실경을 그렸으되 그의 독특한 주역 사상이 바탕이 되었단다.

야산과 높은 암산을 좌우로 배치하여 음과 양, 부드러움과 강함이 대비될 수 있게 그렸다. 그럼에도 이 그림을 보면 금강산의 전체 모습이 선명하게 느껴진다. 그것은 정선이 금강산을 생각으로 그리지 않고 골짜기 골짜기를 직접 발로 밟아보고 다녀 봤기 때문이다.

마치 명장이 목공소에서 깎아놓은 나무를 가져가 조립한 것이 아니라 자신이 직접 나뭇결에 따라 대패질을 한 나무로 집을 지은 것과 같다는 평이다. 이 얼마나 문학적 회화인가! 실제로 본 풍경을 재구성한 것이다.

내가 그린 문화재 순례기巡禮記들은 어떻게 그려졌는가. 직접 다녀 보았다지만, 제대로 본 것인지 모르겠다. 대패질이 너무 서툴러 거친 그림이 된 것도 많으리라. 아니, 구소九霄의 하늘 너머에서 들려오는 소리들을 어찌 그리겠는가.

이 책은 내가 다시 가볼 수 없을 때, 누워서 산책할 나의 순례도이니만큼, 부족한 대로 마무리하지 않을 수 없었다. 미흡하지만 내가 찍은 사진에는 나만의 추억과 감상이 있기에 회상의 즐거움도 있으리라.

어떤 이에게는 좀 지루할지도 모르지만, 혹시 나와 같은 심정으로 보아주신다면 같이 이야기를 더하여 나누고 싶다. 나와 만났던 모든 물상과 사람들에게 감사하는 마음으로 이 책을 엮었다.

책이 나오도록 도와주신 선생님들께 감사의 절을 올린다.

2016년 가을

조윤수

차례

■ 서문

1부
윤슬 같은

2부
마곡사 연가

3부
백제의 르네상스를 그린다

4부

아름다운 시절

5부

늙은 가지에도 꽃은 피나니

1부

윤슬 같은

영원한 미소

일본에는 나라 시대부터 계승되어온 '노가쿠'에 사용하는 가면이 있다. 이 가면은 세 가지 표정을 낼 수 있다. 앞으로 조금 숙이면 슬픈 표정이 되고 위로 올리면 웃음을 띤다. TV를 통하여 잠깐 보았지만 신비스럽게 표정이 변했다. 노가쿠는 예능으로 잘 보호된 절제된 형식이 인정되어 2008년 세계무형문화재로 등록되었다. 노가쿠 가면극을 지금 인기리에 공연한다는 소식이다. 우리나라에도 하회탈을 비롯한 다양한 탈이 있다. 중국에는 전통적인 경극이란 것이 있어 희한한 가면이 많다. 서양에도 가면무도회를 열어 자유로운 연회를 즐긴다.

사람답지 못한 사람에게 사람 탈을 쓴 짐승이란 말을 한다. 사람다운 사람이 되기까지 사람은 많은 탈을 쓰고 사는 것 같다. 사람의 표정에는 그 사람의 상태가 잘 드러난다. 오랜 세월 자신의 삶의 형태가 녹아난 표정은 갑자기 관리한다고 되는 것은 아니다. 그래서 모든 사람은 얼굴에 많은 신경을 쓰며 화장이란 가면을 입힐 것이다. 등에 화장을 한 사람을 본 적이 없다고 말하는 사람이 있어 손뼉을 친 적이 있다. 사람의 뒷모습에도 표정은 있다. 뒤돌아서는 그의 모습이 너무도 쓸쓸하게 보이는 때. 화가 나서 씩씩거리며 걷는 모습. 그러니 등에도 화장이 필요할지 모른다. 앞이든 뒤든 화장 밑의 마음 상태는 숨길 수도 없다. 불편한 심기는 언제라도 튀어나오기 마련이다. 무표정한 얼굴 뒤에 여러 가지 감정이 숨어 있기에 표정에 나타나지 않도록 하는 두꺼운 가면이 필요할지도 모른다. 인두겁이라 하지 않는가. 희극의 가면 밑에서 배우도 인생의 고통과 슬픈 현실은 피할 수 없다. 인생의 무대에서 유능한 배우가 되어야 하기에 세상은 가면극의 대무대인지도 모른다.

진실은 불편하므로 외면하고 싶은 것이 보통 사람의 심리다. 표면만 본다면, 거짓이 어쩌면 세상을 평화롭게 하는 면이 더 많은 것 같다고 말하는 사람도 있다. 밝혀야만 하는 진실을 덮으면 모두 조용할 것이라고 적당히 넘기는 일이 많다. 그러나 그 진실은 누군가를 더욱 불편하게 만들며 죄악의 덩어리가 되기도 한다. 결코, 그냥 그대로 있지 않는다. 진실은 살아 있으니까. 가면의 무대에서 오래 버티지 못할 것이다.

가면극은 적나라한 사람의 속내를 연출함으로써 자신을 객관화할 수 있는 시원함이 있는 것 같다. 가면극의 역설이 감동과 즐거움을 제공하여 사람을 정화하는 역할을 하지 싶다. 많은 나라에서 가면극도 예술의 한 형태로 그 몫을 하고 있나 보다. 인도의 자이니즘에는 다양한 신이 있다. 인도는 신의 나라다. 비슈누를 비롯하여 다양한 신의 모습을 탈 공예로 제작하여 각기 좋아하는 신의 탈을 집에 달아놓고 숭배한다. 십자가나 성모상을 걸어놓는 기독교 가정이 있고, 불교에는 탑 상 이후로 불상을 조성하고 있는 것도 또한 탈의 한 형태로 보아야 하지 않을까. 아무튼, 아름답고 고귀하여 사람에게 지향할 목표가 된다면, 가면을 숭

미륵반가사유상(국보 78호)

배하다가 어떤 진리라도 깨달을 수 있다면 한 역할이 되겠다. 오랫동안 교회나 성당과 절에 다닌다고 모두 거룩한 사람이 되는 것은 아닌 것 같다. 허울만 내세우고 기도하는 당일에도 사람 탈을 쓴 짐승처럼 싸우는 사람도 있으니 종교가 많아서 세상이 구원되는 것은 아닌 것 같다. 종교도 또 다른 형태의 가면무대가 될 수도 있지 않겠는가.

새벽부터 시작한 하루가 참 길었다. 오전 내 길에서, 지하철에서 그리고 시장에서 수많은 사람을 만나고 스쳤다. 여러 군상 중의 하나로 술렁거리면서 나는 어떤 표정이었을까. 오후에는 국립중앙박물관 특별전을 돌아보고 나니 몇 날 며칠 외국 나들이하는 기분이었다. 피곤하여 본관의 주요한 유물 몇 가지만 보기로 하고 이 층으로 갔다. 국보 83호 '금동미륵반가사유상'실로 갔다. 캄캄한 독실에 미륵상만 조명을 받은 방이다. 저절로 숙연해져 함께 명상에 들게 된다. 이 조각품을 처음으로 전시할 때 감상한 적이 있고 가끔 사진으로 본다. 실물을 보기로는 거의 8년 만인 것 같다. 친근하지만 처음으로 대하는 것 같은 신성함과 동시에 평온이 밀려들었다. 바닥에 앉은 채로 한참 동안 눈을 감았다.

금동미륵반가사유상이야말로 다양한 표정을 지니고 있다. 미륵상은 오른쪽 다리를 왼쪽 무릎 위에 올리고, 턱 위의 볼에 오른 손가락을 대고 고개는 약간 숙인 채 눈은 반쯤 뜨고 있다. 언제나 부처들이 명상하는 자세는 눈은 약간 내리뜬 모습으로 가부좌한 채 약 1미터의 거리의 어느 점에 시선이 모인다. 옛날과 같이 미륵상 가까이 가서 사방으로 조심스레 관찰하였다. 이 미륵상은 뒷모습도 아름답다. 어깨선과 등의 선이 그리 유연할 수가 없다. 마음에 티끌 한 점도 남아 있지 않으니 고요한 미소 자체가 되었다. 뒤태에는 온몸에서 풍기는 빛이 광배를 이룬다. 어떤 쪽에서도 신비한 표정을 나타내는 미륵상. 미륵이란 오십육억 칠천만 년 후에 나타난다는 부처라 하니까, 얼마나 요원한 일인가. 어느 때이든 모든 사람이 이 미륵상만큼 고요하고 평온한 마음이 평상심이 될 수 있다면 이미 세상은 지금 이 자리가 평화로운 왕국이리라. 앞으로 가까이 가서 숙인 얼굴을 밑에서 올려다보았다. 입술에 띤 미소는, 미소 정도가 아니고 짙은 웃음을 짓고 있다. 어린아이 같은 천진한 미소 같아 마주 보고 미소 지었다. 미륵반가사유상이 하루의 지친 피로를 씻겨주었다.

'노가쿠'를 보자니 바로 그 반가사유상이 떠올랐다. 적멸에 이른 고요한 미소를 가진 탈이 있다면 기꺼이 쓰고 다녀도 누가 뭐랄까. 아니, 이 미륵상만큼 되는 일이 삶의 최고 가치가 아닐까. 몇 생이 걸릴지 모르지만. 가부좌를 한 채 미륵상처럼 표정을 지어본다. 잡다한 생각이라도 끊고 진짜 미소가 떠오를 때까지 해보고 싶다.

* 이번에 보았던 미륵상은 83호이며 머리에 삼산관을 쓴 단순한 절제미가 뛰어난 것 같다. 2005년 국립중앙박물관이 용산으로 이전하기 전, 경복궁 시절에 유일하게 두 미륵상을 한 장소에 전시하여 같이 감상할 기회가 있었다. 아래 글 〈금동미륵반가사유상〉은 그때의 감상문이다. 국립중앙박물관이 용산으로 이전한 뒤로는 6개월마다 두 미륵상을 교체 전시하고 있다.

금동미륵반가사유상

전시장은 캄캄하다. 국보 83호와 78호인 반가사유상이 실물로 높은 탁자 위에 앉아 있다. 싯다르타의 '생로병사'의 고뇌를 형상화했다는 조각상. 그 보살은 과연 누구인가. 미래에 대한 확신을 갖기 위한 옛사람들, 삼국시대 때의 사람들의 사유였던가 싶지만, 지금도 살아서 우리를 사유케 하고 있지 않은가. 두 보살이 깊은 명상에 빠져 있는 곳에만 조명이 내리비추는 극적인 효과에 숙연해진다. 80여 평의 넓은 전시관에 단 두 점의 사유상만 전시되어 있다. 전시물 둘레 사방에는 앉을 의자가 몇 개 놓여 있어 관객들이 오래 감상하며 함께 명상할 수 있다.

83호는 치장을 하지 않은 모습이다. 머리에는 연꽃 형상인 듯한 삼산관의 모자를 쓰고 있다. 정면에서 앉아 보면 이 사유상은 고요히 명상에 잠겨 있으면서 입가에 엷은 미소를 띤 얼굴이다. 얼굴을 받치고 있는 손끝과 왼쪽 다리 위에 얹은 오른쪽 발끝에서 생기가 도는 듯하다. 어떤 경우에도 흔들림이 없을 것 같은 깊은 평온 속에 잠겨 있는 표정이다. 그런데 옆으로 가까이 가서 그 얼굴을 들여다보면 완연한 미소가 번지는 얼굴이다. 조각의 세련미에서 오는 풍만한 얼굴의 입체감, 그 오묘한 미소가 내 마음속으로 물결쳐 와서 뭐라 말할 수 없는 미묘한 감격에 싸인다.

78호인 오른쪽 금동미륵사유상은 머리에 화려한 관을 쓰고, 옷의 어깨선이 바람에 날리는 듯하다. 날개같이 어깨를 덮은 옷 선이 나비처럼 금방 날아오를 것 같다. 사람이 앉아서 저 어깨선과 등선을 어찌 흉내 낼 수 있을까. 등 선이며 어깨선, 허리의 곡선, 이 곡선의 미가 한국 선의 인상이라 했던가. 이 사유상은 많은 치장을 했지만 너무나 단아하고 아름답다. 정면에서는 미소 짓고 있지만 옆에서 보면 또 달리 담백하고 신비한 표정이 나온다. 나는 몇 번이고 가까이 갔다 뒤로 물러났다, 한참 앉았다 하면서 그때마다 마음속 깊은 곳의 울림에 젖는다. 그 사유상을 가만히 앉아 보고 있자니 알 수 없는 눈물이 솟구치더라는 어떤 분의 말이 실감난다. 가장 얇은 면의 두께가 2㎜의 청동으로 저렇게 살아 있는 듯한 내면의 미美까지 어찌 표현해 낼 수 있었을까. 과연 동양의 불상으로 독보적인 작품이다.

미륵반가사유상(국보 83호)

우리는 오랫동안 미술시간에 데생을 하면 서양 인물을 모델로 해 왔다. 아그리파나 비너스를 그리면서 얼굴이나 몸에 근육의 부피감을 그리기에 급급했다. 이제부터라도 우리의 아이들에게 우리의 선을 그리게 해야 한다는 말에는 나도 손뼉이라도 치고 싶다. 우리의 선을 조형미술품에 잘 나타낸 것이 석굴암의 본존불이나 반가사유상이라지 않는가. 우리도 반가사유상을 석고로 조각하여 데생의 모델로 삼으면 좋겠다는 생각이다. 반가사유상이 전시되는 동안 불교조각실에서는 매 월요일 사유상의 사진 찍기와 그리기 대회를 열고 있는 일은 뜻있는 일이다. 어떻게 저 반가사유상들을 밀로의 비너스 상에 비유하겠는가. 그 문화의 차이를 뭐라고 말할 수 있을 것인가.

무엇보다 이번 전시관 나들이를 즐겁게 마무리해 준 것은 우리 '예준'이다. 전시를 보고 있는 동안 밖에서 예준이가 기다리고 있어 더 보고 싶은 것을 멈추었다. 예준이는 내 손녀딸이다. 살아 있어 그 모든 전시물을 볼 수 있어 행복하고 우리가 서로 만나 기쁨을 나누는 것이야말로 정말 살아있는 전시관이다. 예준아! 하고 부르면 기어가다가 엉덩이를 살짝 옆으로 비틀어 앉아서 생긋거리며 쳐다본다. 예준이 아빠, 큰 공주인 엄마, 아기 공주 '예준'을 보는 것만큼 즐거운 볼거리가 또 어디 있겠는가.

환생한 경천사지 십층석탑

국립중앙박물관의 동관 내 '역사의 길'에는 조형이 너무나 아름답고 웅대한 '경천사지십층탑'이 떡하니 자리 잡고 있다. 박물관에 들어오는 사람 누구나 그 탑 앞에 서지 않을 수 없다. 박물관에 처음 들어섰을 때 나는 그 아름다운 탑의 조형에 사로잡히기보다 잠깐 혼란에 빠졌었다. 1960년대 내가 서울에서 대학에 다닐 때 분명히 본 탑인데, 그리고 그 탑 앞에서 찍은 사진도 있는데……. 어느 날 그 옛날 사진을 찾아냈다. 그건 분명히 경복궁 동편 마당 안(지금의 민속박물관 자리)에 있었고 누구나 그 앞에서 사진을 찍었다. 친구와 같이도 찍고 독사진도 찍었다. 오랫동안 그 탑의 역사를 잊고 있었다.

'경천사지십층석탑'은 모든 병을 낫게 하였다고 일명 '약황탑'으로 불리었다고 한다. 개성 부소산에서 1907년 일본으로 밀반출되었고, 1918년 고국으로 반환되있던 것을 1960년 경복궁에 시멘트로 복원하였다. 그러니 막 경복궁에 복원되었을 때 우리는 경복궁에 다니면서 국전을 보고 그 탑을 볼 수 있었던 것이다. 그 후 산성비와 여러 이유로 1995년 다시 해체되어 10년간 국립문화재연구소에서 수리한 후 2005년 10월 국립중앙박물관이 용산으로 이전 개관할 때 실내에 복원하였다. 그러니 민족의 현대사와 더불어 만고풍상을 같이 겪어온 셈이다. 국내이거나 외국에서나 유물 반출에 얽힌 이야기는 많다. 유물 이동은 경찰 호송 하에 하는 것은 물론이거니와 어마어마한 보험액이 걸린다. 유물 이동은 그래서 군사작전을 방불케 한다고 한다. 경복궁 내의 박물관에서 용산으로 이전할 때도 그랬고, 더욱이 이 경천사지 석탑을 복원한 과정은 아슬아슬한 위험을 겪었다고 한다.

'경천사지십층탑'은 그 조형미가 복잡하고 뛰어나다. 고려 중기 이후에는 원나라의 영향을 받아서 사각 탑보다 원형 탑이나 팔각 탑이 많다. 월정사 9층탑이 그렇고 경천사지 십층탑 또한 그러하다. 십층탑에는 각 층 4면에 부처상이 많이 조각되어 있으며, 모서리마다 나무로 조각한 듯 세밀한 조각 솜씨가 무엇을 형상화했는지도 알 수 없이 아득하기만 하다. 당연히 부처의 생애에 대한 이야기일 것임에 틀림없지만 올려다볼 수가 없다.

경천사지 십층석탑

이 탑을 박물관 내에 복원하는 일을 담당한 박물관 사람에게는 대단한 모험이었다. 굴착기로 작업을 하는데 이미 완성된 건물 안에서 작업해야 하니까, 대리석 바닥에서 하는 작업은 조금의 실수도 용납될 수 없는 일이었다. 생각만 해보아도 아찔한 순간이 많았을 것 같다. 사실 복원 작업을 마친 박물관 담당자는 그 탑이 본래 '약황탑'이었기 때문에 사람도 탑도 다치지 않고 무사히 작업을 마쳤을 것이라고 후일담을 이야기한 바 있다. 성공적으로 완수한 작업이었기에 그렇게 쉽게 한마디로 말할 수 있지 않았을까 싶다.

이렇게 우리나라에 들어온 불탑의 위력은 오늘날까지도 힘을 발하며 여전히 탑 앞에 서면 부처의 원력에 공손해지고 그 탑의 조형미에 감동한다. 우리나라도 왕국의 시대에 접어들면서 삼국 모두 받아들인 불교가 문화적 도약을 도모할 수 있는 선진 종교가 되었다.

평생을 읽어도 다 읽을 수 없는 팔만사천의 법문이 불경으로 들어왔다. 문자가 없는 세상에서 문자를 사유해야 하는 세상으로 일약 도약하게 된다. 샤머니즘의 주술은 불경 앞에 머물 자리가 없어져 버렸다. "불, 법, 승 삼보를 들여와 공손히 모시는 전당을 마련하고 포교를 하니 불경 같은 책 만드는 법, 붓글씨 쓰는 법, 종이 만드는 법, 기와집 짓는 법, 연꽃무늬 기와 만드는 법, 절집의 벽체에 그림 그리는 법, 불교 행사 때 춤추는 법, 지금까지 보도 듣도 못한 수준 높은 온갖 것이 함께 들어온다." 어찌 임금이 받아들이지 않았으랴! 컴퓨터 자판으로 이렇게 글을 두드릴 방법이 있으니 원고지에 또박또박 글자를 새기지 않아도 된다. 시간도 오래 걸리고 손도 아프다. 그러니 누구나 컴퓨터를 사고 인터넷을 공부해야 한다. 오늘날 정보사회를 이룩한 근거도 문화의 약진, 인쇄술에서 출발했다고 할 만하다. 세계에 유례없는 우리의 인쇄술이 불경을 새기기 위해서였다. 서양에서 성경을 널리 전파하기 위하여 발견된 구텐베르크의 인쇄술이 그러한 것처럼.

삼국시대 정복국은 백성을 다스리기에 불도를 폈다. 그래서 우리나라는 고구려, 백제, 신라 모두 불교가 성행하였고 사찰과 석탑 조성의 경쟁이 심했다. 신라의 불국정토 구상은 천년의 역사를 지탱한 원동력이 되었다. 더욱이 불도를 닦으면 누구나 부처가 될 수 있다니 세습되는 왕권에도 도전할 수 있는 희망을 몰래 품어볼 만하기도 했다. 부족마다 자기 부족에서 왕을 추대하려는 혁명적인 일도 벌어졌다. 불교는 그렇게 우리나라에 퍼져 들어갔다. 서서히 흡수된 이슬비는 모래밭을 적셨고, 강물 위에 번지는 물방울처럼 번져 나갔다.

그리고 절을 세우는 곳마다 부처님의 사리를 봉안한 탑이 세워졌다. 불경에는 조탑공덕경이 있고 불경을 사경하는 공덕이 있다. 지금도 절에는 각종 불경을 사경하는 인쇄물이 여전히 성행하고 있다. 우리의 전통문화재의 모든 부분이 불교문화에서 비롯되었다고 해도 과언이 아니다. 그러니 절집의 처마 밑에 서서 올려다보는 처마 선이며 공포拱包의 조각들이 아름답고, 낙조에 홀로 선 석탑의 실루엣이 그리도 아름다운 것이 아닌가.

그러나 왜 이렇게 세상은 혼탁한가. 끔찍한 연쇄살인 사건 소식을 눈도 깜박이지 않고 듣고 있어야 하고 모이면 남의 탓이요, 모일수록 투쟁을 일삼는 일이 많아진다. 아름다운 문화를 지니고 있으면서, 감상만 하고 모두들 부처 되기를 마다해서 그런가. 그리도 빌기를 몇 천 년을 해왔건만, 스스로 부처 되고자 노력하는 사람은 없어서일까. 하긴 미륵이 하생하려면 석가모니 열반 다음, 56억만 년 후라 했던가? 그만한 세월과 노력이 필요하단 이야기일까.

그러나 미륵님 하생하여도 미륵이 대신 해주지는 않을 것이다.

살아 있는 한국 역사의 보고

– 국립중앙박물관

국립중앙박물관은 2005년 10월 28일, 용산 시대의 역사적인 서막을 열었다. 덕수궁, 경복궁, 중앙청으로 이리저리 옮겨 다니던 시절을 마감하고 새 보금자리를 마련하였다. 남북으로 훤히 트인 열린 마당은 앞으로 전개될 복합문화 공간의 대문 구실을 하며, 하늘까지 담고 있는 '거울못'은 닦고 비추어보는 문화의 의미를 새겨보게 한다.

국립중앙박물관 건립은 세계문화의 맥락 속에서 한국의 역사와 문화를 조명하여 세계화를 지향하며, 남북통일에 대비한 역사役事이기도 했다. 국내 최초로 유네스코 협력단체인 국제건축가연맹의 공인을 받아 1994년 국제설계경기로 시작되었다. 전 세계 건축가를 대상으로 좋은 아이디어를 얻고자 현상 공모하여 46개국 341(국내 78, 외국 263)건의 작품이 접수되었다. 2단계의 심사를 거쳐 정림건축(김정철) 작품이 당선작으로 결정되었다.

우리나라는 예로부터 남향과 배산임수 지형을 명당으로 여겨왔다. 용

국립중앙박물관

산은 서울의 한가운데라고 할 수 있다. 뒤에는 남산이 있고 앞에는 한강이 흐른다. 복합문화공간으로 박물관 부지로 적당하다. 교통시설이 편리하고 앞으로 남북통일의 염원이 이루어진다면 전통문화의 본산이 될 것이다.

지하철 이촌 정류장에 인접한 거리에 있는, 용산국립중앙박물관 입구, 국립중앙박물관은 부지면적 9만 2천여 평, 연면적 4만여 평이며 사업비 4천여 억 원, 10여 년의 사업기간에 걸친 대공사였다. 서울 갈 때마다 들르긴 하지만 아직도 전시장 모두를 다 관람하지 못했다. 기획전시나 특별 전시를 보기도 시간이 모자라기 때문이다. 정원도 우리나라의 산천 모습을 그대로 닮게 조성되었기 때문에 소풍장소로도 그만이다. 도시락을 준비해 가도 좋다.

공원 안에 세워진 박물관이어서 진입로부터 야생화 밭을 옆으로 끼고 본관으로 들어간다. 우리 산야에서 볼 수 있는 낯익은 수종樹種과 화초들로 메워져 있다. 유난히 훤칠하고 잘생긴 소나무는 멀리 속초에서 온 금강송이란다. 관람으로 피로해진 몸은 푸른 숲이 누그러뜨려 줄 것이고, 휴식시간이 무료해지면 유물을 찾아 나서는 자연스러운 환치가 이루어진다. 커다란 인공호수 '거울못'. 건물 앞의 물은 전통적으로 명당 요건의 하나라고 한다. 하지만 이 연못은 그 이상의 의미를 내포하고 있다. 유물을 관람한다는 것은 내면성찰의 시간이기 때문이다. 나는 누구인가? 어디에서 왔는가? 내 모습을 비추어보고, 미리 마음을 추스르라는 것이다. 그래서 거울못의 주체는 물이다. 수중생물을 키우지 않는 이유이다. 거울못에서 건물로 오르는 길은 한국 산성의 성벽 모습과 흡사하다. 멀리서 보면 박물관이 성곽에 둘러싸인 형상이다.

열린 마당으로 들어가면 오른편이 역사의 길로, 왼편은 기획전시실과 어린이 박물관과 강당 등이 있다. 봄, 가을의 단체 관람객까지 가늠해서 확보한 넓이이다. 천천히 계단을 오르면 확 트인 광장이 나타난다. '열린 마당'이다. 지붕이 있으면서도 앞뒤로 훤히 뚫려 안이면서 바깥인, 한옥의 대청마루 같은 공간이다. 뒤로 보이는 남산은 우리 전통 건축의 중요 개념인 차경借景인 셈이다. 왼편으로 더 멀리 북악산까지 보인다. 모든 방문객은 이곳에서 만나고 소통한다. 이 박물관 건물은 앞뒤의 구분 없이 설계되었다. 남산 쪽에서 보면 그 나름의 아기자기한 맛이 있다. 열린마당에서 출입구까지 내려오는 굽이치는 곡선은 남도의 돌담길 같다.

건물 안, 동관 입구의 원형 공간 '으뜸홀'은 박물관 전시실의 관문이다. 천장까지 그대로 뚫려있어 시원하다. 어디를 보아도 인위적으로 꾸미지 않아 천의무봉의 경지이다. 전시실의 중앙복도인 '역사의 길'. 어쩌면 시 텅 빈 듯한 느낌, 여백의 미가 이곳의 콘셉트이다. 전시와 관람의 공간이기 때문에 어쩌면 의도된 단순함이다. 2010년 11월 11일 오후 6시,

서울 G20 정상회의 리셉션이 이 '역사의 길' 광장에서 열렸다. 세계적인 박물관, 영국박물관이나 루브르, 오르세와 캐나다 온타리오 박물관과 비교해도 손색이 없는 위용과 고품격을 지녔기 때문에 세계 정상들을 환영하기에 적합한 장소가 될 수 있었다.

관람자의 관심이 유물에게만 쏠리도록 배려하는 마음이 있다. 미색의 대리석은 바깥의 화강암에 비해 온화한 분위기를 준다. 건물 안인데도 답답하지 않고 쾌적하게 느껴지는 또 하나의 이유는 '역사의 길' 천장을 통해 유입된 자연채광 덕분이다. 특수 유리를 부착해 유물에 해로운 자외선은 걸러내고 눈이 편안해하는 부드러운 빛만 불러들였다. 복합문화공간인 새 박물관이 아직은 많이 낯선 사람들도 많지만, 새로운 곳에 발을 들여놓았을 때 고향 같은 푸근함을 느낄 수 있는 방법은 의외로 간단하다. 낯을 익히는 데는 애정이라는 스펙트럼이 제일이라고. 건물도 생명체라고 하지 않는가, 사람들이 어떻게 가꾸느냐에 따라 무한히 성장할 수도 있다. 천천히 눈길을 맞추다 보면 한결 친숙해질 것이다. 박물관이 싱싱하게 살아 움직이게 하는 것이 우리들의 몫이라고 박물관 사람들은 말한다.

지하철 이촌역에서 내리면 바로 박물관으로 통하는 지하도로 연결되었고, 양쪽 벽은 우리나라 대표 유물 사진이 전광판에서 움직이고 있다. 에스컬레이터에 올라 우리나라 대표유물을 감상하는 동안 박물관 정원으로 들어가게 되어 있다. 박물관 동산에서는 아이들이 바위 위에 오르내리며 놀기도 하고 야외 조각들 사이로 숨바꼭질하는 풍경도 볼 수 있다.

강세황의 자화상

시간은 조선 후기로 되돌려졌다. 강세황 선생이 근엄하게 나를 맞아 주는 것 같았다. 전시장 입구에서 두 초상화를 만나는데 하나는 평복의 두루마기를 입고 오사모烏紗帽를 쓴 엄숙하고 냉철한 눈빛을 한 그의 자화상이다. 표암이란 그의 호를 대변할 만하다고나 할까. 흰 두루마기의 가슴에서부터 흘러내린 빨간 매듭 끈이 그림에 생기를 주었다. 또 하나는 당시 인물화의 대가였던 이명기가 그린 초상화다. 이것은 정식으로 오사모에 관복을 입은 것이다. 위아래서 얼굴을 마주하고 있는 쌍학 문양의 흉배가 선명했다. 현재까지 남아 있는 조선의 임금을 비롯한 문무백관들의 초상화가 많이 있지만, 화가로서 초상화를 가진 이는 드물다고 한다. 그러나 강세황은 다른 사람이 그려준 것과 합해서 다섯 벌이나 남아 있다. 그런 데다가 강세황의 자화상과 이명기가 그린 초상화는 각각 보물 제590-1호와 2호일 만큼 귀중한 자료이다. 초상화로 국보가 된 것은 윤두서의 자화상이 있고, 최근에 태조 이성계의 어진御眞이 보물에

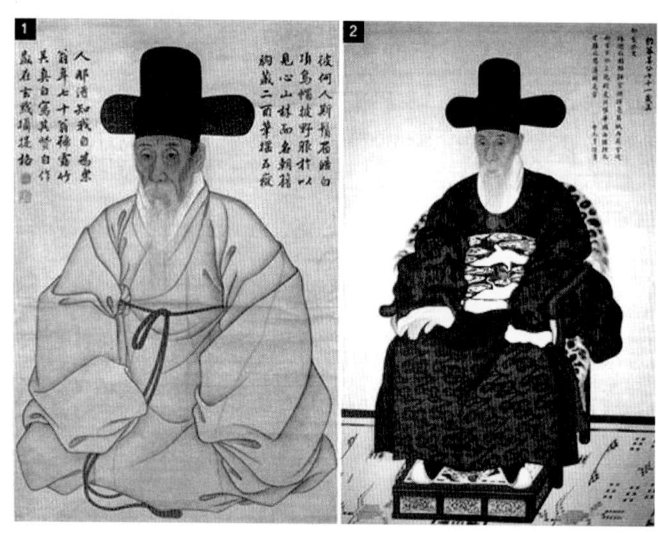

강세황의 자화상

서 국보로 승격되었다.

올봄, "표암豹菴 강세황姜世晃 (1713-1791) - 시대를 앞서간 예술혼"이란 표제로 그의 탄신 300주년을 기념하는 특별전이 국립중앙박물관에서 열렸다. 조선의 대표 화원이라면 단원檀園 김홍도가 유명하기에 오랫동안 강세황은 단원의 스승으로만 알고 있었다. 이 전시회로 그가 왜 '18세기 예원藝園의 총수'라 불리는지 알게 되었다.

유일하게 정면상인 작자 미상의 강세황의 초상화도 있다. "키가 작고 외모가 보잘것없어서, 그를 잘 모르는 사람 중에, 그 속에 이렇게 탁월한 지식과 깊은 견해가 있으리라는 것을 모르고 그를 만만히 보고 업신여기는 예도 있었는데, 그럴 때마다 번번이 싱긋이 한 번 웃고 말았다. 겉모습은 모자라고 수수해 보이지만, 속은 상당히 영특하고 지혜로워 뛰어난 지식과 교묘한 생각을 가졌다."라는 글과 잘 어울리는 초상화라고 한다.

보기 드물게 부채(합죽선)에 그린 69세 때의 초상도 있다. 작자는 한종유다. 1781년 정조는 부총관 강세황에게 자신의 어진御眞을 그려줄 것을 분부하였지만, 그는 늙어서 눈이 어둡고 잘 보이지 않아서 어진을 그리기 어렵다고 정중히 사양하였다. 다만, 어진을 제작할 때 옆에서 부족한 부분을 돕겠다고 자처함으로써 어려운 상황을 모면하였다. 당시 어진을 그리는 화가가 바로 한종유, 신한평, 김홍도 세 사람이었다. 이때 강세황은 한종유에게 자신의 초상화를 그려 달라고 부탁하였다. 짚방석을 깔고 앉아 노송에 기댄 채 책을 읽으면서 한가로운 시간을 보내는 야외 초상화이다. 옹이가 깊게 팬 노송에 비스듬히 기대어 책을 들고 있는 그의 한가로운 자세가 어찌 그리도 잘 어울리는가. "야외 초상화는 산수를 배경으로 인물의 일상을 통해 내면의 일단과 존재감을 시각화한 18세기 이후에 보편화한 형식이다." 자연에서 책을 읽는 모습을 통해 고매한 인격자로서의 면모를 드러내니 시서화詩書畵 삼절다운 기품을 살려낸 것 같다.

뭐니 해도 보물 제590-2호인 이명기 작인 초상화가 객관적인 그의 면모를 가장 잘 드러낸 것이라고 여겨진다. 강세황의 집안은 할아버지에서부터 아버지, 그리고 강세황 자신에 이르기까지 삼 대째 기로신耆老臣에 임명되는 명예를 누렸다. 강세황은 할아버지 강백년(1603-1681)과 같은 나이인 71세에 기사耆社에 들어가 기로신이 되었다. 이를 기념하여 정조는 1783년 5월 28세의 젊은 화원이었던 이명기(1756-?)로 하여금 지고한 강세황의 초상을 그리게 하였다. 강세황의 셋째 아들 관은 ≪계추기사≫에 아버지의 초상화를 그리기 시작하여 완성하기까지 총 19일간의 제작 일정과 소요 비용, 재료 등을 일기체로 소상히 적어 놓았다. 이 기록은 당대 예술계를 주름잡던 아버지의 초상화가 어떻게 탄생하였는지를 낱낱이 기록해 놓은 희귀하고도 중요한 자료란다.

임희성(1712-1783)의 〈강세황 입기사서入耆社序〉에는 이런 대목이 있다. "아! 대를 이어 기로소에 들어가는 것도 우리나라 400년 역사에 정말 보기 드문 훌륭한 일인데, 공의 할아버지와 아버지, 그리고 공 3세가 대대로 은택을 입어 기로소의 계단을 거듭 오른 것은 고금에 거의 없고 공 가문이 유일한 것 같다……," 또한 한 세대 뒤에 태어난 추사 김정희도 그의 빼어난 특유의 서체로 쓴 〈삼세기영지가三世耆英之家〉란 현판 글씨를 남길 정도였으니, 그의 영향력이 어떠했는지 충분히 상상하고도 남음이 있다.

"초상화 분야에서 가히 독보적이라 할 만큼 뛰어난 기량을 지닌 이명기가 당시 최고의 문인인 강세황의 초상을 그리는 마음은 어떠했을까? 더구나 머리털 하나라도 한 치의 오차 없이 닮게 그리기를 강조하던 그를 마주 대하고 재현하는 일은 아무리 화명을 날린 화가였을지라도 심리적인 부담을 덜어내기가 쉽지 않았을 것이다. 그러나 28세인 이명기는 강세황이 살아가면서 경험한 성공과 좌절, 희열과 열패감 등 온갖 오욕과 칠정을 그의 붓끝으로 표현하였다. 깊은 통찰력과 과학적 분석력을 동원하여 이목구비의 생김새를 낱낱이 해부하고 강세황의 어두운 내면을 햇살처럼 밝힘으로써 강한 생명력을 불어넣었다." 놀라운 묘사력에 감탄할 뿐이지만, 소매 밖으로 드러낸 손가락 마디마디와 손톱 끝 하얀 부분까지 세밀하게 놓치지 않은 세심함은 표현력의 절정을 보여준다는 생각이 들었다. 여기에 정조의 제문은 강세황이라는 인물과 그의 삶을 축약하여 나타내고 있다.

"姜世晃公七十一歲眞 御製祭文"을 두 줄로 세로로 쓰고 세 줄의 내용은 이렇다. "탁 트인 흉금, 고상한 운치, 소탈한 자취는 자연을 벗하네, 붓을 휘둘러 수만 장 글씨를 궁중의 병풍과 시전지에 썼네, 경대부의 벼슬이 끊이지 않아 당나라 정건鄭虔의 삼절을 본받았네. 중국에 사신으로 가니 서루에서 앞다투어 찾아오네, 인재를 얻기 어려운 생각에 거친 술이나마 내리노라. 조윤형 삼가 쓰다."

강세황이 70세에 그렸다는 자화상이기에 같은 나이가 되어서인지 나의 삶을 돌이켜보는 시간이 잦아진다. 여권 갱신을 위하여 사진관에 가서 명함 사진을 찍은 적이 있다. 물론 한복도 아니고 양장인 셈이다. 모자를 쓰지 말아야 하므로 정장 차림의 사진이 드물었는데, 그 사진이 마음에 들어서 그것으로 명함을 낼 때 쓰기도 하고 크게 인화해 놓기도 했다. 벌써 7년 전 사진이니 좀 멋지고 젊게 보인다. 이걸 내 초상화라 할지라도 무슨 말로 나를 묘사할 화제를 찾을까. 액자 속의 내 사진과 강세황의 자화상을 번갈아 바라본다. 혼미할 뿐이다.

전시장을 나오면서 일상복에 오사모를 쓴 강세황의 자화상 앞에서 오랜 시간 서성였다. 언밸런스(Unbalance)적인 패션, 요새 말로 코디가 맞지 않게 그리고서 여유만만하게 초상화 위의 좌우편에 스스로 표제를 썼다. "저 사람은 어떤 사람인가? 수염과 눈썹이 하얗구나. 오사모를 쓰고 야복野服을 걸쳤으니 마음은 산림에 있으면서 조정에 이름이 올랐음을 알겠다. 가슴에는 만 권의 책을 간직하였고, 필력은 오악을 흔드니 세상 사람이야 어찌 알리. 나 혼자 즐기노라. 노인의 나이 일흔이요, 호는 노죽露竹이라. 초상을 스스로 그리고, 화찬도 손수 쓰네." 다른 사람을 평하듯, 자신을 객관화하여 농을 걸며 웃고 있는 듯한 글이지만 표정은 자못 진지하다. 볼수록 깊은 울림이 있는 자화상이 아닌가. 그 자신을 모자와 두루마기에 단 몇 줄의 화제로 압축하여 나타내었다.

"강세황은 산수를 그릴 때처럼 초상화도 한 치의 오차 없이 형체를 닮게 그리고, 내면을 옮기는 전신傳神을 강조하였다. 일흔 나이에 이르기까지 대여섯 점의 자화상을 남길 정도로 그는 초상화에 대한 관심이 남달랐고, 서양화법을 수용하면서 18세기 회화사에 변화의 실마리를 제공한 화가 중의 한 사람이다. 평소에 그는 자신의 외모에 대해서 볼품없다고 토로하였다. 그럼에도 그가 많은 자화상을 남긴 것은 한편으로 예술가로서의 내면을 탐구하는 자의식이 강했음을 의미한다." 거울에 비친 자신의 모습을 그리듯이 둥근 원 안에 배치한 다음 푸른색을 채워 넣어 강렬한 느낌이 든 자화상도 있다. 그가 자화상을 통하여 나타내고자 했던 치열한 예술가의 자세를 여실히 대변하고 있다. 왜 아니 그러랴. 누구나 자기 보는 것을 좋아한다. 단체 사진이나 작품집을 받고서도 대부분 자신과 자신의 글을 먼저 찾기 마련이다.

"조선의 18세기는 영 · 정조 연간의 안정된 치세를 바탕으로 도시가 발달하고 세상을 보는 눈과 생활양식이 빠르게 바뀌어 갔던 역동적인 시대였다. 강세황 또한 그 시기를 치열하게 살았던 지식인으로서 예술에 대한 재능과 열정, 지적인 탐구를 바탕으로 자신만의 시 · 서 · 화 세계를 일구었으며, 문예 전반에 대한 해박한 지식과 안목으로 비평가로서의 업적도 남겼다."

아무리 시대를 앞서 살았다고 해도, 그의 먼 미래인 300년 후의 오늘은 그 시대의 상상을 초월한다. 하지만 정신은 세월만큼 앞선 것 같지도 않다. 오늘날 문무백관들의 정치 현장의 작태는 어떤가. 시끄럽고 유치하기 짝이 없다. 문화면에서도 예술사조가 해체되어 혼돈의 무지개 속을 해매고 있는 우리 현대인의 자화상은 어떤가. 이 시대를 깨울 문예인은 또한 얼마나 있을까. 어떤 장르라도 현대의 물질 만능 시대에는 예술인 역시 돈과 권력에서도 자유롭지 못한 것 같다. 본받을 만한 어른이 드물기 때문일까. 지금 조선의 삼절을 들먹이는 일은 어쩜 고루하다고 할지도 모른다. 물론 부모세대의 영향은 삼대를 갈 수도 있지만, 가업을 이어받는 자식들이나 순수한 인문정신을 이어받는 후배들은 얼마일까. 지난 40여 년 동안 추구해온 물량가치와 속도전에서 방향을 잃고 맹목적으로 달리고만 있는 것일까. 3퍼센트의 소금이 바닷물을 유지하듯 그러한 인물들이 이 사회를 유지하는 힘이었고, 면면히 이어지는 장인 정신이 문명을 발달시켜왔다. 풍성한 생활환경에서도 아직도 빈곤감에 허덕이는 것 같은 시류는 정신의 빈곤에서 오는 것이리라. 이제는 물신주의와 속도전의 노예에서 해방되어 자기가 주인이 되는 철학과 정신이 필요한 때이지 않은가. 진정한 키워드가 되어야 할 '웰빙'과 '힐링'도 상투적인 구호처럼 들리는 이때, 강세황의 정신이 오늘을 깨우는 것 같아 청신한 바람처럼 느껴졌다.

나의 자화상을 상상해본다. 인생의 고난과 역경은 예나 지금이나 다를 바 없지만, 조상과 부모의 삶이 바탕이 되어 더 자유로운 정신과 의식으로 살았다고도 할 수 있다. 요즈음 일흔은 노인이라 부르기도 어색하다. 같은 일흔인데 강세황은 구십처럼 보인다. 옛 사람은 일찍 철이 든 사람이 많아서 한 생에 많은 업적을 남긴 이도 많다. 나야말로 현대의 철없는 할머니에 불과하다. 헐렁한 청바지를 즐겨 입는 캐주얼 콤비 차림에 모자는 이십 대부터 쓴 나의 분신, 한국인인지 서양인인지 모를 퓨전 스타일. 어떤 틀에 나를 묶을 수가 없다. 한 장의 사진에 어떤 말로 내 의식과 내면에 맞는 화제를 삼을 수 있을까. 문인이라 내세울 정도도 못 되지만, 엉성한 수필집들 속에 내 자화상의 실루엣이 그려졌으리라. 남은 내 삶 속에서 못다 한 그림을 그린다면, 마음자세만이라도 표암의 자세를 본받아 날로 새로운 정신으로 힘써 볼 일이다. '세상사람 누가 알랴! 나도 혼자 즐기노라.' 차숲(茶林)에서.

〈우금암도禹金巖圖〉와 함께하는 부안 역사문화 산행 탐방

국립전주박물관에서는 2014년 10월 '표암 강세황 - 시대를 앞서 간 예술혼'이란 주제를 가진 특별전을 열었다. 이를 기념하여 부안문화원이 주최한 〈우금암도〉와 함께 하는 부안 역사문화 탐방길 답사 행사가 있었다. 강세황이 전라북도 변산 기행을 하면서 남긴 유일한 그림 한 점이 〈우금암도〉이며, 유우금암기遊禹金巖記가 남아 있다.

2014년 10월 11일 오전 11시에 전주박물관에서 출발하여 부안에 도착, 〈정자나무〉집에서 점심을 먹었다. 부안의 동남향 방향에 있는 개암사로 향했다. 개암사는 그새 대웅전 공포를 새로 단청하여서 현대적인 느낌이었다. 몇 년 전의 퇴색하여 민얼굴이었던 공포栱包 조각미는 없었지만, 새 단청도 산뜻한 아름다움이 있었다. 아침 10시쯤 햇살이 팔작지붕 처마를 비출 때 그 조각의 아름다움이 살아나서 참으로 감동적으로 보았던 기억이 생생하다. 그때의 기분으로 새로 단청한 처마를 올려다 보았다. 대웅전은 뒷산 우금 바위에서 날개를 펴고 내려앉은 봉황의 모습처럼 보이기도 했다. 개암사는 백제 무왕 때 지은 절이지만 여러 차례 중창을 거듭해온 역사에 얽힌 수많은 이야기가 쌓여 있다. 지금의 대웅전은 보물 292호로 지정되었다. 고건축을 공부하는 건축가들이 반드시 들르는 곳이다.

사찰 뒷산 길을 오른다. 예상 외로 가파른 산길이다. 경사 길을 힘들게 굽이쳐 돌고 막다른 곳에 앞을 가로막는 사암 바위가 나타난다. 바로 우금바위다. 맨 뒤에 올라서 숨을 고르느라 설명을 듣지 못했지만 익히 들어왔던 바위의 전설을 떠올리며 굴 앞에서 쉬면서 사진을 찍었다. 이 굴이 정말로 원효 방이었을까 하는 의문이 들었다. 신라가 삼국통일을 한 뒤에 원효대사가 이 굴에 와서 수행하며 백제 유민들의 아픔을 달랬다고 했다. 근처의 바위를 치니 생수가 흘러서 그 물로 차를 달였다는 이야기도 있다. 그만한 흔적을 지금은 상상할 수가 없다. 동쪽에 산의 감시자인 듯한 우금바위는 변산의 전설이 모인 곳이다. 옛날에 묘연왕

개암사

이란 자가 이 굴에 숨어 살았는데, 우 씨와 김 씨의 두 장수가 이 묘연왕을 쳐서 우금암이 되었다. 또 하나의 전설은 당나라 소정방과 신라의 김유신이 만났다고 해서 우금암이 되었다는 설도 있단다. 또 백제가 부흥운동의 거점으로 삼았던 산성도 있다니 원효가 백제 유민들의 아픔을 달래는 수행을 했다는 이야기가 설득력이 있기도 하다. 개암사에서 올려다보는 우금암은 그렇게 신비한 위력이 서려 있어 보였다. 정상에서 내리막길도 힘들지만, 신비에 싸인 우금암의 굴을 생각하며 아름다운 숲 속 오솔길을 걷는 맛은 일반 등산로에서는 느낄 수 없는 묘미가 있다.

이 길을 표암 선생은 가마꾼과 말을 번갈아 타며 걸어가기도 했단 말인가. 그때 표암의 나이는 60이 훨씬 넘었을 것이다. 난 그보다 더 많은 나이인데, 그때를 생각하면 힘든 길이었을 것 같다. 산을 넘고 내려오니 유동 마을이다. 여기서는 버스를 타고 계곡 아래까지 간다. 바로 부안댐의 상류라고 하는 곳이다. 표암의 우금암도에는 문현동을 지났다는데, 그곳으로 추증되는 곳에서 내려 먼 바위를 바라보았다.

부안댐 상류에는 내변산 대형주차장이 있다. 부안 실상사로 들어가는 입구다. 계곡 왼편 길로 들어가자니 눈에 익은 길이다. 벌써 세어보니 30여 년 전 같다. 1980년 무렵 청하 큰스님의 불사로 전국에서 버스 4, 5대로 모인 불자들이 실상사 빈 터에서 불사 법회를 가졌는데, 그때 친구 따라온 적이 있었다. 그런 법력으로 하여 실상사가 그 자리에 복원되었다. 강세황도 "실상사에 이르렀는데, 절은 매우 크고 웅장하지만 지금은 대부분 쓰러져 있었다."고 하였다. 나는 실상사를 구경하는 일은 생략하기로 했다. 가야 할 길이 멀기 때문이다. 월명암 가는 길을 먼저 올라간다.

오! 이렇게 힘든 산행답사였다면 하지 말았어야 했을까? 하는 생각이

월명암

들 정도로 길 없는 산길을 헤쳤다. 오후 3시 8분, 우리 일행은 다른 일행과 길이 갈려서 더 힘든 산행을 했다. 마치 새 길을 개척하면서 나뭇가지를 헤치기도 하며 바위산을 기어오르기도 했다. 바위산을 몇 개를 넘었는지 셀 수 없었다. 아들 같은 젊은 동행자가 나를 끌고 뒤에서 밀어주어서 갈 수밖에 없었다. 되돌아가는 길도 없으니. 한 고개를 넘으면 반드시 보너스처럼 내리막 평지 길을 만나고 한숨 돌리게 한다. 떨어져서 보니 진안 마이산 같은 암봉 하나를 기어 넘었다. 커다란 바위산에 기대 눈앞에 펼쳐지는 내변산의 전경을 바라보며 숨을 골랐다. 아주 높은 산은 아니지만 우금암에서부터 모든 산들에는 절리 같은 바위와 비석 같은 선돌이 뼈대를 이루어 감탄을 자아내기에 충분했다.

드디어 구불한 오솔길에 들어서자 월명암 지붕이 수풀 사이로 보이고 입구에 벤치가 몇 개 기다리고 있었다. 거기까지 오는 방문자의 노고를 알아주는 듯했다. 반갑게 의자에 털썩 앉아 땀을 씻으며 주위를 돌아보았다. 꿈에서나, 글에서나, 표암과 육당 최남선이 죽도록 고생하여 걸어 왔던 월명암이 아니었던가. 예전 선비들이 월명암에서 느꼈던 감상은 이보다 더 기막혔을 것 같다. 나도 오늘 죽도록 고생하여 올라온 월명암에서 자게 된다. 다른 일행이 월명암 선방 뒤로 올라가서 '낙조대'에 오른 사이 나는 절 경내를 산책했다. 대웅전에서 참배하고 공양간에서 채식으로 저녁을 먹었다. 다실에서 스님이 우려 주는 차를 마시고 월명암 창건자인 부설거사의 전설 같은 생애를 들으며 과일과 약주로 피로를 풀었다.

그믐달이 파란 하늘에 새털구름과 대비를 이루는 그림에 풍경소리가 더하여 적요한 분위기에 감싸였다. 마치 우주의 별 한 점으로 내가 떠 있는 것 같았다. 월명암 마당에서 내려다보는 일망무제의 내변산을 내려다보는 맛을 그 무엇에 비기랴. 도저히 잠을 이룰 수 없었다. 육당 최남선도 월명암이 낙조와 한가지로 조하朝霞의 승지로도 이름 있는 소이所以를 알겠다고 했다. "어두워가는 저녁보다 밝아오는 아침이 갑절 미관美觀을 비칠 것인즉…."

아침노을에 비친 변산의 능선도 잠을 깨고 있었다. 따뜻한 방에서 피로를 풀고, 잠시 눈만 감은 채 밤을 샌 아침을 맞았다. 아침공양을 받고 스님이 우려 주는 차를 연거푸 마시고 행장을 준비했다.

내려가는 길이라서 어느 정도 안심은 되었지만, 워낙 있는 힘을 올라오는데 썼기 때문에 조심스럽다. 얼마쯤 내려가니 절벽 같은 벼랑길이 나온다. 바위가 첩첩이다. 이래서 표암 선생도 가마를 탈 수밖에 없었겠다. 돌산을 오르고 넘는 길은 완전한 명상길이다. 오로지 한 발자국씩 헛발 디디지 않는 일. 발자국 자리를 잘 짚는 것만 목적이다. 바위산을 기어올랐던 만큼 내려가는 돌밭도 급경사진 곳도 많다. 내변산을 둘러보면 그리 높은 악산은 아닌데 숲이 우거진 산마다 뼈대 같은 바위들이 박혀 있다. 절묘한 조화를 이룬 것을 알 수 있다. 때로는 바위가 절리를 이루듯 벼랑으로 감싼 곳도 있고 곳곳에 선돌같이 우뚝 바위가 있는 산도 많다. 오로지 앞장선 안내자와 손잡아주는 동행자에게 걱정시키지 않기 위해서도 조심 또 조심한다. 얼마쯤 평지로 내려오니 계곡이 나타나고 이정표가 나온다. 한숨 크게 몰아쉬는 곳이다.

이곳에서 직소폭포와 내소사 방향으로 다시 올라야 한다. 옛사람들이 갔던 험한 길은 아니나 나무판자로 안전하게 협곡을 지날 수 있게 되었다. 나무 계단과 돌길을 번갈아 걷다 보니 너른 호수가 보인다. 전망대에서 아름다움에 취할 여유가 생긴다. 일행과 사진도 찍으며 산행의 즐거움을 누릴 수 있다. 호수 상류까지 데크 길은 보너스 같은 즐거운 길이다. 얼마쯤 돌길을 걸어 올라가자 드디어 쉼터가 나온다. 바로 직소폭포 건너편 전망대다. 맞은편 절벽의 벼랑 바위가 막은 댐처럼 서 있고 둥근 소에 물이 고여 있다. 갈수기여서 폭포수는 가는 물줄기만 멀리 보인다. 직소폭포의 설명 판에 있는 사진을 보며 물이 많이 쏟아져 내리는 풍경을 상상한다.

이제 마지막 목표인 내소사로 간다. 직소폭포 계곡을 뒤로하고 시냇물 같은 계곡물을 왼편에 끼고 너르고 편안 풀길이 이어진다. 내소사 쪽에서 보면 절 뒤편 산 아래다. 결국 산 하나를 넘어야 하는 숙제가 남은 셈이다. 조용한 숲길은 앞에 남은 산을 넘기 위해 숨을 고르며 몸 마음을 준비하는 시간인가. 즐겁게 걸으며 지나는 나무며 풀꽃 등을 내려다보기도 한다. 내변산이 한때 도둑 소굴이었던 적이 있었다는 이야기를 들으며 때로 넓기도 하고 좁기도 한 오솔길을 하염없이 걷는다. 반대편에서 내소사를 넘어오는 등산객들을 만나면 반갑게 안사를 나눈다. 마지막 한 고비 정상의 너른 바위에 올랐다. 건너편 멀리 구름같이 희미하게 변산 앞바다가 보인다. 아! 바다가 보이는 높은 곳. 내소사의 뒷산을 바라보기만 했던, 그곳에 선 것이다. 월명암을 떠나 원암마을까지 4시간여를 걸은 셈이다. 내 생애 이보다 고된 걸음 할 일은 더는 없을 것 같다.

무사히 집에 돌아와서 개운한 차림으로 편히 쉬자니 바위산의 돌부리를 잡고 엉금엉금 기어올랐던 험한 길이 떠올랐다. 손잡아준 일행이 참으로 고마웠다. 아찔아찔했던 순간들이 아슬하게 떠오를 때마다 몸서리가 쳐지기도 했다. 꿈길에 발을 헛디디는 착각이 일듯이. 변산을 뒤돌아보며 지은 옛 시인의 글을 생각하지 않을 수 없었다.

> 변산이 바닷가에 있어/ 굽이굽이 놀다오니 생각할수록 아득하구나./ 첩첩 낭떠러지와 겹친 호수가 기이한 구경거리고/ 구름 낀 돈대와 절간들이 별천지였지./ 마음속으로 다시 오르니 낯선 손님이 아니고/ 꿈속에 찾아가 보니 모두 신선이구나./ 눈에 가득한 진면목이 그림처럼 떠올라/ 등불 마주하고 앉으니 잠도 오지 않네.

또한 육당 최남선은 ≪심춘순례기≫에서 이렇게 말했다.

> 나직나직한 산이 둥긋둥긋하게 뭉치고 깔려서 앞의 놈은 주춤주춤, 뒤의 놈은 갸웃갸웃하는 것이 아마도 변산 특유의 구경일 것이다. 금강산을 옥으로 깎은 선녀 입상의 무더기라 하면 변산은 흙으로 만든 나한 좌상의 모임이라 할 것이다. 쳐다보고 절하고 싶은 것이 금강산이라면 끌어다가 어루만지고 싶은 것이 변산이다.

혼돈의 무지개

여기는 어느 나라의 미술관인가? 잠시 착각이 든다.

서울 지하철 이촌역에서 국립중앙박물관 뜰까지 바로 연결되는 통로가 일 년 정도의 공사 끝에 개통되었다. 이촌역 구내에서 박물관까지 통로는 양 벽면의 전광판에서 한국을 대표하는 유물이 상영되고 있다. 전시회는 지하철역에서부터 시작되는 셈이다. 상설 전시장 같다. 도보 에스컬레이트가 장치되어 가만히 서서 관람하는 동안 마당 입구까지 스스로 닿는다. 먼 외국에 나들이 온 것 같다.

미국미술 300년(Art Across America) 속으로 들어간다. 2013년 2월 5일부터 5월 19일까지 열고 있는 전시회장이다. 지금까지 미국이라면 뉴스를 통하여 정치와 경제면만 듣고 지나쳤다. 6 · 25 이후부터 물밀듯이 들어온 미국문화가 아니었던가. 20대의 청춘 시절을 영미英美인人들과 직장 생활을 했기 때문에 모르면서 아는 듯 미국 문화에 젖어 있었다. 우리나라의 모든 생활과 문화가 미국화한 가운데 있기 때문에 각별하게 생각하지 않고 미국적 생활 방식에 익숙해져 있지 않은가. 조선시대와 일제강점기를 지나면서 우리나라 사람 일부에게는 미국이 자유와 기회의 땅으로 떠올랐다. 한국인의 미국 이민 역사도 벌써 100여 년이나 된다. 그런 미국의 300여 년간의 역사를 보여 주는 전시회이다. 또한 미국의 역사는 이민의 역사이기도 할 것이다. 그런 300년간의 북아메리칸의 표정들이 여실하게 드러나 있다.

지난겨울 동안 전북도립미술관에서 17세기부터 19세기에 걸친 현대미술거장전이 열렸다. 현대 미술 경향을 조금 알 수 있는 전시회였던 차에 미국전시회는 같은 시기의 미국적 문화를 이해하는 데 도움이 되었다.

토마스 콜(18-1-1848)의 인물이 있는 풍경, 〈모히칸 족의 최후〉의 한 장면만으로도 평화롭게 살고 있는 원주민들이 어떻게 사라졌는가를 짐작할 수 있게 한다. 많은 사람들이 마지막 아메리칸 인디언 족장의 연설문을 기억할 것이다. 자연과 하나로 살아갔던 인디언들에게 자연은 누구의 소유물이 아니었다. 자세히 보지 않으면 거대하고 웅혼한 자연 풍경에 압도되어 힘센 정복자에 의하여 피 흘리며 죽어가는 한 쌍의 남녀를 놓치게 된다. 또 하나의 그림. 영국의 청교도들이 이주하여 펜실베이니아를 형성하고 정착민들을 설득하는 장면이다. 청교도들이 토착민들에게 성경의 장면을 들어 설명하고 있다. 바로 이사야 11장, '장차 올 평화스러운 왕국'이다. 지상의 천국이라면 그 정도는 되어야 하지 않을까 해서 나도 좋아하는 대목이다. 유럽의 현대 화가들이 이 대목을 천국의 형상으로 그린 대형 작품을 본 적이 있었다. 그들은 하느님도 예수도 모르는 사람들에게 성경 구절을 설명하면서 바로 지금 여기, 자신들이 건설한 이 지역에 평화스러운 왕국이 도래한 것이라고 설명하고 있다. 참으로 고소를 머금지 않을 수 없으나 재미있는 그림이었다. 그 외에도 예술의 본고장인 유럽을 여행하고 돌아온 미국 미술가들의 작품, 미국의 인상파 작가들과 현대 설치미술까지 한눈으로 볼 수 있게 미국의 역사와 문화가 펼쳐져 있다.

유럽에서 자유와 기회를 찾아온 이민자들의 신세계에서부터 오늘날 세계 질서의 중심에 서기까지 북아메리카대륙 사람들의 다양한 생활이 고스란히 담겨 있다. 말글이나 영화를 통하여 알아온 미국의 역사보다 더 생생하게 다가오는 역사의 특징이 한눈으로 보인다. 현대적인 미국 초상화들은 고전적인 아름다움이라기보다는 귀족의 가면을 쓴 듯 보였다. 태평양을 건너 항구에 도착한 이민자들과 영국의 청교도들이 정착민들을 설득하는 장면이 어느 소설보다 적나라하다. 서양미술사에서 많이 들어온 그리스 건축물에서부터 중세를 거쳐 르네상스에 이르는 미술 거장들의 이름에 익숙하였으므로, 미국의 미술가들은 생소했다. 현대에 와서는 모든 미술의 사조들이 해체된 경향이다. 미국의 현대 미술가 잭슨 폴록과 앤디 워홀 영향이 커서 뉴욕은 추상과 팝아트의 본고장이 된 것 같다. 이제는 유럽인이 다시 현대 예술을 배우기 위하여 뉴욕을 찾아온다. 피에트 몬드리안도 생의 말년에는 미국으로 건너가서 미국의 정경들을 그의 선과 면의 조형에 담았으며 추상 미술이 발전하는 데 일조를 한 것 같다.

'주제가 제일 중요하며, 그 다음이 도구다.' 로버트 라우센버그가 말했다. 어찌하여 나는 글의 주제도 없이 이 글을 쓰는가. 또한 폴 세잔은 말했다. '우리는 혼돈의 무지개 속에 산다.' 미술뿐 아니라 현대는 예술 형태가 모두 무너진 혼돈 속에서 무지개를 바라보는 것이 아닐까 하는 생각이 든다. 유행을 선도하는 최첨단이란 문명에서 오는 의식주의 생활이 또한 어지러울 정도다. 과연 그런 아름다움을 기조로 해서 어디로 갈 것인가. 이 세계는.

윤슬 같은

'와! 환상적이다.' 홍매 사진을 본 사람의 외줄기 탄성. 죽음 같은 어두운 가지 끝에서 틔워낸 꽃무리, 그 생명의 힘을 어찌 한마디로 말해버릴 수 있을까. 아름다움은 어디서 온 것인가. 생명의 창조자는 누구인가. 말글의 의미를 잃고, 단지 말 없는 꽃 빛의 속내에 젖어볼 뿐이다.

몇 번의 초봄에 가서 혹시나 했지만 조우하지 못했다. 바로 일주일 전에 구례 화엄사 주변 암자의 양지에서 어린 홍매와 토종 백매만으로도 황홀했다. 그때 각황전 옆의 홀로 선 홍매는 겨우 한두 송이 피기 시작하였다. 화사하게 피울 홍매의 수관을 상상하며 꽃봉오리를 머금은 가지를 올려다보며 조마조마했다. 그런 뒤, 오늘 다시 갈 기회가 생겼다. 법고 각 옆에서 각황전을 향해 눈길을 올린 순간, 가슴에서 확 윤슬이 일기 시작했다. 환하게 붉은빛이 나를 향해 반사하는 것 같았다. 초봄 카페서 본 호면의 윤슬이 절묘하게 매화 꽃송이 같다고 말한 적이 있었다.

'은하수가 쏟아져 내려앉은 별빛', 그런 윤슬이 각황전 뒷산을 배경으로 붉은빛을 뿌리고 있었다. 바로 윤슬이! 아침 햇살에 반짝이는 빛 부신 잔물결처럼. 부서지는 꽃빛 윤슬에 눈이 시렸다. 가까이 가서 일주일 전에 보았던 봉오리들인가 하고, 활짝 핀 꽃들과 반개한 봉오리들까지 자세히 보고 또 올려보았다. 전각의 처마 단청에 절묘하게 걸친 꽃가지들에게 환상적이란 쉬운 말을 토해낼 수가 없었다. 환하게 가슴에 안겨서 피어나는 꽃들이 전각 지붕 사이를 수놓았다. 너무 붉어 흑매라고 불린다는 홍매 나무의 수관을 밑에서 올려보고 옆에서, 담장 너머에서, 전각 뒤까지, 탑돌이 하듯 아름다운 자태를 탐미했다. 한순간에 빛나고 흩어질 윤슬을 붙잡기라도 할 듯, 그 빛나는 홍매의 윤슬을.

사군자(매난국죽)는 오랫동안 선비 정신을 나타내는 그림의 소재였다. 탈속한 선비의 으뜸이었던 당나라 시인 맹호연의 고아한 '탐매探梅' 고사도는 유명하여 뒤에 많은 묵객들에게 탐매도探梅圖를 낳게 했다. 매화는 사군자의 하나로 오래전부터 선비와 화가들 사이에서 중요한 화목畵目 중의 하나였다. 월매도, 설매도, 연매도 등이다. 조선 중기 어몽룡의 〈월매도〉는 우리나라 5만 원 지폐에 당당히 인쇄되었을 정도다.

맹호연의 '탐매' 이후, 많은 시인 묵객들이 매화를 추종하는 버릇이 생겼다. 시대를 넘어 조선의 시인 묵객들로 이어져서 많은

시와 그림으로 탐매도를 남기고 있다. 그 영향은 현대의 우리나라 탐매꾼들과 사진작가들에게도 고매古梅 작품을 줄줄이 탄생시키고 있다. 그리하여 나도 화엄사 홍매와 인연이 닿기를 바랐다.

옛날에는 매화가 귀해서 산속으로 탐매를 나섰겠지만, 오늘날은 개량 매화 농원이 많아서 초봄에 섬진강을 낀 마을마다 산기슭은 하얀 꽃구름이 내려앉은 것 같지 않은가. 지금도 옛 선비들이 아낀 고매古梅가 전국 곳곳에 남아서 그 유명세를 치르고 있다. 화엄사의 홍매도 통도사 홍매와 단속사지 정당매와 산천재의 남명 매화와 더불어 이름난 매화 중의 하나다.

아름다움은 항상 존재하지 않아서 시공간의 거리 안에 존재함이다. '이별이 미美의 창조자'라고 말한 한용운의 글이 참으로 오묘한 의미로 다가온다. '아름다움이란 세상 어느 곳에도 존재하지 않는 절대미絕對美 그 이상이란 뜻'이라. 그 절대미야말로 이별이 만들어내는 이 세상 어느 곳에도 존재하지 않는 창조미創造美라! 꽃이야말로 단절의 슬픔이 만들어내는 절대미인가.

각황전 아미타불의 법문일까. 법신불의 화신 중 하나인 홍매화일지니. 몇 백 년의 세월 동안 온갖 풍상과 시련을 넘어 살고 있는 홍매화나무. 수많은 사람의 기원과 화엄 사찰이 지녀온 사연, 이별의 사연들까지, 꽃잎으로 피어나지 않을까. 사람이 꽃 중의 꽃이라면 이별하지 않는 꽃이 또 어디 있단 말인가. 그 언젠가 세상을 이별해야 하는 운명 앞에 서라면……. 어차피 한순간의 환幻 같은 인생일진대, 윤슬 같은 빛 무리를 드러냈던 생의 어느 순간이 있었다면 세상살이의 보람이라고 할 수 있을까.

구례 대화엄사

구례 화엄사 적멸보궁 4사자삼층석탑

지리산대화엄사, 〈해동선종대가람〉의 산문 입구를 지나 올라가면 양지바른 길가에 고승들의 부도가 즐비하게 모여 있다. 오른쪽 언덕에는 문학 공원이 조성되어 있다. 100미터쯤 올라가면, 지리산 화엄사라고 써진 일주문이 있다. 일주문을 지나면 오른쪽에 머리는 용, 몸뚱이는 거북, 날개가 있는 용 모양의 조각 받침돌 위에 벽암스님 비석이 있다. 화엄사를 중창한 스님을 기념한 비석일 것 같다. 비석 앞에 금강문, 금강문을 들어서면 범종각과 보제루를 오르는 계단을 올려다보게 된다. 마지막 계단을 오르면 장엄한 가람의 본체가 펼쳐진다. 봄이면 각황전 옆의 홍매화가 윤슬처럼 반짝이고, 전각들 사이로 청매화도 화사하다. 여름이면 푸르고 울창한 깊은 숲 속에 붉게 타오르는 배롱나무들이 전각들 사이사이에서 산뜻하게 농염한 붉은 빛을 발한다. 화엄사의 여름은 더위를 잊은 듯하다.

금강문 옆으로 난 잔디밭의 징검다리를 밟으며 다시 보제루를 향한다. 보제루는 맞배지붕이며 양 옆으로 그보다 작은 팔작지붕의 범종각과 운고각이 나란히 서 있다. 보제루는 성보박물관으로 사용하고 있다. 보제루 앞마당에 동서오층석탑이 당당한 모습으로 위용을 나타내고 있다. 오층석탑의 조각미를 뜯어보는 맛이 있다. 왼편 언덕의 장엄한 각황전과 오른편 정면의 대웅전으로 오르는 계단을 밟아야 예배 공간으로 들어갈 수 있다. 이른 새벽, 도량예불 때 길게 줄을 서서 각황전 오르는 스님들의 모습은 여명을 밝히는 한 장의 묵화였다.

관광객들이 범종 소리 울리는 마당에서 뭇 중생을 일깨우는 운고판 두드리는 스님들의 손놀림을 올려본다. 모두가 아름다운 여름 하루의 저녁을 맞는다. 한여름 차茶명상을 끝내고 각황전 안의 아미타불 앞에서 백팔배를 드릴 때 뒷문에서 내려오는 산바람이 땀을 씻어주던 기억이 새롭다. 각황전 마당의 석등은 우리나라 석등 중 가장 크다는 것만으로도 위용을 자랑한다.

각황전 왼쪽으로 동백나무 숲과 어우러져 있는 백팔 계단을 올라가면 노송으로 둘러싸인 자리에서 부처님 사리탑인 4사자삼층석탑과 공양상 석등을 마주한다. 빼어난 건축미의 자태가 완전히 압도하는 멋이 있어 절로 숙연해진다. 최순우는 말했다. "한국 고대의 건축미술 작품 중에서 한국의 석탑처럼 그 다양한 창의성과 공간 조형의 세련된 아름다움을 다시금 재평가 받는 건조물은 없다." 그런 아름다움은 익산 미륵사탑이나 부여 정림사 같은 탑의 조형에서 찾아볼 수 있다. 8세기 무렵의 통일신라시대로 오면 이전의 석탑 조형을 더욱 세련시켜서 사각 삼층으로 된 한국 석탑 양식의 정형을 이룩하게 된다. 불국사 석가탑이 그 좋은 예가 된다. 화엄사 4사자석탑은 전형적인 삼층석탑 양식을 기본으로 했으면서도 "매우 이례적인 사자주 양식을 곁들인 탑으로 기교나 창의 면에서 매우 높이 평가해야 할 한국미의 일면을 보여 준다고 할 것이다." 석탑 앞의 공양상은 신라시대의 고승 자장법사의 모습이라든가. 연기조사가 어머니께 공양 올리는 모습이라는 전설이 있지만 정말은 밝힐 수 없다. 그리하여 최순우는 "삼발 석등 아래 한 무릎을 세우고 정화해서 합장 공양하고 있는 보살형의 모습은 어쩌면 신라 불교미술인들에게 바치는 경건한 찬양의 자세라고도 나는 느끼고 싶은 것이다. 산자수명한 지리산 송림은 푸르고, 탑이 서 있는 나지막한 이 언덕은 이 탑이 세워짐으로써 아름다움의 생명력이 샘솟는 곳이 됐다는 것이 얼마나 고맙고 신기로운 일인지, 불교도가 아니지만 나도 가슴에 손을 얹고 고요에 잠기고 싶은 심정의 세계이다."

석등 불빛창을 받치고 있는 삼발의 공양상. "이 석등과 공양인물상은 배좌와 아울러 삼층 사자석탑의 부속물로 이루어진 것이며 화강석을 마음대로 다룰 수 있었던 통일신라시대 석조 미술의 뛰어난 솜씨가 맥맥이 전해지는 작품이라고 할 수 있다. 부슬비 내리는 늦은 가을날이면 이 석등 위에 돋아난 해묵은 돌이끼가 파아랗게 하나하나 살아나서 이 석탑 언덕은 마치 삼층석탑에 새겨진 비천상들이 보여 준 주악과 율동을 일깨우는 듯 한층 더 신비로움과 정적의 아름다움이 뼈에 시리도록 고마워진다."

뭐니 해도 화엄사의 장엄은 지리산 노고단으로 오르는 뒷산의 배경에 있다. 대웅전 뒤로 가서 절의 뒷모습을 보고 암자로 오르는 대숲길이 나는 가장 좋다. 이른 봄이면 토종 매화꽃 향을 맡으며 계곡의 물소리를 듣는 것이 얼마나 청량한지. 봄이 무르익으면 차나무에서 새순이 올라 차향을 그리게도 한다.

전설의 연꽃

대하연(大賀蓮, 오오가하스)연꽃은 애호가들 사이에 '전설의 연꽃'으로 알려진 세계 최고, 가장 오래된 꽃이다. 일본의 식물학자인 오오가 이치로 박사가 1951년 3월 지바시 도쿄대학 운동장 유적지에서 2000년 전의 연씨 3개를 발굴하여 그해 5월, 1개를 발아시키는 데 성공, 다음해인 1952년 7월 18일 분홍색 꽃을 피움으로써 탄생하였다.

이 연꽃은 발굴자의 이름을 따 '오오가하스'라 명명되었으며, 연 씨가 지구에서 가장 오랫동안 종자의 생명력을 지닌 것이 과학적으로 입증되어 당시 세계적인 큰 반향을 일으켰다. 부여 궁남지의 대하연은 이석호 전 부여문화원장이 1973년 우리나라 최초로 일본에서 들여와 재배해오다가 2008년 5월 20일, 부여군에 기증하여 심어진 것이다. 궁남지에 붙여진 팻말의 내용이었다.

그 무렵 나도 궁남지에 갔었지만 몇 배미의 논에 연밭이 있어 새벽에 걸어본 적이 있다. 그때 대하연의 팻말을 발견하지는 못하였다. 당시에는 둘레에 목책을 두르고 키웠다는 것을 나중에 알았다. 그 뒤부터 부여군에서는 궁남지를 대대적으로 넓게 조성하여 지금은 한 번에 다 둘러보기도 힘들 정도로 많은 연밭이 주제별로 구성되었다. 해마다 연꽃축제가 백제문화제보다 더 성황을 이룬다고 한다.

오오가하스

지난 7월 24일 전북일보 〈금요수필〉에 내 수필이 실렸다. 원고 청탁을 받았을 때, 좀 난감했다. 원고 길이도 1,600자에 제한된 글이었기 때문이다. 계절 감각을 생각해서 마침 연꽃이 만발한 시기라 그동안의 연꽃 기억을 압축하여 되살려 내 보았다. 〈연꽃 만나고 가는 바람같이〉 서정주 시의 제목을 빌렸다. 그 글의 마지막 대목이 이렇다. '천년 된 연실에서도 싹을 틔워낸다는 연꽃의 꿈을 연화 세상에 와서 다시 읽는다. 진흙 바닥 같은 삶의 터전에서 연심蓮心을 챙겨본다.'

글을 잘 보았다는 지인들의 격려를 전화와 문자로 받았는데, 그중 한 지인, 익산에서 문화해설사로 활동한 분의 전화를 받았다. 바로 그 천년 된 연실에서 피어난 연꽃을 만날 수 있다고 했다. 보도를 통하여 소식을 알았을 뿐, 그 연꽃을 볼 수 있으리란 생각을 해본 적이 없었다. 바로 궁남지의 대하연을 기증했던 전 부여문화원장 이석호 선생님 댁에 가면 그 연꽃이 피는데, 언젠가 여름에 꽃을 본 적이 있다고 했다. 이석호 선생께 연락하여 화요일에 집에 계신다고 해서 약속을 잡았다.

백제의 고도, 부여는 언제나 그리움을 불러일으키는 곳이 아닌가. 가지 않으면 오지도 못하는 연인같이 한곳에 붙박여 있어야 하는 운명의 '정림사지 5층석탑'과 궁남지, 부소산성, 백마강 등이 기다리기 때문이다. 올 7월에 부여의 백제유적지와 익산 미륵사지, 왕궁리 유적 등이 세계문화유산에 등재되었다. 부여 읍내에는 곳곳에 세계문화유산 등재를 축하한다는 플래카드가 걸려 있다.

선생님 댁은 부여 외각인 듯, 앞으로 저수지가 내려다보이는 언덕에 한옥 지붕을 하고 있었다. 저수지 가에도 연꽃이 한창이었다. 넓은 호수에 한두 척의 배가 떠있는, 연꽃이 어우러져 아름다운 풍경이었다. 솟을대문보다 직접 만들었다는 나뭇가지로 엮은 쪽문으로 우리를 안내했다. 정원을 꾸미고 있는 각가지 형상의 수석은 마당 안에 우주와 지구를 포함하여 한국의 이미지까지 표현했다고 하나하나 설명해주었다. 여름꽃들도 화사하게 피고 있었다. 전설의 '대하연'의 종자가 이어져 와서 핀 연꽃은 물론이거니와 돌확에 수련, 대백합, 금강초롱, 서양의 사프란과 야래향까지. 우리나라에 몇 안 되는 백송과 호피송(호랑이 껍질), 특히 덩굴을 타고 오르는 인동나무가 인상적이었다. 일제시대 때부터 겪었던 고초들과 일생의 추억들이 집 전체에 담겨 있었다. 선생님의 삶 자체가 인동나무 같았다. 인동초는 백제의 문양이었다. 백제 왕관과 백제대향로에 그 인동문양이 새겨 있다. 인동은 백제문화의 상징이었다.

선생은 평생 백제의 와당을 연구하였다. 백 가지 문양의 와당을 모으기로 하였다. 드디어 백 가지 문양의 와당이 모였을 때, 그것을 탁본하여 꾸민 족자를 이 층 계단 위 벽에 걸었다. 선생은 자신을 고아원古瓦院 원장이라고 불렀단다. 그리고 천 년 전의 와당을 종이에 탁본하여 만든 부채의 바람을 쐐주면서, '이게 천 년 전의 바람이야!' 하셨다. 평생 모은

2천여 점의 와당을 한남대학교에 기증하였고, 한남대학교박물관에 가면 그 와당을 볼 수 있단다.

연꽃 문양의 수막새와 연꽃무늬가 변조된 전돌은 백제미술의 꽃이라고 할 수 있단다. 백 가지 문양의 와당은 백제미술의 정수를 담았다고나 할까. 실지의 연꽃잎은 얇지만, 와당에 표현한 연꽃은 풍선에 공기를 넣은 것처럼 탱탱하여 여인의 젖가슴 같은 생명력이 느껴진다. 연꽃은 이미 연꽃이 아니었다. 백제 와당이 아름다운 것은 지수地水 화풍火風의 영기靈氣를 품은 생명력의 표현이기 때문일까.

기역자로 된 집의 외곽 토방은 모두가 백제 전돌로 꾸몄으며, 쪽대문에 이어진 담장은 버려진 옛 기왓조각을 켜켜이 쌓아서 운치를 더했다. 정원에 우주의 신비가 숨겨진 듯한 돌들로 인하여 나무와 꽃들이 집과 어울려 더욱 아름다웠다. 예술로 승화된 연꽃 문양의 와당이 가득한 집 안팎과 활짝 핀 '오오가하스'. 천 년 전의 백제 고도의 한 마을에 있는 듯했다.

선생은 1973년도에 도쿄대학에 '백제 와당'에 대한 강의 초청을 받았다. 한 시간 전에 도착하여 대학교의 대정원을 산책했다. 연못 앞에서 한 푯말을 발견하였다. '오오가하스'였다. 한 시간 반의 강의를 마치고 총장실에서 차를 마셨다. 강의료를 주는 것을 거절했다. 의아해하는 총장에게 선생은 강의료 대신에 '오오가하스'를 한 뿌리 분양해주시면 어떻겠습니까? 하지만 총장은 난처해했단다. 그것은 이사회의 결정을 받아야 한다고 했다. 사정했지만, 아쉽게도 포기했다. 비행장으로 가는 차 안에서 뜻밖에 종이로 포장한 물건을 받게 되었다. "아무 말 마시고 그냥 가져가세요." 하면서 준 것은 '오오가하스' 연뿌리 하나였다. 소중히 간직하여 돌아와서 부소산성 아래의 집에 심었단다. 뒤에, 평생 모아온 선생의 문화재로 꾸민 지금의 기와집을 짓고, 해마다 2천 년 전의 꿈에서 깨어난 생명의 찬가를 들으며 백제의 르네상스를 그린다.

작은 연못의 직계 자손인 '오오가하스'는 빗방울이 맺혀 처연하도록 아련했다. 활짝 피어 한 세상을 열었다. 다음 세상을 이어갈 자방을 드러내었고 꽃잎이 하나 둘 열리다가 접혀서 고아한 자태다. 생명 보존의 끈질긴 일념으로 그 오랜 고독의 세월을 숨죽여 왔던가. 적멸의 세계에서 깨어난 모습, 무어라 말할 수 없는 꽃심을 내 가슴에 새겼다. 꽃잎 가장자리는 분홍색 띠를 두른 듯하지만 안쪽으로 갈수록 하얀 빛이 되다가 연실의 연노란색과 조화를 이룬다. 연꽃은 꽃과 동시에 연씨를 맺어 더욱 오묘한 생명의 꽃이다. 단 며칠 피었다 떨어지는 꽃자리 가운데 이미 씨가 자라고 있다. 송나라 주돈이의 〈애련설〉 이후로 세세대대 화중군자로 사랑받고 있지 않는가.

처렴상정處染常淨의 꽃. 진흙 속에서부터 맑게 기운을 투과하는 숨구멍을 스스로 만든다. 꽃대 하나로 올곧게 올라와서 가지도 치지 않고 홀로 한세상을 지키는 삶이다. 물론 모든 홍련의 모습은 그 색이 조금씩 달리하지만, 거의 같아서 어느 것이라도 천년의 생명을 이어오지 않은 것이 있겠는가. 열반涅槃적정寂靜의 응축된 기운으로 피워낸 꽃이 아닌가. 선생의 별 정원에서 만난 '대하연'의 후손은 애틋한 신비감이 더했다. 옆에서 바라보면서도 총총한 그리움으로 밀려드는 감회에 젖는 것이리라.

꿈의 절집, 봉암사

5월은 차꾼들에겐 1년의 차茶 양식을 준비해야 하는 달이다. 차나무의 잎을 살펴봐야 하므로 초파일과 겹쳐지는 그 시기에는 어디에도 갈 수가 없다. 이번 석가탄신일도 둘째 주 화요일, 차茶 하기에 최적의 시기였지만 올해는 차나무 생육에 이변이 일어서 많이 늦다는 소식이다. 사진작가인 지인이 보내 준 겨울 봉암사 사진을 본 뒤부터 이번 초파일엔 차茶 만드는 일을 제쳐놓고 거기부터 먼저 다녀오려고 벼르고 있었다.

1983년 가을, 유홍준은 그 유명한 지증智證대사의 탑비와 부도를 보기 위하여 문경 봉암사鳳巖寺에 갔다가 처참하게 출입을 거절당하고 돌아왔다. 바로 1982년부터 80여 명의 납자衲子들이 결제와 산철 없이 정진하는 청정도량이기 때문이었다. 전문 미술사학자로서의 답사였지만 절집은 부처님 모신 곳이지 미술사의 대상이 아니라고 들은 척도 하지 않았던 어느 스님을 불쌍하다고 생각하고 돌아온 후 늘 꿈의 절집이었단다. 그런 뒤 십 년 만에 봉암사 선방의 상량식 때 기회가 생겨서 갈 수 있었다. 십 년의 꿈은 여지없이 깨어지고 말았다. 지증대사의 비문 속의 아름답던 봉암사의 전경은 환상 속의 절집 봉암사였어야 옳았다고 했다. 글 속에서만 볼 수 있는……. 1년에 단 하루, 사월 초파일 부처님 오신 날만 축제일로 일반인들에게 개방한다는 것을 알고 1991년 한국문화유산답사회 7차 답사로 다시 다녀왔다는 것이다.

천하의 대문장가인 최치원의 사산四山 비명碑銘 중의 하나인 지증대사비 속의 절집의 풍경은 전연 남아 있지 않지만 우리로서는 걱정할 필요가 없다. 천하의 문장이란 비문을 읽을 수도 없거니와 비문 속의 봉암사를 본 적이 없으니 낙심할 일도 없다는 것이다. 그때의 답사객 한 사람의 말에 의하면 경관이 맑고 빼어나면서도 마음의 평온을 안겨다 주는 가장 넉넉한 기품의 절집이라고 했으니까. 다음 부처님 오신 날 다시 갈 거라고 했으니까. 봉암 결사대회로 담 높은 이 절집을 나도 귀동냥으로 듣고는 갈 수 없는 절로만 생각했다.

서울에서 온종일 걸려서야 갈 수 있었던 봉암사. 20여 년 전만 해도 문경에서 봉암사가 있는 원북마을까지 비포장길이었으니 그럴 만했겠다. 아마도 내가 전주에서 혼자 봉암사를 찾아가려면 하루가 걸렸을 것 같다. 그러나 서울에서 출발한 우리는 원북마을까지 두 시간 만에 당도할 수 있었다.

비가 온다는 예보도 있었지만 1년 중 하루인 기회를 놓칠 수가 없었다. 흰 구름이 산허리를 감아 도는 청록산을 바라보고 달릴 수 있는 것만으로도 상쾌한 5월이 펼쳐졌다. 원북마을에 들어서니 자동차들이 한쪽에 줄을 서고 있었고 교통 안내원의 인도를 받아 셔틀버스로 갈아타야 했다. 산문 밖 초소에서 내려서 걸었다. 거기서부터 계곡을 끼고 비포장길을 걸어간다. 너럭바위들이 많은 계곡을 따라 푸르른 숲 속을 걷는 것만으로 세속의 모든 잡다한 일상을 끊어버리기에 충분하다. 이때쯤 초록빛 속에 빛나는 때죽나무 꽃무리가 환영하듯 종소리를 울려주기도 한다. 한참 가다 보니 개울 건너편에 일주문이 보였는데 일주문 형식부터가 고색창연한 모습이다. 계곡을 가운데 두고 양 갈래 길이 있었다. 초파일 외에는 일반인들에게 개방하지 않아 절집 앞에 있기 마련인 잡상이 없으니 청량하기 그지없다. 희양산 봉암사는 결코 관광의 대상이 아니다.

노주석을 바라보며

노주석

경내로 들어서니 많은 봉사자가 공양간에서 점심을 준비하느라 바빴다. 특이하게도 대웅전 앞마당은 오색 연등이 아니라 하얀 등이다. 밤에 등불을 켜면 어떨까. 백련이 가득 핀 연밭 풍경이 그대로다. 마당이 내려다보이는 설선당 마루에 걸터앉아 땀을 훔쳤다. 봉암사에서 진짜로 멋있는 유물은 대웅전 앞마당에 있는 한 쌍의 노주석이라고 했으니, 백 등에 싸여서 미리 알고 가지 않았으면 지나치고 말았을 것이다. 노주석이란 정료석庭燎石 또는 순 한글로 '불우리'라고 한다. 이 돌 받침은 야간 행사가 있을 때 관솔불을 피워 그 위에 얹어 마당을 밝히던 곳이다. 이런 불우리를 봉암사처럼 옛 모습 그대로 지니고 있는 곳은 흔치 않다. 평범한 구상으로 그 형태도 단순하지만 둥근 받침돌이 위로 오므라드는 긴장된 맛과 그 위에 얹힌 판석의 듬직스러움이 한 시대의 멋스러움을 유감없이 보여준다고 하는 말이 그대로다. 전야제 때 불우리에 관솔불을 피우고 연등을 밝히고 탑돌이를 하는 행자들의 행렬이 떠오른다. 희양산의 장엄한 바위산을 이은 봉우리들 속에 들앉은 이 가람 형태가 연꽃 속의 연실인 듯, 연꽃 속의 연등이라! 햇빛 희, 볕 양. 희양산曦陽山은 글자 그대로 수행자들의 정진에 뜨거운 기운을 불어넣고 있는 것이 분명하다. 이곳을 거쳐 간 고승들 사이에서 "우리도 옛날에 봉암사에서 힘 얻었지."라는 말이 있다는 것은 풍수에 대한 의미를 몰라도 희양산의 정기를 입은 봉암사란 것을 알 만했다.

절집 마루에 앉아 노주석의 관솔불 타는 것을 상상하는 것만으로 올라오던 노고가 풀린다. 우선 점심 공양부터 하기로 하고 공양간에 가서 순서대로 공양을 받는다. 정성이 깃든 오색 나물들을 곁들인 비빔밥과 미역국 한 그릇, 후식으로 떡도 한 조각씩 나누어 준다. 식사는 큰 선방이나 주위에서 자유롭게 한다. 방바닥은 적당히 따듯해서 삼삼오오 둘러앉아 식사하는 풍경이 다른 곳 같으면 피난민을 연상했겠지만, 이곳, 이날만은 모든 사람이 즐거운 부처님의 탄신을 축하하는 즐거운 자리로 여겨졌다. 아니 그랬다. 열린 방문 하나하나는 신록의 푸른 물이 주르르 흐를 듯한 풍경 사진이어서 또 하나의 맛을 곁들인다. 돈으로 거래되지 않은 부처님이 내린 순수한 공양이다. 음식 대부분이 선 수행하는 스님의 울력에서 나온 것이려니 스님들의 기도 힘을 먹은 셈, 부처님의 가피가 아닐 수 없다. 수행 정진의 정신을 희양산 기운과 더불어 음식으로도 받는다.

봉암사는 전국 각지에서 선禪 수행을 위한 최고의 선승들이 외부의 방해를 받지 않은 채 수행 정진하기 위해 찾는 정신적, 상징적 절로 유명하다. 그리고 하루 세 번의 공양, 세 번의 예불, 14시간 이상의 좌선, 그리고 결사의 뜻을 이은 울력(공동노동)은 모든 수행자가 해야 한다. 개인적인 공간도 없고 높고 낮은 구분도 없이 한 방에서 같이 공부하고 같이 자고 같이 수행하는, 전적으로 자급자치 공동체의 삶이다. 배가 부르니 따뜻한 방에 등을 대고 눕고 싶다. 먼 길을 헤매다 고향집에 돌아온 느낌이다.

천년 법문을 품은 봉암사 석조유물

늘씬한 고전미인 같은 봉암사 삼층석탑 -보물169호-

지증대사비문 속의 봉암사 정경은 남아 있지 않고 폐허와 중창을 거듭했으니 지금의 대웅전과 여러 전각은 유적으로의 가치는 없는 셈이다. 극락전만은 옛 목조탑의 형식으로 이 층 구도여서 옛 맛을 풍긴다. 그리고 이 도량을 묵묵히 지켜온 석조유물들은 천 년의 숨결을 느끼기에 유감이 없다. 봉암사 석조유물들은 모두 국가에서 지정한 보물들이다. 불국사 삼층석탑이 우리나라 석탑의 전형이 된 뒤로는 모든 탑은 그 전후로 따지게 된다. 봉암사의 삼층석탑은 불국사 석가탑의 형태를 고스란히 이어받고 다듬어져 아담하다. 지붕돌의 곡선미까지 살려냈으며 기단부가 훤칠하게 커서 늘씬한 미인을 연상케 한다는 비유가 얼마나 기막힌지. 옥개석의 이끼는 세월을 거쳐 간 선승들의 숨결이 고인 것 같아 숭고미를 더한다. 남원 실상사의 삼층석탑과 유사한 형상으로 상륜부까지 온전하게 남아서 당당하게 선종의 뼈대를 지켜냈다.

지증대사적조탑비와 승탑 – 승탑 (국보315호) 탑비 (보물137호)

봉암사는 선종구산문의 하나인 희양산파의 종찰이고, 지증대사의 창건설이 전설처럼 내려온다. 한문으로 된 문장을 도저히 가늠할 수 없는 나로서는 그냥 신화적인 최치원의 4산 비문 중 내가 만날 수 있었던 두 번째 탑비란 것만으로도 행운으로 생각한다. 히말라야의 티베트 사원에서는 경전을 읽을 수 없는 민중들이 마니차를 돌리는 것으로 경전 읽는 공덕을 쌓는다는 것처럼 말이다. 비문은 하대 신라의 선종을 연구하고 설명하는 논문에서 빠져서는 안 될 글로서, 최치원의 글맛이 이 비문보다 더 잘 나타난 것이 없다고 해서 유홍준에게는 더욱 꿈같은 절이 되었다고 한다. 나도 가까운 시간 내에 그 번역본이라도 읽어봐야 할 일

이다. 아슬아슬하게 기둥에 기대어 서 있는 지증대사탑비 옆에는 대사의 승탑이 있다. 지금은 모두 보호각 안에 있다. 통일신라의 모든 기량이 모인 듯 내가 본 부도들 중에서 최고의 작품 중 하나이다. 받침돌부터 상륜부까지 균형미가 빼어날 뿐 아니라 각부마다 비천상들의 조각이 선명하다. 악기를 부르고 공양을 올리며 기도하는 천신들의 표정도 살아있다. 치밀한 돋을새김의 정교한 솜씨는 예술성 짙은 장식성보다 고매했던 대사를 흠모했던 임금의 태도까지 짐작게 한다. 지붕돌의 처마선까지 살짝 들어 올린 것이 매력이다. 떨어진 한쪽 지붕돌 조각에서 오히려 세월을 뛰어넘는 대사의 법문을 들어야 할 것 같다.

백운계곡에서 만난 마애보살좌상 (도유형121호)

봉암사 경내를 벗어나 계곡 위쪽으로 발걸음을 옮긴다. 이 계곡은 예로부터 '봉암용곡'이라 불려왔단다. 봉황과 같은 바위산에 용과 같은 계곡물이 흐른다는 뜻이다. 20여 리에 이른다는 계곡은 옥빛 물줄기가 기

묘한 정원수들을 벗하며 넓은 암반 위를 용같이 꿈틀거리며 흐른다. 신록으로 빛나는 숲 속을 용틀임하는 폭포 소리를 들으며 일념으로 걷는다. 비록 힘은 들지라도 그 용솟음치는 물소리가 계속 기운을 생동케 한다. 마침내 드러난 마당 바위 동북쪽에 마애보살좌상이 고요한 동자상으로 앉아 있다. 앞마당처럼 너른 바위 위쪽 소에서 흘러내리는 물이 비질하듯 경사진 바위 마당으로 미끄러져 내린다. 보살상 앞에는 하얀 천막을 친 단이 있다. 저절로 엎드리고 싶어진다. 평소에 사람들 소리를 들을 수 없는 이 계곡에 갑자기 사람들로 북적이게 되었으니 보살도 만면에 미소를 띠는 것인가. 시끄럽다고 할는지. 그 어떤 소리도 물소리에 잠겨버리고 부처님의 법문 안에 녹아버린다. 기묘한 바위들이 군집을 이루고 거대한 바위틈을 비켜 조금 높은 곳으로 올라가 보니 이 계곡의 위용이 나타난다. 돌 위에 작은 돌로 석탑을 쌓기도 하고 바위틈에서 철쭉꽃도 피어난다. 모든 형상이 법신의 성현聖現이다. 폭포수같이 부서져 내리는 옥빛 물소리는 부처님의 말씀이다. 쩌렁쩌렁한 죽비 소리 같기도 하여 폐부까지 시원스레 씻어진다. 마애보살은 머리에 보관을 쓴 듯하고 오른손으로 연꽃 가지를 들었다. 염화미소를 상징하듯 그 뜻을 묻는다.

백운계곡 마애불 앞에서 모든 여독을 내려놓고 다시 내려오는 길. 오를 때는 잘 몰라서 일주문 반대편 길로 올랐고 내려올 때는 일주문으로 내려온다. 오를 때 볼 수 없었던 일주문의 정경을 편액과 함께 감상할 수 있다. 안쪽에는 '봉황문鳳凰門' 편액을 걸었고 바깥은 '희양산 봉암사'란 편액이 걸려 있다. 봉황문이란 편액은 고려 공민왕이 썼다고 하는데 정확한지는 잘 모르겠다.

지증국사가 와서 보니 "산이 병풍처럼 사방에 둘러쳐져 있어 봉황의 날개가 구름을 흩는 것 같고, 계곡 물이 멀리 둘러 백 겹으로 띠처럼 되었으니, 뿔 없는 용의 허리가 돌을 덮은 것과 같다. 이 땅을 얻게 된 것이 어찌 하늘이 준 것이 아니겠는가? 스님들의 거처가 되지 못하면 도적의 소굴이 될 것이다."라 하며, 대중을 이끌고 절을 창건했다고 한다. 봉황문 편액이 걸린 이유이리라.

산문을 빠져나오니 비가 내리기 시작한다. 셔틀버스를 기다리는 사람들의 줄이 용의 허리처럼 길게 늘어지고 있다. 우산을 받고 모두들 차분하게 버스를 기다린다. 날이 좋았으면 희양산 자락의 유서 깊은 신라 시절의 절집을 돌아보려고 하였다. 초파일에 삼사三寺 참배하면 복 받는다고 해서다. 빗속에 문경새재를 넘고 넘어 이천의 쌀밥 집에서 저녁을 먹으며 생각했다. 이 쌀밥이 어디서 왔는가, 편히 먹을 자격이 있는가. 부처님 당시의 선풍을 일으키고자 고칠 것은 고치고 부처님의 근본 말씀대로 해보자는 선승들의 결사 의지를 우리도 생활 속에서 일깨워야 되지 않을까. 천년의 석조유물들이 내리는 법신의 법문이 아니겠는가.

슬프다. 수덕사, 그 옛날의 수덕사여!

예산 수덕사 입구의 난장은 내포 땅의 생산물이 풍부하다는 것을 여실하게 드러내고 있다. 식당가와 상가를 지나서 수덕사 경내로 오른다. 약간은 쌀쌀하여 상쾌한 바람결에 살랑거리는 벚나무를 올려다본다. 아련한 봄날의 정취가 무르익는 가운데 우람한 배흘림기둥 네 개가 지붕을 받치고 있는 일주문이 활짝 품을 열고 있다. 총림다운 일주문이다. 1984년 수덕사가 총림으로 승격된 후의 건축물인 것 같다.

수덕사 오르는 길은 저 남녘 지리산의 쌍계사처럼 약간 경사진 오르막길을 올라야 한다. 일주문에서부터 덕숭산의 온갖 나무들이 작은 새들의 혓바닥처럼 새순을 살랑댄다. 개나리 진달래 벚꽃이 선남선녀들과 어우러진 봄빛이 화사하다.

돌계단이 앞을 가려 대웅전은 나타나지 않고 계단 끝에 가서야 모습을 드러낸다. 대웅전 오르는 돌계단이 몇 개나 될지 헤아려보지 못하였다. 국보 제49호인 수덕사 대웅전을 보기 위하여 어마어마한 성채를 축

수덕사 대웅전 측면

조해 놓은 것 같은 계단을 올라야 하는 것이 서글펐다. 이래서 유홍준은 '슬프다 수덕사여! 그 옛날의 수덕사여!' 했던가 보다. 자연스런 흙길을 버리고 값비싼 돌바닥과 돌계단을 쌓은 결과 중국 무술영화 세트 같은 괴이한 형상이 되고 말았다고 탄식할 만하다. 문화재 전문위원인 건축사가 신영훈 선생은 이런 짓을 막지 못한 것을 정말 미안하다고 말했단다.

그러나 돌계단을 다 오르고 초파일 연등으로 가득한 마당 옆, 법고각을 감싸고 있는 하얀 벚나무와 느티나무를 바라보는 순간, 돌계단에 대한 못마땅한 생각은 일순에 사라져버린다. 법고각은 전각의 공포(栱抱)와 쇠서 모양, 기둥 장식 조각들의 낡은 색채가 전각의 모양과 어울려서 아름다웠다. 자잘한 자줏빛 새잎이 나오고 있는 거목이 새 기운을 받아 생기 충천한다. 마당 전체에 그늘을 드리운 느티나무 아래 빈 의자를 그냥 두고 오면 유죄려니! 내 꿈속의 수덕사는 사라지고 이렇게 거목 아래서 그 옛날의 수덕사를 그려본다. 마치 내가 옛날부터 수덕사와 인연 지은 사람같이 늘 마음속에 있었다.

전생에 수행자였던 사람들이 이생에서 가족으로 만났던가. 엄격한 어머님 같은 노보살님의 가족은 모두 절집의 인연을 가지고 있다. 보살님이 젊은 처녀 때 부모님 몰래 중이 되겠다고 절로 도망갔다가 도로 잡혀 집으로 돌아왔다. 그래서 보살님의 꿈은 이루어지지 못하였다. 보살님은 군인 장교와 결혼해서 아들딸들을 낳았고 장성의 부인으로 일생을 보냈다. 그리고 노후에는 큰 사찰을 돕는 일로 세월을 보낸다. 그런데 여학교를 졸업하고 대학 입학을 앞둔 그의 큰딸이 이 수덕사에 놀러 왔다가 비구니가 되고 말았다. 어머니가 못다 한 원을 따님이 이룬 것인가. 이른 봄철, 고목에서 새잎이 나는 것을 보고 그냥 머리를 깎고 싶었단다. 장성의 딸로서 19세의 아리따운 처녀였다. 지금은 중견 스님이 되어 불교의 한 문중의 큰 역할을 하신다. 바로 나의 차茶 스승인 스님이다. 그리고 15년 후에는 스님의 여동생이 이어서 수덕사로 출가하였다. 이렇게 절집의 인연을 가진 가족을 가까이하여서인지 나도 그의 가족의 일원 같아 이 수덕사가 낯설지 않다.

수덕사에 와서 만난 고목이 어떤 나무였을까 하고 두리번거려지기도 한다. 약관의 나이에 세상의 무상을 보았다고 했던가. 그리고 고목나무의 새잎처럼 절집에서 새로운 생을 시작하고 싶었던 것 같다. 그리고 봄마다 차를 만들고 부처님과 스님들께 차茶 공양을 올리기 시작하였다. 아마도 현대 차인茶人으로써는 가장 오래 차를 만들어 오신 분이지 않을까 싶다. 선방에서 수행을 마치고 세상에 막 내려와서 금산사의 심원암에 주석했는데, 그때 내가 전주에서 다례원을 하게 된 인연으로 만나게 되어 우리는 한눈에 반했던 것이다. 불교신자는 아니었지만, 당시엔 나는 오히려 천주교 신자였다. 차茶 일을 같이 하며 배우고 좋아하게 되어 지기지우知己之友가 된 셈이다. 스님을 만나면 나 자신이 늘 청청해졌다. 스승 같기도 하고 친구 같기도 한, 만나지 않아도 같은 마음인 듯한 분. 귀한 인연이었다. 어느 때인가 그 임은 말했다. 깨치고 보니 구태여 불교가 아니어도 상관없다고. 그러나 이왕 불교로 출가하여 뿌리 내렸으니 그 안에서 뜻을 펴리라고 했다.

드디어 국보 49호인 대웅전 앞에 선다. 언뜻 무미건조한 것 같지만 마름모꼴 사방연속무늬의 창살은 이 집의 정숙한 기품을 더욱 살려준다. 부안의 내소사의 창살문을 흔히 말하며, 꽃 창살 무늬로 유명한 사찰도 많지만, 이 대웅전의 창살문의 격조를 비교할 수는 없다.

수덕사 대웅전은 유일하게 남아 있는 백제계 사찰이지만, 고려 충렬왕 34년에 건립된 것으로, 현재까지 정확한 창건연대를 알고 있는 가장 오래된 목조건축이다. 부석사 무량수전과 안동 봉정사 극락전과 마찬가지로 나무로 지은 집이다. 철근을 써도 100년을 넘기지 못하는 건축물이 많은 현대로서는 나무로 된 집이 700년 이상 사용되고 있다는 사실만으로도 귀중한 건축사의 한몫이다. 단순하고 화려한 장식과 단청도 없는 저 간결한 모습이 어째서 그리도 고색창연한 아름다움을 자아내고 있는가. 눈길을 확 끌게 하는 그 무엇이 있어야 발길도 멈추는 현대인에게 이 단순성이 보여주는 간결한 것의 아름다움, 꼭 필요한 것 외에는 아무런 수식이 가해지지 않은 필요 미는 얼른 다가오지 않는다고 유홍준도 말했다. "그러나 안정된 정서를 가진 사람이라면 수덕사 대웅전의 저 간결미와 필요 미가 연출한 정숙한 아름다움에 깊은 마음의 감동을 하게 될 것이다. 그것은 마치도 가벼운 밑 화장만 한 중년 미인을 만났을 때 느끼는 감정 같은 것이다."

나는 절집을 가면 반드시 주 건축물의 뒷모습을 본다. 절집의 후원을 둘러보는 맛이 참으로 고즈넉하기 때문이고 뒷산의 울창한 숲을 만날 수 있기 때문이다. 수덕사 대웅전 뒤는 덕숭산 총림을 가늠할 수 있기에 이 가람이 숲을 이루는 갖가지 나무들처럼 모인 승려들의 수행처가 될 만한 까닭이지 않은가. 하얀 꽃이 만발한 키 큰 벚나무가 눈부시다. 백제 시대 국보 343호인 산경문전山景紋塼 전돌의 원관념이 이 대웅전 뒷산에 있는 것이 아닌가.

예산 수덕사에서 꼭 보아야 할 곳

사찰 건축의 대표적인 지붕 형식은 팔작지붕과 맞배지붕이다. 수덕사 대웅전은 '주심포집의 맞배지붕', 앞면과 뒷면의 지붕을 사람 인人 자 모양으로 배를 맞대었다고 해서 맞배지붕이다. 삼국시대 이래로 우리 목조건축의 대종은 맞배지붕이었다고 한다. 새로운 형태인 팔작지붕이 중국에서 건너온 것이 고려 중기쯤 된다. 부석사의 무량수전이 가장 오랜 팔작지붕의 목조건축물로 〈무량수전 배흘림기둥에 서서〉로 유명하다

공포栱包를 기둥 위에만 장식하는 것이 주심포이며, 건물을 화려하게 보이게 하려고 기둥과 기둥 사이에도 공포를 장식하는 것이 다포형식이다. 맞배지붕에는 주심포가 팔작지붕에는 다포지붕이 어울린다. 다포형식이 전해진 이후에도 주심포가 세워진 것은 단순히 고식이거나 조촐한 집이기 때문만은 아니라고 한다. 수덕사 대웅전이 바로 그런 맞배지붕이다.

그리고 바로 이 맞배지붕의 옆면, 한 장의 현대 회화 한 폭을 보는

것 같다. 건축물 부재가 그대로 바깥으로 노출되어 골격을 드러낸 채 간결한 면 분할과 비례미를 나타낸 그림. 색채도 단순한 갈색 조 자체다. 우리의 전통 조각보가 조각 천을 사용하다 보니 아름다운 면분面分의 디자인이 되었다. 조상들의 손맛이 담긴 조각보가 몬드리안의 추상화와 비교해도 손색이 없다고 하듯이 대웅전의 옆면 또한 몬드리안의 추상화 같은 단순하고 경쾌한 초현대적인 맛도 느껴진다. 20세기 신조형주의를 창시한 화가 몬드리안. 클레의 그림과 우리의 전통 조각보도 직선의 비례와 색의 조화를 통해 조형미를 표현한다는 점에서 많이 닮았다.

건축물의 외형은 각 부재가 이루어내는 면 분할의 조화 여부에 성패가 걸린다고 한다. 수덕사 대웅전의 면 분할은 무엇보다도 건물의 측면관에 멋지게 구현되었다. 우리 시대 건축에서는 도저히 찾아볼 수 없는 간결성의 멋과 힘이 거기 있다. 튼튼한 부재의 정직한 드러냄이야말로 이 집이 천 년이 가도 끄떡없음을 자랑하는 견실성의 핵심요소라고 한다. 오래된 미래가 전통의 가치가 아닌가. “둥근 나무와 편편하게 다듬은 나무가 엇갈리면서 이루어낸 변주는 우리의 눈 맛을 더없이 상큼하게 열어준다. 그리하여 수덕사를 답사했을 때 내가 가장 오랜 시간 머무는 장소는 저 대웅전의 측면이 한눈에 들어오는 오른쪽 꽃밭 한 귀퉁이로 되었다.”

대웅전의 중요한 특징 중의 하나가 배흘림기둥이다. 배흘림기둥은 기둥의 가운데가 배가 슬쩍 부풀어 팽팽하고 위를 좁게 마무리한다. 지붕이 기둥을 누르지 않게 보이게 한다. 마치 살아 있는 물체가 힘 안 들이고 짐을 지고 있는 것처럼 보이게 한다. 멀리서 보는 사람의 시각도 안정감을 갖게 한다.

이응로의 암각화

문학기행이라는 특성 때문에 우리는 수덕사의 여러 면모를 살필 수 없었다. 그래도 수덕사에 오면 여기만은 꼭 감상하고 가야 한다고 동료의 손을 끌고 왔다. 수덕사 대웅전이 건재하는 한 몇 번이라도 여기 올 수 있다면 '수덕사는 슬프지 않을 것이다.'

그러고 보니 수덕사에는 여인들의 애틋한 이야기가 많다. 김일엽 문인이 '청춘을 불사르고', 스님이 된 사연으로 유명해진 이후로 만공스님이 비구니 선방을 창건한 까닭도 있다. 그 후 많은 비구니의 제일 선방이 되고 있으니 말이다. 일엽스님은 1896년생으로 본명은 김원주, 목사의 딸이었던 일엽은 조실부모한 후 23세에 이화여전을 졸업하고 삼일운동 후 일본에 건너가 동경 영화학교에 다니다 귀국하여 잡지 ≪신여자≫를 창간하고 시인으로서 신문화운동, 신여성운동에 적극 참여하였다. 신여성 나혜석 만큼이나 화려한 추문의 주인공이었다고 한다.

또 한 여인의 애달픈 사연이 수덕여관과 수덕미술관에 서려 있다. 수덕여관은 본래 수덕사 일주문 밖에 있었지만 십여 년 전쯤, 불사를 일으켜서 일주문이 더 밑으로 내려왔고 수덕여관을 지키던 할머니가 돌아가

시므로 헐고 복원하였다

수덕미술관에는 고암 이응로 화백의 그림이 전시되어 있다. 우리의 전통문양이 배어 나온 현대화도 있었지만, 생각나는 그림 한 점은 우람한 나무를 우러르고 있는 사람이다. 나무를 올려다본 내가 그림 속에 있기 때문일까. 1957년, 고암 이응로 씨가 자신의 예술을 국제무대에서 펼쳐볼 의욕으로 독일을 거쳐 파리로 건너갈 때 그는 이화여대 제자였던 박인경 여사와 동행했단다. 오래전부터 본부인을 버리고 그렇게 살았단다. 버림받은 고암의 본부인은 초가집 수덕여관을 지어 운영하면서 수절하고 살았다. 남편에 대한 원망이나 섭섭함이 조금도 얼굴에 비치지 않았다고 한다. 1968년 이른바 '동백림공작단사건'으로 고암이 중앙정보부원에게 납치되어 1년여를 옥살이할 때 교도소 옥바라지한 분은 이 버림받은 본부인이었다. 그리고 그는 이내 파리로 돌아갔다. 조선 여인의 체념 어린 순종을 나타낸 마지막 모습이었다고나 할까. 김일엽 스님의 일화를 화려하다고 해야 한다면 고암 본부인의 이야기는 슬프다고 해야 할지.

감옥에서 풀려난 고암은 이 수덕여관에 다녀간 흔적을 남기고 있다. 수덕여관 뒤의 개울가의 너럭바위에 암각화를 새겨 놓고 갔다. 전각자의 이름도 선명하게 '이응로 그림'이라고 새겨져 있다. 유홍준은 내포땅을 답사할 때 으레 수덕여관에서 하룻밤 묵는 것이 하루의 마지막 일정으로 잡았다. 수덕여관 뒤뜰 고암의 암각화가 새겨진 너럭바위에 올라앉아 술상을 차려놓고 답사객들과 자리를 함께했다고 한다. 계곡물 흐르는 소리인지 솔바람소리인지 구별이 안 가는 가야산 덕숭산의 숨소리를 들으면서 내포 땅에서 살아간 사람들에 대한 사랑과 미움을 되새겨보는 것은 그 밤의 일정이었다.

무슨 뜻인지는 몰라도 의미심장하고 아름다운 문자 추상도라고 할 수 있겠다. 미술사가는 이 문자도文字圖를 고암의 서도동기식西道東器 그림 중 최고작으로 꼽는다. 어쨌든 어떤 의미가 서린 추상문자는 보기에도 돌에 생명을 불어넣은 것 같기는 하다. 이제 수덕여관과 너럭바위의 암각화는 옛날의 슬픈 사랑이 이루어낸 예술품이 되어 관광객의 방문을 받고 있다.

'아! 슬프다 수덕사여!' 숲 속으로 내리비치는 햇살을 받아 반짝이는 노란 개나리와 붉은 진달래가 더 이상 수덕사를 슬퍼하지 말라는 듯 봄빛을 자랑하고 있다.

2부

마곡사 연가

탄로가嘆老歌

– 不在其位, 不謨其政

희미한 태양이 구름 사이에 나타난다. 주위를 살핀다. 처음 왔을 때와 반대인 사임리 쪽으로 들어와서 청련암에서 쉬게 되었다. 초행 때와 달리, 사인암舍人岩 앞으로 흐르는 남조천의 구름다리 반대편이다. 사인암 주변의 풍경을 감상하려면 구름다리를 건너서 갑판 산책로를 따라 걸으면 된다. 여름이나 단풍철이라면 나무숲과 어울린 절벽이 아름다웠겠지만, 기암절벽만 오롯하게 그 맨살이 드러난 초겨울도 좋다. 오히려 낙엽을 떨군 나목들의 가지 사이로 암벽 그림이 선명하게 드러난다. 서늘한 모서리를 칼처럼 벼리고 있는 절벽을 오직 소나무만이 지키고 있다. 밝은 날 자세히 살펴보니, 사인암을 품고 있는, 산을 받치고 있는 뼈대 바위들이 많다. 빼어난 작품 하나가 있으면, 주위에 비슷한 작품들이 있기 마련이다.

물가의 작은 둔덕에 우탁禹倬 선생의 기적비가 소나무 세 그루 사이에 서 있다. 아침 산책을 하다가 둑 아래 한 소나무 밑에 시조 한 수가 새겨진 선돌을 만난다.

춘산春山에 눈 노기는 바람 건듯 불고 간듸 업다
저근덧 비러다가 머리우희 불이고져
귀밋티 해묵은 서리를 녹여 볼가 하노라

우탁 선생의 시조 한 수다. 안내판을 보니, 우탁禹倬(1263~1342년) 선생은 단양군 적성면 현곡리 태생이며 호가 백운당, 시호는 문희文僖이고, 후세에 역동易東 선생이라 불리었다. 조선 시대 성종 때 임제광이 단양 군수로 재임할 때 선생을 추모하여 기암절벽을 사인암舍人岩이라 불렀다. 고려 말, 우탁 선생이 정4품 '사인' 벼슬에 있을 때 이곳을 사랑하여 자주 휴양하던 곳이었다고 한다. 아하! 그래서 사인암이구나!

우탁 선생이 사인 감찰 벼슬에 있을 때 충선왕이 부왕의 후비와 간음하는 짓을 하자 백의白衣로 도끼와 거적자리를 메고 대궐에 들어 소를 올려 간언했다고 한다. 왕의 곁 신하가 그 소를 펴들고 감히 읽어 내려가지 못하였다. 이를 지부상소持斧上疏라 일컫는다. 신하도 임금도 부끄러운 기색을 감추지 못했다고 한다. 우탁 선생의 절의絕義와 곧음의 정신을 나타내는 바위라는 뜻이었구나. 과연 그렇다. 70여 미터나 된다는 절벽의 모서리는 날카로운 장 도끼를 방불케 한다. 서슬이 퍼런 바람결이 느껴진다.

우 선생의 충의와 대절大節은 천지와 산악도 움직일 만하고 경학의 밝음이나 진퇴의 정당함이 뛰어나서

후학의 사범이 되어 백 세에 묘식廟食을 할 분이라고 '역동서원기'에 퇴계 선생이 썼다고 한다. 역동易東이란 이름도 중국의 역易을 한 달 만에 익혀서 동東으로 가져왔다는 뜻에서 비롯된 것이라고 한다.

두 개의 바위에 고어와 현대어로 새긴 우탁 선생의 〈탄로가嘆老歌〉가 기막히게 절절하다. ≪청구영언≫에 나오며 교과서에도 나온다는데 내 기억에는 없으나 이 시조가 귀에 낯설지는 않다. 이제 우리도 백발이 서리어 오는 즈음이라 참으로 가슴을 치는 시구가 아닌가. 돌이킬 수 없는 세월, 늙어가지만 그래도 지금이 좋다만, 젊다면 저 칼날 같은 정신을 써먹을 수나 있을까.

사인암 가까이 가려면 마을 쪽에서는 지금의 청련암으로 들어가야 한다. 청련암 역시 고려 공민왕 때 나옹선사에 의해 창건된 절이었으나 1954년 현 위치로 옮겨와서 사인암 뒤에 삼성각을 짓고 승려의 수련장으로 사용한다. 청련암 모서리를 돌아가니 청정수가 흐른다. 한 사발 들이켜고 정신을 가다듬는다. 기이하게도 사인암과 그 뒤의 절벽 사이 좁은 틈새에 꼭대기까지 오를 수 있는 계단이 있다. 앞에서 볼 때는 전연 그 뒤로 해서 절벽 위를 오를 수 있다는 것을 상상하기 어렵다. 바윗돌을 쓰다듬듯 올려다본다. 마치 파리한 비단으로 바윗돌을 감싸서 차곡차곡 비딱하게 혹은 길쭉하게 쌓아놓았다. 어떤 건축가나 조각가가 저리도 추상화같이 쌓고 조각할 수 있을까. 자유분방한 형태의 탑이다. 추사 김정희도 하늘에서 내려온 그림 같다고 했다.

계단을 오른다. 가파르고 좁아 조심스럽다. 입구에 세모난 선돌에 다른 시조 한 수가 새겨져 있다. 청련암에서 만든 모양이다. 역시 우탁 선생의 탄로가 한 수.

한 손에 막대를 잡고 또 한 손에는 가시를 쥐고
늙는 길은 가시덩굴로 막고, 찾아오는 백발은 막대로 치려고 했더니,
백발이 (나의 속셈을) 제가 먼저 알고 지름길로 오더라.

세월을 막으려는 의지보다 더 빨리 와버린 백발이다. 고소를 머금지 않을 수 없다. 어찌 자연스러운 일을 자연으로 가로막을 수가 있단 말일까. 고졸한 선비의 풍류가 아닐 수 없다. 늙는 줄도 모르고 살다 보니 이렇게 백발이 서리고 있으니. 현대 사회는 백발도 검게 하고 얼굴의 주름살도 없애는 기술이 있는 것을. 하지만, 흰 머리칼을 염색하고, 주름을 편다고 한들 그 사람에 서린 나이를 어찌 감출 수 있으며, 어찌 기력을 젊게 돌릴 수 있단 말인가. 고고한 선비의 정신과 감성이 묻어난 인간미를 느낀다. 고려 말의 이 시조는 우리나라 최초의 시조로써 국문학사에 길이 남아 있는 획기적인 작품이라고 한다.

계단을 끝까지 올라 삼성각에 참배하고 한숨 돌린다. 삼성각을 한 바퀴 돌며 살펴본다. 절벽 끝의 상판 바윗돌이 바로 눈앞이다. 삼성각의 지붕 바로 위에 걸쳐져 있다. 네모난 떡판 같기도 하고, 바둑판 같은, 탑 끝의 상륜부에 오른 듯하다. 하늘 높은 곳에서 희어진 소나무 가지가 가리키는 아래가 멀게 느껴진다. 흐르는 물줄기를 즐기면서 바둑판을 앞에 놓고 있는 선비처럼 보이기도 한 소나무다. 우탁 선생의 표상이라도 될까. 이곳을 자주 찾은 우탁 선생과 후대의 시인 묵객들이 와서 즐겼을 풍경을 상상해본다. 봄여름 가을의 풍치는 더할 나위가 없었겠다. 싸늘하게 날카로워 서릿발같이 고매한 선비의 절미絕美에다 옷을 입히면 어떨까, 어느 철 다시 오고 싶다. 막대와 가시덩굴로 막을 수 없는 길을 백발이 가로막을까 몰라.

사인암

요즈음에는 새 머리칼을 심기도 하고, 얼굴뿐 아니라, 몸 전체를 성형도 한단다. 돈이면 무엇이든 할 수 있으리란 착각을 하는 사람이 많은 세상이란다. 그래서 돈 앞에 무릎을 꿇고 돈줄에 서는 돈을 신으로 우러러 쫓는다지 않는가. 〈탄로가〉를 읊기보다 탄식가를 부를까, 한탄가를 부를까.

정치판이나 기업판이나 사람이 만든 조직에는 돈과 권력이 신인가 보다. 신은 신인데 귀신임에 잠시 뒤에는 헛것임이 증명되지 않는가. 정치인들의 모습이 그러하며 돈 귀신의 노릇에 눈멀어 '항공기 회항' 사건을 일으킨 아무개 항공사 부사장 일 같은 귀신 장난이 많은 세상인 것 같다. 잘 모르겠지만, 예술분야라고 뭐 다를까. 분명 사인암이 말하는 뜻은 제 정신을 차리라는 말이다.

不在其位, 不謀其政(부재기위, 불모기정). 논어에서 배운 이 말이 시대를 넘어 오늘에도 얼마나 적격한 말인가. 가슴 깊이 닿으면서 그 누구, 어디에도 적용되는 말인 것 같다. 우탁 선생이야말로 벼슬에 있을 때 죽음을 각오하며 임금의 부당함을 상소했고, 자리에 물러났을 때 지방으로 칩거하여 학문에 정진하며 후학을 양성했다. 그 자리에 있을 때 월권하지 않았으며, 물러난 뒤에 정사에 상관하지 않았다. 그 자리에 있지도 않고 관련도 없는 일에 대해서 이러쿵저러쿵 말만 하는 일은 부끄러운 일인 것 같다. 새삼스레 삼갈 일임을 챙긴다. 내 일상도 제대로 챙기지 못하면서 시정의 일을 말할 수 없음이다. 모르는 일은 전문가에게 묻고 배우고 직접 관찰하고 체험할 일이요. 알아도 다 말하지 못할 일이 많다. 그 자리의 소임이 아니기 때문이고, 그 사람이 아니기 때문이다. 참, 사람답기가 쉽지 않다. 늙고 힘없어도 꼿꼿이 지켜야 할 그 무엇이 있다면 언제 어디서라도 조용히 자기의 일을 할 뿐.

비단으로 싸인 듯한 바윗돌들. 비단이 세월에 벗겨지기도 하고 찢기기도 했다. 긴 세월 옷 벗겨진 맨살의 돌까지 모두가 한데 어울려 아름다운 풍모와 정신을 품고 있는 사인암의 절리節理가 자꾸만 떠오른다. 스산한 소식이 많은 이 세모에.

법주사, 팔상전과 희견보살상

속리산 법주사 하면 절 풍경보다 입구에 있는 40여 년 전의 정이품 소나무가 먼저 떠오른다. 4년 전 춘삼월의 폭설 때 이 소나무의 가지가 부러졌다는 소식에 안타까움이 일었기에 그 모습을 확인하고 싶었다. 옛날과는 너무나 변화된 주변 환경이어서 그 소나무가 어디에 있는지 처음엔 알아볼 수 없었다. 비록 한 가지가 잘려나갔지만 여전히 그 수관樹冠은 수려하다.

하늘을 가린 참나무들이 울긋불긋한 오리 숲 터널. 계곡에 물은 많지 않으나 맑은 하늘을 인 나무숲이 물속에서 거꾸로 음영을 그리고 있다. 어젯밤 짙은 안개가 내려서인지, 낙엽이 쌓인 숲이 품어내는 향기가 폐부 깊숙이 배어들어 몸과 마음이 맑아진다. 숲의 향기가 하루 내 코끝에 맴돌아 거룩한 향공양을 받는 기분이다. 맑게 정화된 마음으로 '호서제일가람'이란 편액이 붙은 일주문을 들어선다. '속리산대법주사'란 전서로 된 편액은 서산에 있는 개심사 편액의 글씨와 너무나 흡사하여 숲을 지나는 동안 부처님 앞으로 나아가는 자세를 고쳐 세워 준다. 오리숲길에서 가다듬은 마음으로 일주문을 지나 금강문을 지나고 천왕문을 통과하자니 저절로 경건해진다.

팔상전

아! 만나고 싶었던 '팔상전'

1984년 화순의 쌍봉사 목탑이 불타버렸다는 비보를 들은 후 유일한 예로 남은 국보로서의 목탑이 팔상전이다. 보통 사찰에 들어서면 대웅보전 앞에 석탑이 있기 마련이다. 탑은 부처님의 사리를 봉안하는 부처님의 무덤이기에 부처님의 몸을 상징한다. 법주사는 석탑이 없는 대신에 이 팔상전이 탑이다. 몇 십 년 전에 스쳤던 팔상전을 늘 사진으로 소식으로 접하다가 드디어 석가모니 부처님의 일생인 성도 과정을 참배하게 된다. 신라 553년 의신조사가 창건한 이래 임란 때의 소실과 조선 인조 때 다른 전각과 함께 중건을 거쳐 1969년 무렵 해체 복원한 것이다. 이 층 기단 위에 5층 목탑, 층마다 점점 좁아지는 처마 선이 활짝 피어난 꽃잎 같아 화려하게 핀 연꽃 형상이라고 해야 할까. 층마다 네 귀의 공포 조각은 또 하나의 꽃같이 아름답고 목조 특유의 부드러움과 아늑함이 있어 포근하여 친근하다. 석가모니의 성도 과정의 깨침을 뜻하여 팔捌 자는 깨칠 팔 자라 한다. 물론 여덟 팔로도 쓴다. 각 층의 모서리에 귀면 상을 붙여 모든 악을 물리치고 있다.

쌍계사, 선암사, 범어사에서도 볼 수 있었고, 큰 사찰이라면 팔상도가 걸려있는 전각이 있기 마련이다. 모두 다 한눈에 팔상도 전체를 조망할

희견보살상

수 있게 되어 있다. 우선 팔상전 앞의 배례석에서 예의를 갖추고 육바라밀을 의미한다는 여섯 계단을 올라 전각 안으로 들어간다. 특이하게도 밖에서는 5층으로 되어 있으나 안에서는 한통으로 되어 있다. 마치 금산사 미륵전이 밖에서는 3층인데 안에서는 한통속인 것과 같다. 그리하여 가운데는 4면 벽으로 된 통 기둥이 상륜부까지 이어져 있다. 한 면의 벽에 두 폭씩 석가모니의 팔상이 걸려 있다. 팔상을 다 보려면 한 바퀴를 돌아야 하고 그리되면 자연히 부처님 일생을 참배하는 탑돌이를 하게 된다. 그리고 두 면의 팔상도 밑에 부처님의 법륜상이 앉아 있고 나머지 앞면은 항마촉지인 상과 뒷면은 열반상이 누워 있다.

법주사는 신라 시대에 창건한 의신조사의 뜻대로 속세를 떠나 인도로부터 가지고 온 불법의 진리를 펼 수 있는 터임에 틀림없었던 것 같다. 천여 년의 세월을 넘기면서 소실되고 중창을 거쳐 지금의 모습이 되기까지 펼쳤던 불법의 진면목들이 있었다면 어디에서 구현되고 있을까. 속세를 떠나 깊은 산에서 불도를 닦으며 진리의 빛을 밝혔던 법력에 의해서 오늘날 이 세상이 이렇게 발전했을까. 이 가람에 석등이 네 기나 있는 것은 그를 입증하는 것도 같다. 특히 국보 5호로 지정된 쌍사자 석등의 아름다운 조각이 대변하듯, 진리의 빛을 드높이 올려 두루 비추려 쌍사자가 온 힘을 다해 화사석을 떠받치고 있지 않은가. 석등을 받치고 있는 사자 둘이 서로 무슨 말을 하는 듯도 하며, 두 발에 예쁜 신발까지 신고 키 발까지 세워 화사석을 돌리고도 있는 것 같다. 그 오랜 세월 키 발로 석등을 받치고 있느라 힘들었을 텐데도 그저 귀엽고 사랑스럽게 보인다. 그리하여 천오백여 년 동안 세상은 변하여 조용하던 절 집 문턱 앞까지 자동차와 사람 물결이 밀려드는 것일까. 대형버스가 물밀듯 들어오며 오리숲 길에는 저잣거리가 야단법석이 따로 없다. 번뇌가 곧 보리(깨달음)이며 중생이 부처이고, 승속僧俗이 하나가 된 세상이 된 듯하다. 언뜻 보기에 법주사의 가람 배치가 어수선한 것 같음은 원래의 배치가 후에 변화된 것이기 때문이다.

원통전 앞에 '희견보살상'이란 석조인물상이 있다. 이는 보살상과는 거리가 먼 형상이다. 이 석조인물상이 희견보살이라 명명된 것은 조선 시대에 와서 새로 해석된 신앙을 나타낸 것이란 설이다. 이 석조인물상은 '봉捧향로 공양자상'으로 부를 수 있으며 불법의 가르침을 얻기 위하여 온몸을 태우며 공양을 드리는 모습이기도 하다. 일본강점기의 사진을 보면, 당시에는 석조인물상의 앞쪽에 본래 미륵불상을 모셨던 전각, 산호전(용화전)이 있었다. 가람 배치 면에서 미륵불과의 관련성이 있다. 따라서 석조인물상은 미륵불을 향해 향을 공양하는 모습의 공양자를 표현한 것일 가능성이 크다. 동서축을 일직선으로 석등과 석연지의 존재, 석조인물상 뒤에 석등, 석연지를 한 줄로 나란히 배치되어 있었다. 이는 미륵불에 대한 일련의 공양 (향공양, 등 공양, 정수 공양)을 상징하는 것이었다. 그렇게 당시의 법주사는 미륵 신앙의 중심도량이었다. 통일 신라 이전에는 이 지역이 삼국의 접전지였으므로 백제 유민들이 미륵하생을 기원하기 위한 목적으로 미륵 도량을 세웠다는 설이다. 금산사를 창건한 진표율사가 백제 유민으로서 미륵사에서 이루지 못한 꿈을 금산사에서 이룩하고자 했던 뜻을 법주사의 그의 제자들을 통하여 잇고자 하였다는 뜻으로도 볼 수 있다. 지금은 가람배치 축이 달라졌다. 일주문과 대웅보전까지 남북일직선 상 금강문과 사천왕문, 팔상전과 쌍사자 석등이 배치되고 옆으로 원통보전과 미륵불이 배치되어 있다.

뭐니 해도 사찰의 주 전각은 대웅보전이다. 이 전각의 지붕은 이 층이지만 내부는 통청이다. 1층이 높아 2층 탑 같은 형상이다. 공포가 많은 다포식이어서 화려하고 계단 돌도 예쁘다. 이런 전각은 마곡사에서도 같은 형태의 대웅보전을 볼 수 있다. 마곡사에는 대웅보전 아래에 비로자나불을 모신 대명광전이 따로 있다. 대웅보전에 들어가서 예를 올렸다. 보통 대웅보전의 주불은 항마촉지인 상의 석가모니불인데, 주불을 비로자나불로 모시고 있다. 수인의 지권인도 왼손을 감싸고 있는 것이 특징이다. 이로 보아 '대적광전'이라고 하지 않은 까닭은 알 수 없지만, 대웅보전의 삼존불이 이 사찰의 품을 말하고 있다. 지금의 시대가 부르는 것은 화엄 사상일지도 모르겠다만, 화엄사상과 미륵사상, 불교의 법 전체가 한 통으로 형상화된 것으로도 보인다. 법주사는 다 이해하기 힘들지만, 삼라만상의 대응과 조화의 이치를 상징하는 것이고, 그와 같은 이치에 인간이 동참하는 것이야말로 가장 이상적인 삶이라고 말하고 있는 것 같다. 나무아미타불 관세음보살! 나무모든아름다운생명들!

"단풍이 들고 국화가 만발할 때 사람들이 놀고 즐기는 것이 봄에 꽃과 버들을 즐기는 것과 한가지다. 사대부 가운데 옛일을 좋아하는 사람은 중양일(음9월 9일)에 높은 곳에 올라 시를 짓는다."라고 〈열양세시기〉에도 말했다. 시월 마지막 날의 밤안개를 가르고 이른 11월의 첫날 오늘의 나들이가 그런 날이었던가 싶다. 부처님을 참배하여 마음도 밝히는 은혜를 입었고 단풍도 즐겼다. 찹쌀 전병에 감국을 눌러 부친 감국전이나 그윽한 국화주을 대신한 머루주와 찹쌀 떡 한 조각이 충분한 감흥을 돋우어 주었다.

마곡사 연가

해가 짧아 벌써 어둠이 깔린다. 찻물이 끓고 차를 우리고 찻물 흐르는 소리에 오늘의 풍경이 뒤따라온다. 애틋했던 봄 마곡의 추억까지. 단풍빛으로 둘러싸인 산골짜기에서 여유 있게 거닐지 못하고 총총히 돌아설 수밖에 없었던 기분을 찻물 속에 갈무리한다. 지난가을 장면들을 단풍잎처럼 곱게곱게 다시 줍는다.

시월의 마지막 날이 낙엽의 카펫 위에서 단풍 꽃으로 피었다. 마곡사 일주문에서부터. 이렇게 읊으며 걸었다.

곳곳에 단풍이고 곳곳에 단풍꽃이네/ 화사하다 못해 붉게붉게 타오르는 /

빛깔 뒤, 머언 데서 들려오는 듯/ 풍경소리 너머에서/ 부르는 듯한

이명 같은 손짓/ 앞에도 단풍이고 뒤에도 단풍 꽃인데

마곡사의 창건 기록은 분명한 것이 없다. 신빙성 있는 사료로는 조선 철종 2년(1851)에 작성된 〈사적입안〉이라는 자료이다. 1650년 효종 원년에 각순선사가 크게 중창한 이후부터 큰불이 났던 정조 6년(1782)까지의 기록이 비교적 믿을 만한 기록이라고 한다. 이 기록으로 신라 말 보조체징 (804-880)선사가 창건한 것으로 추정하고 있다. 이어 통효 범일, 보조국사, 도선, 각순 등이 이 절과 연관되어 전해 오고 있을 뿐 임진란 이후부터 기록들이 전한다. 마곡의 이름 유래는 보철 화상이 법을 얻어 오자 사람들이 삼森처럼 많이 모여들었다는 이야기와 사방에서 이 절로 법을 물으러 오거나 아름다운 경치를 즐기러 오는 사람들이 골짜기를 가득 메웠다고 한다. 그 모습이 마치 삼이 서 있는 것 같아서 마곡이라고 하였다고 한다.

극락교 아래로 흐르는 회지천을 가운데 두고 북원北院에는 대광보전, 대웅전, 심검당, 그리고 요사체와 범종루 등이 대표적인 전각들이다. 옛날에서 훨씬 많은 전각이 있었다고 한다. 남원南園의 전각들은 주로 수행 도량이었다. 해서 남원에서 수행력을 닦아야 극락교를 지나 북원北園의 부처님을 친견하러 갈 수 있다는 의미로 생각된다. 불자님들은 북원에서 부처님을 만나고 다시 극락교를 지나서 천왕문과 해탈문을 빠져 사바세계로 만행을 떠난다. 대광보전 옆으로 돌아 대웅전으로 오르는 계단은 양편의 가을꽃으로 잔잔한 발걸음을 인도하며 아래쪽 요사체의 높게 쌓아올린 토담 굴뚝과 기와 담장 곡선을 내려다보게 한다. 이곳에 올라 뒤돌아서면 대광보전과 측면의 요사체의 처마선과 극락교까지 한눈에 들어온다. 보물 제801호인 대웅전 뒤뜰을 지나서 계곡 쪽으로 내려가면 징검다리를 건너서 태화산 속으로 들어간다. 계곡 길을 통과하면 다른 마을길이 연결된다.

마곡사

북원의 너른 마당에 들어서면 5층탑이 발걸음을 먼저 붙잡는다. 마곡사에서 가장 오래된 유물이다. 이 탑은 고려 말에 라마교의 영향을 받았던 것으로 상륜부의 금동 때문에 사람들이 흔히 금탑이라고 불렀다. 원나라의 영향을 받은 이런 탑을 이 외진 산속에 세운다는 것은 당시로써는 큰 모험이고 실험적인 사건이었다고 한다. 국내에서는 제작하기 힘든 것으로서 원나라에서 수입하여 온 것으로도 본다. 일층 탑신과 2층 탑신에 불상이 새겨져 있다. 상륜부는 청동제인 풍마동으로 만든 라마식 보탑이라고 한다. 13-14세기 당시 마곡사는 밀교적 색채를 받아들였던 대표적인 절이다. 고려 말기의 대표적 이형異形탑으로 한국 석탑 조영사造營史에서 새로운 실험작이라 평가하고 있다. 석탑 안의 유물은 임진란 때 약탈당한 것으로 보고 있다.

마곡사는 여러 번 중창 불사와 화재로 수난을 많이 겪었다. 최대의 중흥기를 맞이하였던 시기는 12세기에서 15세기 후반 사이였다고 한다. 대광보전은 단층으로 넉넉하게 편히 자리하고 있으며 오른쪽 계단을 오르면 안에서는 단층이지만 외부에서는 2층탑의 모습을 하고 있는 대웅전이다. 대웅전은 석가여래를 주불로 한 약사여래와 아미타여래의 삼존불상이 모셔져 있다. 전체적으로 마당에서 보면 대광보전과 그 위쪽에 위치한 대웅전의 2층 구조 모습은 중층의 목탑처럼 보이고, 또한 지세를 이용하여 장엄한 모습을 연출해 내고 있다. 대광보전은 수평적이고 위의 대웅전은 수직적인 형태를 취하고 있는 것이 마곡사의 절묘한 조화이다.

아무리 시간이 없어도 대광보전의 비로자나불을 뵙고나 가자고 친구의 손을 잡고 법당으로 들어갔다. 사찰에 가면 전각의 현판 글씨를 보는 재미도 있는데 마곡사 대광보전의 현판은 강세황의 유려한 글씨란 것이 새삼 다가왔다. 마침 사시예불 중이었다. 이 법당에 들어오면 예상을 뒤엎고 부처님이 서쪽에 앉아 계신다. 1788년 중수를 하였고, 다시 1831년 중창을 거듭하는 과정에서 중간에 누군가에 의해 변형된 건물이라고 본다. 법당 공간을 최대한으로 이용하여 보고자 한 그 시대 스님들의 생각이 엿보이는 곳이다. 이런 구조는 다른 사찰에서도 볼 수 있는 곳이 더러 있다. 통도사 영산전과 영주 부석사의 무량수전 과 화엄사 각황전이 그렇다. 이러한 배치는 많은 대중이 법당에 들어와 설법을 듣는 데 적당한 방법이며 이런 절들이 모두 화엄 종찰의 성격을 띠고 있다. 1788년 중수를 하였고, 다시 1831년 중창을 거듭하는 과정에서 중간에 누군가에 의해 변형된 건물일지도 모른단다. 두 손 합장하고 우리는 진리의 부처님 상을 탑돌이 하듯 돌았다.

백의관음보살

220여 년 세월에 바랜 우물 천장의 고색 단청들이 은은하게 빛나는 지붕 아래에서 용들의 비호를 받고 닫집에 앉아 있는 부처님. 어느 불상보다 아름다운 모습이다. 비로자나불에 백일기도를 드리면서 정성을 다하여 삿자리를 짰다는 앉은뱅이가 삿자리가 완성되던 날 스스로 법당문을 걸어서 나갔다는 전설이 전해 온다. 그 자리의 흔적이 남아 있다는데….

우리는 부처님 전에 삼배하고 부처님의 뒤로 갔다. 사찰에 가면 나는 꼭 불상의 뒤나 전각의 뒤를 돌아 나온다. 뒷모습이 아름다운 것이 절집의 풍경이다. 옛날에는 불상을 돌 수 있게 불상을 조금 앞으로 조성하였다. 비로자나불 부처님 뒤편 벽에서 놀랍게도 백의관음보살께서 내려다보고 있었다. 대광보전의 후불벽화, 백의관음보살도이다. 너무나 선명하고 아름다운 그림인데 지금 막 끝낸 것 같이 선명하고 인상이 부드러운 관음보살이다. 백의보살 가슴 부분 영락은 녹색으로 치장했고 여러 포인트는 붉은색으로 채색되었다. 보살 발끝에서 선재동자도 보살을 우러러 보고 있다. 한쪽에는 유려한 버드나무 가지가 꽂혀 있는 정병이 있다. 한 발을 육중하게 붉은 연화좌를 밟고 있는 뜻은 무엇일까. 발밑의 연화장 세계를 관음觀音하고 있다는 뜻인지도 모르겠다. 이 아름다운 백의보살을 환희심으로 작별하고 조용히 물러 나왔다.

어찌하여 남방화소의 본고장이라고 했는지 짐작 가는 대목이었다. 백의관음보살도는 조선 후기의 회화의 일면을 짐작하게 했다. 마곡사에는 조선 숙종 때 조성된 괘불이 있는데 남방화소南方畵所의 품격을 갖춘 불화라고 한다. 조선의 문예부흥 시기의 흔적이 이 마곡사에 남아 있는 것으로 보인다. 1782년 대법당을 비롯한 1천여 칸의 전각들이 불타버리는 화재를 만나게 된다. 이후 제봉체규라는 스님이 화주로 나서서 마곡사의 전각들을 다시 중창하기 시작하였다고 한다. 사역을 시작한 지 4년여 만에 1788년 대법당을 완공하였고, 2년 뒤인 정조 14년 (1790)에 자신의 기도로 원자(순조)가 탄생하는 경사를 맞게 되었다. 그런 연유로 왕실의 도움을 받아 중창 불사는 탄력을 받아 순조롭게 이루어졌다. 정조 19년 (1795)에는 태실로 봉해지고 도내 수사찰의 직인까지 받는 경사가 겹쳐 이후 마곡사의 사세는 일취월장하였다.

대광보전의 백의관음보살을 다시 보고 싶을 것 같다. 여름에 내소사에 가서도 대웅전 후불벽화인 백의관음보살도를 보았는데 그보다 훨씬 선명한 국내 최고의 수작이라 해도 과언이 아니다. 18세기 조선회화의 특징이 그대로 투영된 작품이다. 당시 왕실의 화원들 못지 않게 사찰에서도 화사들이 많았을 것이다. 수많은 탱화들과 벽화들을 그리면서 불심을 닦았을 것이 아닌가. 연홍과 상훈 등 15인의 화사들이 그렸으리라. 대형 괘불과 벽화를 그리는 동안 극락교 아래 흐르는 내(川)는 오방색의 물감으로 닦은 불심이 흘렀으리라. 마곡사의 붉은 단풍잎에 어리는 백의관음보살이 내 마음에 새겨졌다. 선재동자처럼 언젠가 다시 훌쩍 그 백의관음을 만나러 가볼까.

신시도 월영대에 올라서

신시도는 새만금방조제의 중앙에 있다. 한겨울의 찬바람과 흩날리는 눈발이 앞으로 펼쳐질 새만금 시대에 대한 깃발처럼 신선하기도 했다. 신시도 주차장에서 월영산의 주봉으로 오르는 길은 멀리서 보아도 가파르게 보였다. 그다지 높지는 않지만 정삼각형을 이루는 봉우리까지는 급경사 길이었다.

산중턱의 전망대에서 주차장과 방조제를 내려다보면서 숨을 돌렸다. 주봉까지는 칼로 바위를 난도질한 것 같은 절리로 이루어졌다. 시간은 얼마 안 걸렸지만 위험했다. 비끗하면 칼날 같은 바위 날에 깊은 상처를 입을 수 있다. 월영봉에 오르자 힘든 여정의 수고로움은 눈 녹듯 사라지고 발아래 점점이 수놓인 고군산 열도가 한 폭의 수묵화로 펼쳐졌다. 서쪽으로 멀리 말도와 방축도가 병풍처럼 팔을 벌려 선유도와 60여 개나 된다는 고군산열도를 품은 듯했다. 그 너머 아스라이 망망대해를 넘어 중국 땅까지 보이는 것 같았다.

새만금방조제

월영봉 정상에는 삼각 원추형 돌탑 하나와 월영대가 세워져 있다. 말 그대로 달을 비추어 보이는 곳이 저절로 연상된다. 서녘 바다를 비추이는 석양이 일인천해日印千海여서 날아가고 싶도록 일망무제다.

월영대 간판에는 이렇게 쓰여 있다. "하늘 가운데 자리 월영산月影山(198m)은 고군산도의 주봉이다. 신령한 하늘 가운데 자리에 월영봉이 솟아 최치원 선생이 단을 쌓고 놀았다. 여기서 글을 읽고 악기를 연주하는 소리가 중국까지 들렸다고 하니, 선생의 고매한 정신이 중국대륙을 진동시켰음을 은유한다. 월영봉에서 마을까지 신선의 기운을 받는 하늘길이 이어져 있다." 이렇게 월영봉을 사랑한 이들의 정성이 돌탑에 아로새겨져 있다.

지방자치제 이후로 각 지방마다 지역관광 상품 개발을 위하여 지역 역사와 연관된 인물과 전설들이 재조명되고 있다. 군산에서도 새로운 향토사의 중요인물로 조명된 인물이 있으니 그가 바로 고운 최치원이다. 최치원이라면 통일신라의 대유학자이며 경주 최씨의 시조이므로 당연히 경주 출신으로 알고 있으니 군산과 관련된 고향 설은 황당한 일로 간주될 수 있다. 하지만 군산에는 예부터 최치원의 출생에 관련된 선유도 전설이 전해오고 있었다. 최치원과 관련된 전설이 전국적으로 수십 개나 있을 정도로 그는 도선국사와 이태조와 함께 백성의 정신 속에 살아온 영웅적 인물이기에 군산에 대한 연관성은 특별한 관심을 받지 못했다. 우리나라 최고의 역사서인 ≪삼국사기≫와 ≪삼국유사≫에 최치원의 고향을 경주라고 적었으니 그의 출생지에 대한 논의는 재고해야 할 여지가 없었을 것이다.

조선조에 와서야 최치원의 고향 설이 재기되기 시작했다. 정조 때 서모씨가 최치원의 전기를 썼는데 최치원의 고향을 고군산, 선유도라고 적었다. ≪최고운전≫이란 소설에서도 최치원의 고향은 문창군으로 적었다고 하니 그러한 기록은 본래 그의 고향이 명확하게 밝혀진 사실이 없다는 반증이 아니었을까 싶다.

유학의 시조라고 칭해지는 최치원이 경주 출신이었다면 그의 집안을 어찌 알 수 없었을까. 최치원의 제자 중에는 고려 태조 왕건에게 충성하여 고려 중앙의 귀족이 된 자가 많았다. 그 결과 최치원은 도선국사와 함께 고려의 호국신의 위치에 오른 사람이었다고 한다. 최치원이 당나라에서 이름을 드날리고 귀국하였을 때 신라의 지배 계층에게 밀려나 전혀 활동할 기회를 잡을 수가 없었다. 그가 신라의 귀족세력과 같은 출신이라면 그럴 수 없었다. 지배계층과 전혀 다른 출신 성분의 사람일 것이란 추정이 가능한 대목이었다. 고운孤雲이나 해운海雲이란 그의 자字처럼 외로운 구름이나 바다의 구름처럼 떠돌 수밖에 없는 신세였을까?

월영대에서 하늘 길로 혹은 바닷길로 이어지는 중국까지 날 듯 최치원도 그렇게 떠돌다 어느 때인가 여기서 머물게 된 것일까. 악기도 연주하며 중국에서 이름을 드날렸던 당나라 유학 시절을 그리워했을까. 동쪽으로 머리를 돌려 신시도 주차장과 수문을 아스라이 내려다보며 앞으로 새워질 새로운 세상을 그려보았다.

"바다가 육지라면……." 하는 노래도 있듯이 전설이 많은 이곳에, 옛날부터 또 하나의 전설, 범씨 천년 도읍설이 전해오고 있단다. 아직은 망망대해처럼 보이는 방파제 안쪽이 육지가 되어 새 도시가 들어선다는 것은 까마득한 미래같이만 보인다. 30여 년 동안 옛 사람들의 삶을 조명해온 김규남 교수는 마을 사람들과 옛 흔적을 찾으면서 그런 말을 많이 들었다고 한다.

선유도의 망주봉에도 그런 전설이 남았다. 북쪽으로부터 왕이 내려온다고 해서 부부가 매일 북향을 바라보다 지쳐서 두 바위가 되었다는 이야기다. 조선시대의 비결서인 ≪정감록≫에도 우리 민족의 안타까운 소망에 뿌리를 둔 범씨 도읍설이 적혀 있다고 한다. 섬 출신 대통령이 두 사람이나 있었으니 앞으로 고군산 출신이 대통령이 되지 말라는 법이 어디 있겠는가. 그런데 섬사람들의 이야기가 전혀 터무니없는 이야기도 아닌 게 재미있다.

고군산이 범씨 도읍이 되는 때는 "퇴조退潮 300리", 군산에서 바닷물이 300리 밖으로 물러난 뒤라고 밝혔다고 한다. 새만금 사업으로 신시도와 야미도까지 방조제가 연결되었고 이후 새만금 사업대로 선유도에는 국제 항구가 건설된다. 친환경 고부가가치 농산물 생산과 식품산업시설을 비롯해 미래 신재생에너지 산업 및 연구시설을 집중 육성한다. 친환경적인 녹색에너지단지와 가족형 관광과 해양레저가 함께 하는 관광도시로 건설하여 바야흐로 동북아시아의 경제중심지로 개발하는 사업이 예정대로 이루어진다면, 군산 인근 지역의 바다가 육지가 되는 그때가 된다는 이야기다. 어찌 황당하기만 할까. 새만금에 국제 항구와 관광위락 중심지로 역할이 중대되면 ≪정감록≫의 기록대로 범씨 천년 도읍이 바

고군산군도

로 이때를 말함이 아닌가 싶다. 섬사람뿐 아니라 인근 지역 사람들 누구나 기대해봄 직한 이야기가 되지 않을까. 우리 민족같이 예부터 미륵이 하생할 것을 고대한 안타까운 백성이 또 있을까.

'금강과 만경강, 동진강 물줄기가 한데 모이는 곳에 위치하고 있는 군산도(고군산군도)는 선사시대부터 줄곧 해상교통의 기항지寄港地였다. 특히 후백제가 오월과 일본, 고려가 남송과 동남아 왕조들과 국제교류가 왕성할 때는 거점항구이자 국제외교의 관문으로서 큰 번영을 누렸다. 그리하여 900년 전 군도 망주봉 주변에는 왕의 임시 거처인 숭산행궁을 비롯하여 사신을 맞이하던 군산정, 바다신에게 제사를 드리던 오룡묘와 불교사원인 자복사, 관아인 객관 등 수많은 건물이 있었던 것이다.'

송나라 사신 서긍徐兢에 의해 편찬된 ≪선화봉사고려도경≫에 김부식 주관으로 군산도 군산정에서 성대하게 열린 영접행사와 섬의 풍경이 한 폭의 그림처럼 잘 묘사되어 있다 하지 않은가.

하지만 지금이 어떤 세상인가. 고대 사회같이 하늘만 쳐다보는 세상이 아니지 않은가. 어찌해도 새만금 사업이 잘되면 지역이 더 활성화될 것은 당연지사다. 군산 인근과 부안 주변의 바다가 육지가 다 된다면, 세계의 많은 나라 사람들이 투자하러 올 것이며 관광객들도 덩달아 올 것이니 그야말로 범씨 세상이 되지 않겠는가? 우리나라는 예부터 다문화민족국가였다. 그리고 최근에는 피부색이 다른 다문화 인구들도 많아지고 있다. 바야흐로 범 세상을 아우르는 새로운 세상이 도래하고 있다 해도 지나치지 않다. 백성들이 바라는 군주는 모든 백성들이 공평하게 대우받으면서 정직한 사회에서 맑고 밝게 살아갈 수 있는 세상이 되도록 힘쓰는 사람이 아닐까. 백성이 진정한 나라의 주인이 되는 나라일 뿐 아니라, 범 세계인들이 바라는 세상이 새만금에서 새롭게 이루어질 수 있다면 그것이야말로 범씨 천년 도읍설이 펼쳐질 때를 만난 것이 아닐까?

'애기밴여자찡겨죽은바오'를 찾아서

바다의 뿌리가 뽑혀나간 뻘밭은 황량한 사막 같았다. 위험을 무릅쓰고 꿈틀거리거나 퍼덕거리는 생명도 보이지 않았다. 〈율포의 기억〉이란 시가 떠올랐다. "일찍이 어머니가 나를 바다에 데려간 것은/ 저 무위無爲한 해조음을 들려주기 위해서가 아니었다/ 물 위에 집을 짓는 새들과/ 각혈하듯 노을을 내뿜는 포구를 배경으로/ 성자처럼 뻘밭에 고개를 숙이고/ 먹이를 건지는/ 슬프고 경건한 손을 보여 주기 위해서였다"

어렸을 때 부산 앞바다에서 해수욕을 하거나, 수평선 너머 무위의 꿈을 줍고 있을 동안, 서해의 갯벌에서는 고개를 숙이고 먹이를 줍는 성자들이 살고 있다는 것을 나는 몰랐다. 그래서 누군가 서해 바닷가에 서면 너무나도 문학적인 개펄의 냄새를 맡는다고 했던가. 멀리 새만금방조제가 보이는 해청 쉼터에서 죽어가는 개펄을 바라보며 영도의 풍경을 떠올렸다.

'지명, 그 초기 명명자의 인식을 찾아서'라는 제목의 김규남 교수의 강의를 받고 답사에 참여했다. 옛 지명의 인식에 따라 간척이 이루어진 새만금 지역의 변화를 살펴보는 일이었다.

2010년 12월 18일, 인문학 팀은 아침 9시에 전주 시청 앞에서 모여서 군산으로 출발했다. 20여 년간 말도 많고 탈도 많았던 새만금방조제를 찾을 때마다 공허한 사막 같다는 느낌이었다. 비응항을 지나서 첫 휴게실에 도착하여 드넓은 바다를 바라보았다. 마침 눈발이 그쳐서 바닷바람은 차고 추웠지만 속이 시원할 정도로 상쾌한 기분도 들었다. 건너편 부안 쪽의 바다는 폐허가 되고 있는데 방조제 근처의 군산 쪽은 아직 창파 그대로였다. 옛날에는 몽돌해수욕장이었을 해변을 더듬으면서 미끈한 아스팔트로 포장된 길을 건너서 야미도의 산에 올랐다.

야미도는 세 개의 산으로 이루어져 있다. 우리가 달려온 길은 바다 위에 놓인 부잔교같이 보였다. 전망대에서 내려다보이는 아련한 방조제 안쪽 바다는 육지가 된다. 이십만 평이라던가. 여의도의 140배나 된다는 그 넓은 바다를 흙으로 메울 수 있을까. 새만금 개발 모형도를 지금 이곳에서는 예상하기 힘들었다. 탁상의 설계도처럼 이루기란 어찌 쉽겠는가. 그 많은 흙은 어디서 가져와야 한단 말인가. 흙을 수입할 수도 없으려니와 또 그 흙을 파내는 곳의 환경은 또 어쩔 것인가. 마치 거대한 풍선의 한쪽을 누르면 저쪽이 불러지고 그 쪽을 누르면 이쪽이 튀어나오는 것과 다르지 않을 것인데…….

야미도의 마을 안에는 당산나무가 전라全裸인 채 파란 하늘에 아름다운 굴곡미를 드러내고 있었다. 고기잡이 나갈 때마다 굿을 했던 흔적들이 남아 있다. 마을에 교회가 들어오면서 마을 굿은 퇴색해버렸다. 새로 지은 상가들이 있지만 각 횟집이나 음식점은 본래 예상과 달리 많은 적자로 빚만 늘어나고 있다고 한다.

월명대 오르는 절리

전교생이 단 네 명인 마을의 작은 초등학교. 네 명의 학생들은 마치 이 학교의 족적처럼 남아 있다. 마을을 떠난 사람들의 흔적이 드문드문 폐가에 남아서 정든 고향을 떠날 수밖에 없었던 복잡한 심정을 말하고 있는 듯했다.

오랜 세월 고기잡이에 기대어 살 때는 수입이 좋았다고 한다. 초가였던 옛 집을 헐고 벽돌집으로 짓고 살게 되었으니 발전했다고 보아야 할까. 그러나 사람은 모두 도시로 빠져나가고 할머니만 집을 지키고 있다. 새 벽돌집에 옛날 야미도의 모습을 담은 사진이 있다고 해서 우리는 그 사진을 보러 갔다. 고요하기만 했던 것 같은 어촌의 사진은 마을의 유물이 되었다. 산기슭에 앉아 있는 집에서는 바다를 내려다볼 수 있다. 숲 속으로 난 마을길을 걸어서 다시 바닷가로 나가보았다.

새만금 지역의 우리나라 지명의 대부분은 일제시기에 한자로 변경될 때 우리 토박이말을 한자로 표기하여 정해진 이름이다. 별의별 이름이 많은데 재미있고 뜻도 알 수 없는 말이 많았다. 그러나 그런 이름에는 반드시 그 지명을 붙인 그 시대 사람들의 인식이 있었다. 야미도夜味島도 만 해도 그렇다. 한자의 뜻대로, '밤에 맛이 나는 섬'은 아니지만 어쩌면 그 뜻을 맛볼 수 있었던 섬이었을지도 모른다. 본래 우리말은 배미였다가 밤이 되었다. 옛날 섬사람들에게는 바다는 마당이었던 모양이다. 바로 고기잡이 터를 땅으로 보았다. 논배미로 인식하였던 것이다.

마을 이름도 선유도는 진말, 안무실, 방축도는 모래미, 장자도는 가재미, 장재미, 무녀도는 모개미. '미'로도 불리었다. 선유도를 벅석금, 방축도를 쨍금, 작은쌩끼미, 깔따꾸마, 벅석구미, 신시도는 살막꾸미, 대끼마, 밍끼미, 무녀도는 망끼마, 생새끼미, 나락끼미 등으로 불렀다고 한다.

해안의 바위 이름도 많았다. 특이하고 가장 긴 바위 이름이 '애기밴여자찡겨죽은바오'였다. 이름만으로도 섬 여자들의 지난한 생활을 엿볼 수가 있다. 임부들도 애기를 낳을 때까지 매일 고기잡이나 조개를 캐러 나가야 했다. 오죽하면 '바오에 찡겨' 죽었을까. 고개 숙인 성녀들의 순교지가 따로 없었다. 하기는 먹을거리가 많은 현대에도 진정한 먹거리를 찾으려면 성자 같은 마음이어야 한다. 너무 많다는 것에는 언제나 알 수 없는 올가미와 꼼수가 있기 마련이어서 어느 틈에 '찡겨' 고난을 당할지도 모르는 세상이니까.

바다 배미를 읽고, 알싸한 바닷바람을 맞으면서 '애기밴여자찡겨죽은바오'가 있는 곳을 찾아 걸었다. 전설 같은 바오를 찾는 일은 한가로운 산책을 즐길 수 있는 일이 아니었다. 어떤 종교의 순교가 그렇게 처절했을까. 나는 어느새 순교 터를 찾는 경건한 순례자의 심정이 되고 말았다.

바닷가로 내려오니 낚시꾼들이 자동차를 몰고 들어올 수 있는 길이 있었다. 더 이상 갈 수 없는 지점에서 우리는 그 바오가 있는 곳을 멀리서 바라볼 수밖에 없었다. 갯바위들이 험난하게 늘어선 산기슭 너머를 가리키며 '애기밴여자찡겨죽은바오'가 그쪽에 있다고만 손짓을 했다. 힘센 물살이 갯바위를 때리는 모습이 무섭게 보였다. 성녀들의 아슬아슬한 생활 터임에 틀림없었다. 바닷물이 빠졌을 때 정신없이 조개를 캐거나 일에 몰두하다가 물이 들어온 줄도 모르고 갑작스레 바위틈에 끼어 옴짝달싹하지 못했으리라.

선착장으로 나오니 쓸모없는 고기잡이배들이 한가롭게 누워 있었다. 야미도 상가로 내려와서 우럭탕으로 준비된 점심을 먹었다. 바로 잡아온 싱싱한 우럭이라고 했는데, 어디서도 맛보지 못하였던 시원한 국물 맛에 아찔했던 풍경도 다 잊을 수 있었다.

야미도 산을 오르고 바닷가를 걸은 것만으로도 내게는 힘든 고비를 넘은 것 같았다. 분명 '애기밴여자찡겨죽은바오'는 거룩한 삶의 순교 터로 기억에 남을 것 같다. 만종의 그림처럼 물 빠진 바다배미에서 넘실대는 파도를 향해 묵묵히 고개 숙였다.

망해사 가는 길

집합미의 절정. 가을의 꽃으로는 단연 코스모스다. 늦여름부터 피기 시작하는 코스모스는 언제나 마음을 설레게 한다. 자주 가까이서 보는 꽃이지만 가을에는 꼭 금만경 들녘을 달려봐야 한다. 이 나라 어디를 가도 이런 지평선 들녘을 볼 수 있겠는가. 코스모스의 사열을 받고 일렁이는 누런 들판이 지평선까지 닿는다. 출렁이는 금물결 바다 그 자체다.

거룩하게 고개 숙인 벼이삭들을 축하라도 하듯이 코스모스 꽃길이 행진한다. 소리 없는 아우성 아닌, 우주 꽃들이 금빛 바다를 향하여 축포라도 터트리듯 꽃 잔치를 베푼다. 코스모스는 밝은 햇살 속 파란 하늘 아래 벼이삭들과는 딱 맞는 궁합이다. 살랑대는 결이 이루는 화음이 사랑의 화음으로 울려나오는 감동에 실려 함께 신의 축복 속에 감싸인다.

고대이집트인들은 황금을 태양신의 땀방울이라고 믿고 황금을 믿고 숭배했다지. 태양을 숭배했던 모든 고대민족들이 최고 권력의 상징, 행운의 상징, 종교의 상징, 아울러 최고의 아름다움 그 이상으로 숭배하여 그들의 최고의 신에게 바치고 장식했다지. 그 최고의 상징이자 아름다움 그 이상인 황금들판이 여기 펼쳐져 있다. 태양신의 사랑이 이 세상을 사랑하사 땀방울 같은 볍씨를 내리고 어루만져 열매로 익혔으니 아름다움이 현현할 때는 신의 뜻에 맞는 놀라운 비결이 숨어 있으리라.

코스모스는 이름을 참 잘 지었다. 여덟 장의 꽃잎이 한 송이를 이루는 단순한 모양을 한 이 꽃은 하양과 진분홍 색깔 등 몇 가지 색으로도 만가지 빛을 풍겨내는 무한한 진리의 표상 같기도 하다. 가을의 들녘이 익어갈 때 김제에 오면 배가 고파도 배고픔을 느끼지 않는다. 가을 들녘이 '지평선 축제'이다. 무한히 뻗어나갈 김제 밥의 향기가 이어나갈 듯하다.

"순여시과도화향筍輿時過稻花香 가마 타고 지나가다 벼꽃 향기 맡네." 얼마 전에 보았던 이서구의 한시 한 구절이 절로 떠오른다. 가을 들판은 한여름 뙤약볕에 땀방울과 눈물인 것 같은 볍씨를 달고 혹독한 태풍과

망해사 앞바다

폭우를 이겨냈다. 보이는 것 모두가 시 자체이니 나는 감히 어떤 말로 이 풍성함과 감격을 글로 나타내지 못한다. 단지 옛사람의 글이라도 대신 떠올리며 그 심정을 같이 해본다.

시신향원풍미호(始信鄕園風味好) 이제야 시골 살이 참맛 알게 되었으니 하며 여생을 농사짓다 늙고 싶다고 했단다. 연암과 더불어 실학의 4대가 중의 한 사람으로 꼽았던 그였으니 당연했으리라. 벼슬살이 한 것도 평생의 한으로 생각한 그였다니 아니 그럴까. 그 나이의 내가 되고 보니 같은 심사요. 섬돌 앞 오동나무 잎 떨어지는 소리 아니어도 가을 소리가 지천이다. 자동차 물결에 나부끼는 코스모스 꽃물결과 누런 평야가 살살이 마음바다를 만든다.

사랑이 꼭 좋은 일만 이어진다면 어찌 사랑이라 할 것인가. 봄부터 가을까지 국화를 피우기 위해서처럼 그렇게 천둥과 먹구름도 이겨냈다. 사철의 희로애락을 같이했기에 저토록 아름다운 결실을 맺었다. 자연물의 하나인 사람도 그 자연에 속해서 그 영향 아래 사랑을 익혀왔다. 사랑의 모든 기억들이 파도처럼 벼 이랑의 물결처럼 인다.

진봉면 심포리로 오면 망해사까지 가게 되어 있다. 어느 해 그 가을에 전망대 언덕에서 황홀했던 노을을 오늘 다시 만나고 싶어진다. 망해사, 바다를 망연히 바라보며 그리워해야 할 대상을 불러보는 곳일까. 사랑의 모태는 하나였으니 신의 존재라도 좋고, 대상을 가릴 수가 없다. 망해사는 아이들이 초등학교 시절, 요가 캠프를 열고 단식 수행을 공부했던 곳이다. 그때는 이 절의 의미는 몰랐으나, 심포의 해산물이 좋았고 절 마당 아래로 바위 덩어리를 밟고 해안으로 내려가 바닷물에 놀 수도 있었다. 언제부터 서 있었던 나무였던지, 그 팽나무 그늘에서 자전거 타기를 연습하고 놀았던 마당은 지금은 엄격한 둘레를 치고 지엄한 공간의 예배 대상이 되었다. 옛날의 고향 마당 같은 정취와 편안함이 사라진 지 오래인 것 같다.

망해사는 진묵대사가 중건하여 많은 일화를 남긴 곳이다. 대사가 이곳에서 출생하여 완주 봉서사로 출가하였다는 것은 익히 알려진 사실. 그분이 지은 낙서전樂西殿의 이름으로 보아 서해를 바라보는 즐거움이 있었건만 천년 세월의 사연을 저 팽나무는 제 몸에 옹이를 만들면서 새겨왔으리라. 그 한 토막의 사연에는 우리들이 놀면서 수행자들의 마음을 익혀본 일이라든지. 저 황금 들녘을 놔두고라도 배고픈 것이 무엇인지를 알게 된 의미를 이곳에서 배웠다는 사실도 있으리라. 그리고 많은 날들이 지나고 새삼 사랑의 추억이라도 만든다고 찾아다닌 흔적도 알리라. 앞으로 망해사는 더 이상 망해사望海寺가 되지 않는다는 사연도 아프게 새길 터이다.

망해사에는 최근 몇 년 전에 절 입구에 해우소를 지었다. 나는 이곳에 오면 그 해우소에 앉아 칸막이 창살 사이로 밖의 풍경을 보는 일이 즐겁다. 지금은 새만금 축조 때문에 내해가 되어 출렁대는 바다를 볼 수가 없다. 가운데쯤 섬처럼 보이는 곳은 땅으로 변해가는 어중간한 모습이며 포클레인도 멀리 보이지만, 아직 어느 해안 같다. 얼마 전에 축조된 범종도 이제 그 운명을 달리하여 없어지고 그 기단의 흔적이 을씨년스럽다. 낙서전의 공포가 단순하지만 예스러운 멋도 있건만 이제 그 이름처럼 바다를 바라보는 즐거움은 사라지리라. 그 즐거움을 어떤 풍경이 대신해줄까? 망해사 해우소에서? 망해사望海寺는 망해사亡海寺가 되고 있는 것 같다. 낙서전은 방향을 바꾸어 가을 들녘을 바라보는 즐거움을 누려야 하는 것이 더 어울리겠지. 망화사望禾寺라 하는 것이 더 나을지도 모르겠다.

"오를 때 못 보았던 꽃, 내려올 때 보았네"
- 순천 송광사에서

여우비가 지나가듯 벚꽃을 여읜 봄이 무르익어간다. 아직 조계산은 듬성듬성 산벚꽃이 희끗희끗 남아 있다. 겨우내 빈 몸으로 설한풍을 맞았던 나뭇가지에 봄물이 올라 파르스름한 생기가 돋고 있는 숲 속으로 산문이 열린다.

전에 없던 거대한 선돌. '승보종찰 조계산 송광사'가 새겨진 비석이 장승처럼 서서 이 사찰의 위용을 말한다. 길 양옆에서 구부리고 서로 손잡듯 맞닿은 노송을 올려다보며 심호흡을 거푸 하다 보니 일주문이 나타난다. 육중하게 두 기둥이 서 있는 일반 일주문과 다른 정감이 느껴진다. 양쪽으로 이어진 아담한 돌담 사이에 자리한 것이 대갓집 대문을 연상하지만, 지붕 밑의 공포 조각만은 다포계로 화려하고 웅혼한 아름다움이 있다. 산을 오를 때 보지 못했던 꽃 내려올 때 보았다는 말처럼, 전에도 이 문을 들어섰을 테지만 볼 수 없었던 일주문의 장식이었다. 편액 자체도 색다른 형식이다. 세로로 쓴 '조계산 대승선종 송광사'와 안쪽의 편액, '승보종찰 조계총림', 두 편액으로만 봐도 송광사가 불교사의 역사에서 어떤 위상을 지닌 사찰인지 알만하다. 물론 산문으로 들어서면서 '청량각'이란 누각이 서 있는 극락교 밑을 흐르는 물소리에 벌써 한차례 세심을 하

송광사

였지만, 한 번 더 마음을 가다듬게 된다. 대웅전으로 들어가는 삼청교에는 단아한 팔작지붕의 우화각을 통과하게 되어 있다. 얼핏 무지개 모양의 홍교인 것만 살피고 바쁘게 지난다. 언제나 그렇듯 단체 여행의 정한 시각으로는 충분히 주변을 살피고 느낄 수가 없다. 주마간산이나마 거대한 사찰이 앉아 있는 주변 산경의 풍미를 흡입해보고자 온몸의 세포는 들떠 있기 마련이다.

맑은 샘물로 목을 축이고 잠시 옛 기억을 더듬는다. 대웅보전 앞마당에서 사방으로 겹겹이 에워싸고 있는 전각들의 지붕 곡선을 그림 감상하듯 아스라이 둘러볼 뿐, 저때도 저렇게 많이 전각들이 연꽃잎처럼 대웅보전을 둘러싸고 있었던가.

송광사의 인연은 출가 4박 5일의 체험이었다. 삶에 대한 의문이 꼬리를 물고 놓아주지 않던 시절의 화두를 여기 와서 풀었다고 할 수 있을까. 그로부터 삶의 진정한 수행이 시작되었던 것이 아닐까 싶다. 벌써 30여 년 가까운 세월인데. 지금쯤은 해탈의 맛을 보고 있어야 할 것이련만. 수없이 해탈교를 건너봤지만, 진정한 해탈은 어디에 있단 말인가. 어쨌든 그 시절 송광사에서 보냈던 4박 5일, 법정 스님이 수련원장을 맡고

있을 당시였다. 결코 잊을 수 없던 법정 스님과의 독대는 참으로 나에게 시원하게 앞길을 열어주었던 시간이었다. 쌀쌀하게 찰랑대던 스님의 가사 자락에서는 매화 바람 같은 청량함이 느껴졌었다. 어린아이처럼 천진난만했던 회주 큰스님의 미소도 그려진다.

그때는 내 마음의 화두에 몰두한다고 아무것도 눈에 들어오지 않았던가. 일주문이 어떻고 청량각이나 우화각의 건축미가 아름다웠다는 것도 들어오지 않았다. '사자루'라는 강당에서 함께 선수행을 했던 50여 명의 도반도 전혀 기억나지 않는다. 엄격했던 발우공양. 마지막 발우에 묻은 음식찌꺼기도 물로 씻어 마셔야 했던 것. 밥이란 수행을 위한 약으로 알라는 것도 그때부터. 최소한의 공양으로 정신을 얻었던 기회였다. 그 뒤로 밥알 하나도 소중히 여겨졌다. 물 한 방울까지. 음식 맛과 마지막 스님들이 해준 찰밥이 그리도 맛있었다는 것만이 생생하다. 아침 시간이나 쉴 때, 지금 보니 일명 침계루(사자루)라고 하는 7칸 누각 밑의 계곡에서 세수도 하며 시원한 물소리를 들었다는 기억이 전생처럼 느껴진다. 사자루 옆으로 흐르는 계곡물 가에서 산책도 하고 쉬었다는 것 외에는 아무것도 절집의 주변을 의식하지 못했다. 눈이 있되 제대로 볼 수 없었던, 마음의 눈이 떠지지 않았던 때가 그런 것이었던가. 산을 보아도 산이 아니요. 물을 보아도 물이 아니었던가.

계곡물이 아래로 흘러내려서 대웅보전 입구의 우화각 밑에 오면 절정의 그림을 연출한다. 돌아 나올 때는 올라갔던 길 반대쪽 길로 내려온다. 개울물에 떠 있는 징검돌다리를 짚으며 무지개 모양 홍교 아래에 여의주를 물고 있는 용머리 돌이 빠져나와 있는 것을 엎드려서 눈으로 짚어본다. 들어갈 때 몰랐는데 나올 때 징검돌에서 보니까 우화각은 앞쪽은 팔작지붕인데, 뒤쪽은 맞배지붕이었다. 주변 건축물과의 공간 배치 덕분에 그리도 절묘하게 지붕을 꾸미게 된다. 물론 대웅보전 지붕도 단순한 팔작지붕은 아니었다. 팔작지붕이 겹으로 펼쳐져 있어서 건축의 웅장함과 화려함의 극치를 보는 것 같다. 위에서 보면 바로 아亞자 형식인 것 같다. 신라 때 '길상사'란 이름으로 작은 절이 지어져서 조선 시대에 와서 송광사로 이름이 바뀌는 동안 한때는 80여 동까지 번창하였고, 전쟁에 소실되기도 하여 몇 번의 개축이 이어졌을 것이다. 지금의 대웅보전은 1980년대 것으로 짐작되지만, 현대 건축미도 적당한 아름다움을 자아낸다. 고려 때 보조국사 지눌이 제1세의 국사가 된 이래 16국사를 배출하였다. 옛날의 '길상사'란 이름은 현대에 와서 법정 스님이 살아계신 동안 서울시 성북구 성북동에 그 이름을 그대로 살린 절이 세워졌다.

내려올 때 다시 보니 일주문 아래서부터 노거수들이 이미 일주문의 상징처럼 도열하여 산문으로 들어오는 사람을 맞아주고 있다. 얼마나 오래된 나무였던지 자신을 모두 내어준 노거수의 그루터기 하나가 포토존이 되었다. 한 번씩 모두 그 파인 그루터기 앞에서 인증 사진을 찍고, 나무 위에 돌 하나씩을 올려놓고 탑처럼 기원한다.

아! 청량각, 그 오랜 세월 견디면서 송광사의 첫 산문 역할을 하고 있다. 전혀 이 청량각을 건넜던 기억이 없다. 오를 때는 청량각의 현판이었는데 내려올 때 바라보는 쪽은 극락교란 현판이다. 산문을 오르면서 가빴던 숨을 이 누각에서 쉬면서 흐르는 물소리에 저 밑 세상의 복잡한 소식들과

송광사 일주문

번뇌들을 날려버리도록 배려한 쉼터 역할이다. 부처님을 만나고 다시 새 기운을 얻은 극락의 기분을 맛보고 왔느냐고 극락교가 물어주는 것인가. 몇 번의 보수가 있었겠지만 세월의 힘이 느껴지는 청량각. 천장에 용머리가 내려다보며 마음을 점검한다.

이쪽과 저쪽으로 난 길, 오를 때 보지 못했던 부처들을 내려올 때 만나는 나무들과 흙과 돌멩이와 풀조차 모두 나의 또 다른 눈부처로 정겹고 반갑다. 아직도 못 가본 수많은 길을 다 갈 수는 없다. 한 길이라도 철저히 밟아볼 수 있다면 다른 길의 이치도 그러할 것이고, 우리의 인생길의 정도도 알 수 있을 것이려니. 살면서 얼마나 많은 것을 지나치며 놓쳤던 것일까. 수많은 사람 중에 만났던 사람, 물상들, 모두 얼마나 안 것일까. 정말로 만났다고 할 수 있을 것인가. 끝내는 허망하고 물거품 같은 세상이지만, 순간순간 전체로 열심히 살 뿐이다. 누가 나를 몰래카메라로 찍어서 카톡에 올렸다. 그런 줄도 몰랐네. 오를 때 못 보았던 잎들 내려올 때 보았네. 오를 때 못 들었던 소리 내려올 때 들었네.

마르지 않는 문학의 샘, 장흥

다섯 손가락이 감싸 쥐고 있는 커다란 보석이다. 저 조형물은 무엇을 형상화한 것일까?

정남진리조트 뒤, 기억산으로 오르는 언덕에 올랐다. 우리가 지나왔던 길 주변과 리조트를 둘러싼 풍경이 한눈에 들어온다. 장흥이 물의 고장임을 드러낸 형상이다. 하얀 선으로 육각을 그린 무늬가 사방 연속으로 이어져 있다. 육각수를 나타내었다. 대형 물 한 방울이 소중하게 한 손 안에 들었다.

보석 같은 물방울을 감싸고 있는 손을 보자, 고려불화대전에서 보았던 일명 '물방울 관음도'를 그리게 된다. 〈물방울 관음도觀音圖〉, 저 물방울을 조금 늘어뜨리면 기다란 물방울이 된다. 통통한 버들잎 같은 물방울 안에 그린 관음보살이다. 푸른색 물방울 안에서 하늘거리는 사리를 입은 우아한 보살이 '선재동자'를 맞이해 주는 그림. 700년 만에 돌아온 고려불화대전이 있던 날, 누구라도 그 그림 앞에서 넋을 놓지 않을 수

장흥 여다지 해변

있었으랴. 세계 어느 불화도감과 소장처인 일본에서조차도 도감에 올리지 않았던 그림이었다. 세상 최초로 그 모습을 드러낸 희대의 명작이다. 소중하게 감싸 쥔 물 한 방울을 보자니 물방울 속의 관음보살이 저절로 떠오른다. 순간 내가 선재동자가 된다.

장흥은 산 좋고 물이 좋은 곳이란다. 어느 곳에서나 적당한 거리만큼 산능선을 바라볼 수 있다. 보살과 부처의 얼굴을 한 산 능선이 하늘을 떠받치고 있다. 요산요수樂山樂水 지자요수知者樂水라. 인자요산仁者樂山이라. 장흥은 지혜롭고 어진 자들이 많이 살았고 지금도 살고 있는 것이 틀림없겠다. 많은 문학인들을 배출한 배경이었다.

정남진 전라남도 장흥군. 서울 광화문 네거리에 국토의 방위의 기점을 알리는 둥근 표지판이 있다. 그곳을 기점으로 정 동쪽은 정동진이고, 정남진이 장흥이다. 우리는 광주를 지나 나주 톨게이트를 빠져나와서 영산강을 건너고 23번 국도를 따라 장흥군으로 들어왔다. 유치면에 들어오니 산과 물이 어우러진 풍경이 보기 좋게 나타난다. 보림사가 있는 가지산을 옆으로 접고 남쪽으로 오자니 장흥댐이 길게 물그림자를 드리운다. 망향비가 세워져 있는 것을 보면, 댐을 위하여 고향을 떠나야 했던 사람들의 안타까운 심정이 느껴진다. 고인돌이 놓여진 '선사유적공원'이 산기슭에 자리 잡고 있다. 어찌 산과 물이 좋은 곳에 고대로부터 사람이 살지 않았으랴! 유치면에는 자연휴양림도 있고 〈슬로시티〉를 상징하는 한옥민박단지도 있다. 장흥댐을 지나자니 바로 정남진 리조트가 기억산 아래 자리하고 있다.

공원에 커다란 물방울의 조형물이 장흥의 상징처럼 우뚝 솟아 있다.

한여름의 피서객들이 물러간 야영장은 한가롭다. 200여 명의 회원들의 열기가 여름의 막바지의 더위에 더하여 후끈하게 달아 오르는 듯했지만, 대형 강당은 천장이 높아 매우 시원하였다. 세미나 시간에는 해산海山 한승원님의 문학 강연이 있었다. 장흥이 낳은 문학인 중 현존하고 계신 대표적인 문학인으로서 아직도 왕성하게 집필을 하신다. 주제는 '시인의 마음으로 살아가기', 목소리가 폭이 넓고 탁 트이면서도 질박한, 마치 고대 토기에서 울리는 톤으로 이야기를 풀어내는 강의는 구수하여 듣기 좋았다. 이야기꾼이었던 할아버지로부터 들은 도깨비 이야기부터 해산토굴에 대한 이야기였다. 대표적인 이야기 한 토막.

해산 선생의 시 〈내 할아버지 이야기〉에 나타나 있다.

> "할아버지가 밤낚시를 하는데 고기들이 정신없게 입질을 했다.
>
> 아흔아홉 마리째 잡아 올리고 난 할아버지가 결리는 옆구리를 외틀고 후유 하고 한숨을 쉬는데 뱃전 밑에서 도깨비가 히히 웃으며 말했다. '신나게 한바탕 잡아 올렸지?' 깜짝 놀라 구럭 안을 보니, 단 한 마리뿐이다. 할아버지가 구럭에 고기를 던져 넣으면 도깨비가 몰래 가져다가 낚시에 꿰어주고, 던져 넣으면 또 가져다가 꿰어주곤 하기를 아흔여덟 번이나 한 것이다. 화난 할아버지가 '너 이놈! 나한테 죽어봐라!' 소리치며 주먹을 그러쥐자 도깨비가 도망치며 말했다. '잠시나마 행복했지? 그렇지만 너무 화내지 마라, 한 마리나 아흔아홉 마리나 그것이 그것이니라."

15년 전, 해산 선생은 고향으로 내려온 뒤 집필실의 이름을 '해산토굴'이란 당호를 붙였다. 잘 모르는 사람은 토굴이라고 하니 토굴에서 삭히는 새우젓을 생각하고 새우젓을 찾는 사람이 있단다. 토굴이란 스님들이 자신의 수행처를 낮춰 지칭하는 것인데, 선생도 자신의 수행처라는 의미로 붙였다. 같은 사물이나 글자를 보더라도 자기 눈높이나 자신의 관심사대로 읽는다. 시인의 마음이란 그런 것. 어쨌든 해산토굴에서 새우젓이 익어가듯 자신의 글도 익을 것이니 그 토굴이나 이 토굴이나 그것이 그것이니라 했던 것 같다.

폭우와 비바람과 태풍으로 얼룩진 나날 속에 가끔 햇볕 쨍하면 반가울 정도였던 이 여름이었다. 9월이 오면 다시 태풍이 하나 더 있다지만, 범람하는 폭우는 이제 그만. 문학기행 날은 쾌청한 날씨에 뭉텅뭉텅 흰 구름도 동반하여 장흥의 억불산 기슭의 편백숲우드랜드에 든다. 울울창창한 편백나무들 사이로 산책로가 걷기 좋다. 향기로운 숲 속을 거닐다가 벤치에서 혹은 누워서 복식호흡으로 온몸을 정화한다. 목재문화체험관에는 나무뿌리부터 잎까지 나무에 대한 역사와 쓰임새와 순환과정까지 모든 것을 알 수 있게 전시되어 있다. 편백숲은 장성에도 있고 우리 고장에도 많이 있다. 장흥편백숲은 다양한 형태로 개발하여 정남진의 특화된 장소로 유명해졌다. 우리 고장의 편백숲이 토종이라면 이곳은 세련된 퓨전식이라 해야 할 것 같다. 푸른 숲길에 하얀 옥잠화와 벌개미취들이 숲 속의 악센트가 되어 발걸음도 싱그럽게 한다.

여다지(여닫이)해변이다. 장흥은 남국의 정취가 물씬하게 느껴지는 종려나무 가로수길이 많은 것도 특징이다. 한쪽으로만 열리는 여닫이문처럼 육지 쪽 물만 내보내는 수문이 있어서 붙은 이름이란다. 관광공사가 '가장 깨끗한 개펄이 숨 쉬는 아름다운 바닷가'로 꼽은 해변 길 600m에 '한승원문학산책로'가 나 있다. 해변 산책로를 걸으면서 느긋하게 시를 감상할 수 있는 시간이 되지 않았다. 아침 이른 시간이나 노을 때 왔으면 〈노을〉이란 시가 얼마나 어울렸으랴! '나 그냥 그렇게 산다'에 우선 눈길이 간다.

구름이 물었다 요즘 무얼 하고 사느냐고/ 내가 말했다 미역 냄새 맡으며 모래알하고/ 마주 앉아 짐짓 그의 시간에 대하여 묻고/ 갈매기하고 물떼새하고 갯방풍하고 갯잔디하고/ 통보리사초 나문재하고 더불어/ …/ 나 그냥 그렇게 산다.

장마 끝에 맑은 날, 후덥지근하지만 더운 한낮에 바다 빛은 오히려 사막 같은 아름다움도 있다. 늦꽃인 듯 해당화 몇 송이가 익어가는 열매와 함께 물결에 비쳐들어 반긴다. 여름 손님들을 보내고 쓸쓸하게 지친 듯한 해변에는 배 한 척이 그림처럼 배경으로 서 있고, 조개껍질들이 줄줄이 모여 있다. 물이 빠진 개펄에서 엎드려 썰매 타듯 바닥의 조개를 채취하는 율산마을 사람들의 삶의 허물들인가. 시인은 그들의 삶을 노래했고 이 바다에 헌시를 바쳤지 싶다.

율산마을 집필실에서 내려다보이는 바다와 하늘, 해와 달과 별과, 섬과 산, 들판에 내리는 빛과 어둠, 눈비와 바람과 안개. 그 속에 서식하는 사람들을 포함한 모든 생명체들을 도깨비와 흥정하여 다 사버렸다. 시와 소설을 쓰는 일에 아주 확실하게 미쳐버린다는 조건으로. 글 쓰는 즐거움과 함께 그 모든 눈 복을 누릴 수 있게 된 해산 선생은 세상에서 가장 큰 부자란다. 거기에다 차밭을 600여 평 경영하면서 차를 손수 만들어 마실 수 있으니, 다른 소설은 몰라도 '차 한 잔의 깨달음'으로 나는 더 가깝게 느낀다. 차 생활을 수행 삼아 하고 있는 나에게는 얼마나 부러운 일이랴!

문학산책로를 뒤로하고 안양면을 돌아서 회진면 진목마을의 이청준 생가로 가는 길이다. 바닷길 마을을 굽이굽이 돌아가는 동안 바다 낚싯터와 정남진 전망대 등 풍경이 좋은 그림들이 이어진다. 마치 산수화 전시장을 돌아보는 것 같다. 정남진이긴 하지만 남서쪽 바다라고 해야 더 마땅할 것 같다. 서해 끝이 남해로 이어지는 곳이지 싶다. 동해바다와 부산 앞바다에서 청춘의 열기를 식혔던 나는 서해가 가까운 부안이나 군산 바다에서는 늘 갈증이 느껴졌다. 서해의 정서에는 고대로부터 바다에 생계를 걸었던 사람들의 역사와 삶의 애환이 갯벌에 질펀하게 배어있어 애달프다는 것을 차츰 알게 되었다. 동해에서는 일출을 맞으며 주먹을 불끈 쥐기도 하고 자신의 의지를 시험해보며 희망을 그리기도 한다. 누가 그랬던가. 동해가 남성적이고 철학적이라면 서해는 여성적이며 문학적이라고. 그래서 서해 가까운 마을에서는 문학인들이 많이 탄생했던 것일까. 그렇다면 부산 앞바다와 남해는 문사철적이라고 해야 할까. 회진면으로 들어서니 그곳에 〈천년학〉 영화 촬영지가 있다고 한다. 한 문우가 손가락으로 가리키는 산을 바라다보니 양 날개를 펴는 학의 형상인 산봉우리가 보였다.

이청준의 생가로 들어가는 골목길을 걸으니 거름 냄새가 고향 냄새인 듯 싫지 않았고 담쟁이덩굴이 그림의 바탕처럼 디자인 된 농가의 담장이 정겨웠다. 이 마을에 들어서자니 선생의 말이 절감된다.

"문학은 불행의 그림자를 먹고 사는 괴물이다. 삶의 압력, 현실의 압력이 가중되면 이걸 견뎌내려는 정신의 틀을 만드는 것, 이것이 문학활동이고 문학적 상상력이다. 그러니까 행복한 시대에서는 새로운 문학의 틀이 만들어지기가 그만큼 쉽지 않다." 그렇다면 오늘날 행복한 듯한 시대에 사는 사람에게는 어떤 문학을 해야 하는가를 생각게 한다. 풍요의 겉옷으로 부풀리고 있는 오늘의 현실에서는 또 다른 차원의 불행의 씨앗을 안고 있으려니 언제나 현실의 압력은 있게 마련이다.

우리는 점심시간에 맞추어 장흥 읍내로 돌아왔다. 탐진강 가의 공원이 아름다웠다. 물 축제를 열었던 곳이다. 개천이기보다는 강 같은 둔치에 연못까지 조성되어 분수대가 시원하게 물줄기를 내뿜고 있다.

보림사

내려가는 길에서 스쳤던 그곳 올라가는 길에서 만난다.

장흥 하면 늘 보림사寶林寺를 떠올린다. 보림사는 가지산파 선종의 종찰이다. 말 그대로 국보와 보물을 많이 지니고 있는 산이다. 대적광전의 비로자나 철불을 다시 볼 수 있어 기쁘다. 장중하고 엄숙한 철불은 신라 말에 당나라 유학승들에 의하여 들어온 선승들의 영향이다. 그 뒤 철불은 고려 때에 많이 조형했던 것 같다.

고대 그리스의 예술품은 건축과 조각상이 일색이다. 그리스 신화의 주인공들은 반인반수半人半獸 상이 많다. 신의 형상으로 사람을 빚었다 했으니, 그들의 선진의식은 스스로 신이 되기를 바랐던 것인가. 그들에게 이상화된 청동 영웅상이 많다면 우리에게는 지고의 미를 지닌 청동 미륵반가사유상이 있는가 하면 불상, 철불과 수많은 석불이 많다. 스스로 절대자가 되는 꿈은 아예 꾸지도 못한 채 그토록 간절한 기원과 예술혼을 불상에 담았던 것인가. 고대 이집트와 그리스 그리고 인도의 수많은 신들의 형상이 세계 예술의 바탕이었다고 해야 할까. 로마시대 이후 중세까지 예수의 성가족 족보가 서양 예술의 모티브가 된 것처럼 동양은 부처가 모든 예술품의 기원이 된 것 같다.

과거에서 지금까지 미美의 정의는 생명의 본질에 있었다. 그것은 철학에서 말하는 '진리'가 아닌가. 영원히 변치 않는. 우리는 고대 철학자들이 구축해온 이념들의 영향권 내에 있다. 미술의 기준은 좀 다르지만 현재까지 유효한 고대 그리스와 로마 시대 때 정한 카테고리를 벗어나지 못한다. 아름답다는 것은 조화와 비례가 맞아야 한다. 미술에 있어서도 그리스 시대에 정립된 미가 지금까지 이어져 왔다. 8등신으로 균형 잡힌 '다비드' 상과 여신들의 아름다움은 누구도 부정하지 못한다. 신전에 조각된 여신상들이 모두 8등신의 균형미를 자랑한다. 초현대적 시대의 미의 기준이 변화의 물결을 타고 있긴 하지만 여전히 그 시대의 기준은 유효하다.

보림사 대적광전

최고의 예술품은 역시 인간임에 틀림없다. 예수와 석가, 많은 선지식과 성인들. 사람은 스스로 그런 인간이 되어 원각을 이루어야 하는 명제를 걸고 이 세상에 온 것일까. 그것이 최대의 행복이라고 설파한 것이 석가모니의 수행과 설법이었다. 진리의 본체인 법신불을 비로자나불로 형상화하여 고대는 종교의 대상으로 오늘날은 아름다운 예술품으로 우러른다. 진리의 표상으로서 우리를 일깨우며 영원의 세계로 인도한다. 다음 생에 더는 육옷을 입지 않기 위하여 수많은 생을 거듭 닦아온 뒤 마지막 생에서 모든 원을 이룩한 석가모니. 억겁의 세월 동안 인간의 업장은 꼬리에서 꼬리를 물고 되풀이될까.

철원의 도피안사의 비로자나 철불은 아담하고 고요하여 여성적인 아름다움이 있다. 국립중앙박물관에 소장된 보원사지 철불은 우람하고 근엄하다. 남원 실상사의 극락전의 철불은 왜군의 침입을 막으려는 의지가 강한 엄격한 부처님이다. 보림사의 철불상은 깊은 고뇌가 서린 듯 엄숙하다. 진리의 아름다움을 상징하는 거룩하고 거룩한 모습이다. 나라가 정한 국보로 추앙받는다.

남원의 실상사와 보림사는 평지 사찰이다. 아마도 선종 사찰이 평지에 선 까닭은 보편적인 깨달음이 세상 속으로 가까이 왔다는 뜻이 아닐까? 보림사는 공포栱包가 아름다운 일주문에서부터 사천왕문과 주 전각까지 일직선으로 통한다. 일주문 앞에서 대적광전 앞의 삼층쌍탑까지 깊숙이 한 문 안으로 들여다볼 수 있다. 부여 무량사에서도 이런 눈맛을 볼 수 있다. 구조가 하나의 문으로 통하여 대문 밖에서 안채의 속내까지 훤히 보인다. 현묘한 진리를 표현하고 있는 구조다.

내려올 때 갈 수 없었던 가지산의 보림사를 올라가면서 그냥 지나칠 수 없었다. 산이 좋으면 물이 좋기 마련이다. 이곳 약수는 맛이 좋다.

불유佛乳 그 자체다. 깔끔하고 맑고 가벼운 느낌. 이 물을 정법으로 끓여서 차를 우리면 정말 좋은 차맛이 날 게다. 단번에 비자림의 차 잎을 따서 비비고 찻물을 끓인다. 진다眞茶와 진수眞水의 절묘한 만남. 모양 없는 하늘 다관에다 차 잎을 넣고 형체 없는 찻잔에 차를 따라서 비로자나불 철불께 헌차한 후 돌아선다. 마음으로 올린 차 한 잔.

왜 '물방울 관음도'를 그렸는지 그 뜻이 오묘했다. 장흥 정남진 리조트에 조형된 물 한 방울의 의미를 여기서도 새긴다. 관음보살의 음성인 듯, 해산의 말씀인 듯 여기서 '물 한 방울의 깨달음'을 되챙긴다. 강물도 거대한 바다도 물 한 방울이 모여서 이룬 것. 물 한 방울 속에 온갖 생명체의 원형질이 담겨 있지 않은가. 물방울처럼 나무도 사람도 하나씩 모여서 숲을 이루기에, 오늘 다시 물방울을 관음한다. 푸른 물방울 보석을 가슴에 단다.

3부

백제의 르네상스를 그린다

불국사와 석불사

초가을비 촉촉이 내리던 어느 해, 안개비를 헤치고 불국사에 내린 적이 있었다. 꿈같은 화엄세계, 장엄한 불국의 정취를 스쳤으나, 그 꿈속의 아름다움을 다 찾을 수가 없었다. 갑자기 사바세계를 건너 불국토에 떨어졌으니 들어가는 길도, 나오는 길도 아련하여 깨고 나니 역시나 꿈이었던가! 그 꿈속의 불국을 다시 더듬고 있다. 백제의 미륵사지에서 이루지 못한 미륵의 꿈이 허전하면 불국사를 그리고, 불국사에서는 보아도 보이지 않는 그 무엇을 찾을 수 없어 차라리 미륵사지의 폐허를 걷고 싶어진다. 앞으로 올 미륵세계는 어디로 올 것인가. 보이는 형상에서 찾으려면 어디에서도 찾을 수 없으리라.

오늘은 순서대로 불국에 들어보자. 언제나 놓쳤던 절집 입구에 있던 당간지주부터 찾는다. 불국사에 처음 들면 먼저 안양루와 자하문에 오르는 연화칠보교와 청운백운교에 시선이 빼앗기게 된다. 돌다리와 석축대 위의 전각부터 올려다보고 안양루와 자하문의 전체를 조망하는 곳에서 머물다가 당간지주를 놓치곤 했다. 긴 세월 당당하게 서 있는 불국사의 당간지주, 지주 높이 당을 펄럭이며 화엄을 불렀을 천 년의 불국사. 안양문 앞쪽의 나무 밑에 멀찍이 기품 있게 서 있는 당간지주를 발견한다. 당간지주 두 기가 완전하게 조화를 이루고 있다. 당간지주에 기대어 세월의 온기를 느끼며 사진을 찍었다. 원래부터 이 자리에 있었는지는 알 수 없다. 불국사에서는 석조 건축물을 유심히 들여다볼 일이다. 1400여 년의 세월을 견뎌준 석조미술품이 아직도 건재하고 있으니 불국으로 들어가는 길은 돌계단을 밟는 것으로 시작된다. 물론 일주문을 통과하고 사천왕문을 지난 뒤, 청운교를 밟고 백운교를 밟아 자하문에 들어서서 대웅전, 석가모니불을 만나야 한다. 아니면 연화교와 칠보교를 밟고 안양루를 거쳐 극락전의 아미타불전에 들 수 있다. 하지만 우리는 오랫동안 그 돌계단을 밟을 수 없으니 아마도 오늘날에는 불국이 오지 않을지도 모른다. 연중 4월 초파일 하루만 이 돌계단을 개방한다기에 언젠가 꼭 그 계단으로 불국에 들어볼까 한다. 석축대 앞으로 드리운 단풍잎이 당간처럼 펄럭이며 부를 것이다.

불국사

극락전보다 대웅전이 2층처럼 높고 넓은 까닭이 있고 무설전과 관음전 그리고 비로전이 뒤에 배치한 것 모두 오묘하고 복잡한 화엄세계 정신을 표현한 것이리라. 대웅전 마당이 꽉 찬 듯하게 보이는 것은 너무나도 유명한, 세계 어느 곳에서도 찾을 수 없는 다보탑과 석가탑이 사람들의 시선을 사로잡기 때문이다. 다보여래의 보이지 않는 원력의 형상인가 오밀조밀 흙을 만지듯 조각해낸 탑 형상의 미려함이라니. 안타깝게도 연화좌에 홀로 앉은 사자상, 일제시대에 없어졌다는 다른 세 사자상은 흔적이 없어 홀로 남은 사자상은 그 짝들을 그리며 탑을 수호하고 있다. 방문객의 찬사와 예배를 먼저 받는 석가탑은 이전과 이후에도 없는 완전한 아름다움을 지니고 있다. 통일신라 때 와서 그 이전의 다층식 석탑들의 형상이 삼층석탑의 완전한 모습을 갖추게 되어 한국의 모든 석탑의 전형이 되었다. 이를 두고 미술사가 유홍준은 '위대한 삼층석탑의 탄생'이라 했다. 그리하여 석탑을 볼 때 석가탑 이전 것과 이후의 것으로 구분하기도 한다. 모든 아름다움에는 비례와 조화와 균형의 세 가지 조건이 있다는 것. 그 모든 조건을 갖춘 석가탑에는 황금비례의 비밀이 있다는데…….

석가탑과 석굴암의 본존불의 아름다움을 과학적으로 먼저 밝힌 사람은 일본의 측량기사인 요네다 미요지였다. 그리고 아름다움의 비밀을 다시 따져보고 또 보았다. 모든 아름다움에는 과학적인 수의 배열이 있었던 것이다. 꽃의 아름다움에 피보나치 수의 배열이 있는 것과 같은 것. 지금 그 비밀이 해체되고 있는 중인가. 초가을 비에 젖은 석가탑만을 정신없이 바라보았을 때는 다보탑이 복원 중이었으나 이번에는 석가탑이 해체 중이다. 아쉽게도 이번에는 볼 수 없었다. 오래전부터 이층 몸돌 지붕이 기운다는 소식이 있던 차. 그 고통의 아픔을 잘 견뎌주기를!

화엄세계의 정신을 형상화한 불국사를 받치고 있는 것은 석축에 그 모든 뿌리가 있었다. 기단 석축의 짜임새를 보라! 극락전 회랑을 받치고 있는 축대. 자연 돌에 맞추어 깎은 돌로 엉성한 듯 얼기설기, 무심한 듯 하나, 정교하게 쌓아올린 솜씨. 돌계단 밑의 홍예문의 아치며 범영루의 축대의 구성은 아름답기 그지없다. 언제라도 날아오를 듯한 학의 날개 같은 범영루의 처마선. 범종과 물고기와 운판이 한꺼번에 울리는 날, 날렵한 범영루의 날개가 활짝 펴지지 않을까. 지상의 생물과 바다와 하늘의 중생, 모든 생물, 무생물까지 성불이 이루어지는 날이면……. 범영루에서도 가장 인상적인 것은 누각을 받치는 석주이다. 돌기둥을 어쩌자고 저리 우아한 곡선을 자아내게 깎을 수 있었는지. 볼 때마다 속 감탄만 할 뿐이다. 또한 드러나지 않는 대웅전 계단 옆모서리. 단순하게 버선코처럼 돌려 깎은 선. 나무를 주무르듯 일심으로 조각했을 옛 사람들의 숨결을 어찌 흉내라도 할 수 있으랴.

불국사의 목조건축은 임진왜란 때 불탄 뒤 18세기 조선시대에 중창되고 회랑 건물은 1960년대에 복원된 것이다. 석조물만이 기적적으로 남아 있었다. 그런 바탕 돌의 기초가 있었기에 다시 불국을 복원할 수 있었다. 정신을 담으려면 저리 튼튼한 기초가 서야 하리라. 사람도 몸이 건강할 때 올바른 정신을 담을 수 있고 구현할 수도 있다. 사람이 하는 모든 일도 그 기초가 튼튼해야 목표한 바를 이루어 낼 수 있지 않을까. 아직도 다 볼 수 없었던 곳곳의 비밀의 일부를 찾는다.

대웅전 앞마당에서 문루인 자하문에 들어 천장을 유심히 살펴보고 돌계단을 아래로 내려다본다. 다른 때 이 천장의 들보까지 올려다볼 겨를이 없었다. 반듯이 걸쳐져 있을 들보 기둥이 곡선으로 유려하게 걸쳐 있다. 단청도 한껏 어울린다. 들보의 곡선 장치는 아름다움을 강조한 것인지, 건축의 한 기법으로 한 것인지는 잘 모르나, 이런 곡선의 통나무를 어떻게 절묘하게 갖다 붙일 수 있었던가. 여행객은 그 의문을 따질 시간이 없다. 대웅전 뒤의 무설전이 앙팡지게 앉아서 뒤통수를 잡아당기는 듯 하지만 눈짓만으로 일별한다. 햇살에 빛나는 범영루 석주도 손으로 쓰다듬고 싶었지만 근질근질한 손바닥을 움켜쥐고 아쉬운 발걸음을 재촉했다. 불국사 후문으로 나오는 길은 짙은 초록 숲이다. 망중한을 거닐며 토함산불국사 불이문을 나오며 생각한다. 미륵세상이 오면 저절로 불국이 이루어질까. 불국의 정토를 이루는 실현지는 바로 내 안에서부터 기초를 닦는 것이 아닐까! 아름답고 굳건한 석주처럼.

석불사

불국사를 이야기하면서 어찌 석불사를 말하지 않을까? 석굴암의 이름은 처음에는 석불사였다고 한다. 김대성이 전생의 부모를 위하여 지었다는 석굴암.

수학여행 때 첫 새벽길에 토함산을 올라 석굴암에 갔다. 그때의 기억은 거기에 석굴암이 있다는 것 외에는 아무것도 알 수 없었다.

우리 문화에 눈뜨고서는 불국사에 몇 번 갔지만 여유가 없어서 석굴암에 갈 기회를 놓치곤 했다. 초가을 어느 날 석굴암에 갈 기회를 잡았다. 토함산 석굴암 올라가는 길은 기분 좋은 산책길이었다. 예전처럼 험하지도 않고 수많은 사람들이 오르락내리락했던 자국으로 길은 다져져 있었다. 석굴에 들기 전에 작은 법당이 있었고, 그 뒤 언덕을 올라야 했다. 같이 간 일행은 힘들다고 그 자리에 남고 나만 혼자 올랐다.

지금은 보호각이 차려져 있고 들어가서 유리관 밖에서 예배를 해야

석굴암

한다. 절도 올리기 전에 나는 그 자리에 우뚝 서고 말았다. 망연히 서서 바라보기를 얼마인지 모른다. 같이 온 일행이 내가 내려오기를 기다리다가 안 내려와서 올라왔다. 그도 그 자리에 말없이 서서 본존불을 바라보았다. 그때서야 나는 삼배를 올리고 부처님을 지그시 다시 바라보았다. 살아있는 부처님을 뵌 것 같았다고나 할까? 그냥 그 자리에서 부처님 안에 들어서 내가 사라진 것 같았다.

누군가 그랬다고 한다. 석굴암에 대해서는 감히 말할 수 없다. 석굴암 본존불은 만나지 않아서 말할 수 없고, 보아도 말할 수 없다고 했던 말이 실감났다. 보았지만, 나는 말할 수 없다. 석굴암을 내려오면서 우리는 숙연한 마음이 되어 말없이 걷다가 뭐라고 한마디 같은 말을 중얼거렸다. 그 한마디를 기억하지 못하겠다. 엄숙한 거룩함이 석실 안에 감돌았다. 언젠가 석굴암 예배 시간에 가서 꼭 스님과 동행하리라고 했지만, 아직 실행하지 못했다. 우리나라 세계문화유산에 대하여 공부하고 강의를 들었지만, 그래도 나는 그 신비한 아름다움에 대하여 말할 수가 없다.

한국의 세계문화유산의 설명은 이렇다. "석굴암은 세계 유일의 인공 석굴로, 네모진 앞방(前室), 통로, 부처님이 앉아있는 둥근 뒷방[主室]으로 이루어져 있다. 앞방은 부처님께 절을 하고 공양을 드리기 위한 곳으로, 불법을 지키는 신이 4명씩, 바로 옆에는 근육질의 인왕상이 얼굴에 잔뜩 힘을 주고 서 있다. 앞방을 지나 뒷방으로 가는 통로에는 동서남북을 지키는 사천왕이 서 있다. 부처님이 앉아 계신 뒷방의 벽면에는 여러 불상들이 좌우 대칭으로 새겨져 있고, 방 가운데에는 연꽃자리 위에 석굴암의 본존불이 앉아 있다. 천장은 360여 개의 네모 돌판으로 둥글게 쌓아 올라가다가 중앙은 20톤 무게의 연꽃이 조각된 뚜껑돌로 마무리했다. 이곳에는 단단한 화강암을 떡 주무르듯 모난 데 하나 없는 둥글둥글한 부처님을 만들어낸 신라 석공들의 손놀림과 신라인들의 지혜를 엿볼 수 있는 여러 가지 숨겨진 이야기가 많다."

본존불을 협시하고 있는 '미스 신라'라 명명하는 11면 관음보살과 찻잔을 요염하게 들고 있는 보살도 상면하고 싶다. 석굴암에 담겨져 있는 숨은 비밀과 여러 가지 재미있는 이야기는 스스로 찾아보시라.

안압지의 달밤

경주에 오면 저녁 산책 코스로 경주역사유적지구의 안압지가 제격이다. 여름밤이면 더욱 어울리는 곳. 경주에 나들이 온 사람들이 주차장에서부터 붐빈다. 경주 고도의 사계절은 각기 특색 있는 맛이 있다. 사계절을 다 본다 한들 어찌 경주를 보았다고 할 수 있을까. 고대의 무덤을 시내 가운데 두고 있는 경주는 지붕 없는 박물관이 아닌가. 야경의 유적지도 불빛의 환상을 불러일으키는 곳으로 꾸며져서 신라의 달밤은 영원히 빛나는 달밤이 되었다.

안압지의 야경이 황홀하다는 구전을 들은 지 오래. 지난해 봄에도 멀리서만 안압지 전각의 그림자만 멀리서 흘깃거렸다. 언제나 낯선 곳의 여행객으로서는 한꺼번에 다 볼 수 없기 때문에 특색 있는 인상만 남지 않던가.

안압지는 1975년 무렵의 발굴로 해서 신라 월성의 동궐지란 것이 밝혀졌다. 궁궐지를 비롯하여 많은 유물들이 발굴되어 이곳이 본래 월지(달

안압지 야경

못)였다는 것도 알게 되었다. 경주박물관에 가면 이곳의 유물을 전시한 안압지관이 따로 있다. 첫 번째의 전각 안에 조촐하나마 이곳에서 발굴한 유물의 일부가 전시되어 있다. 안압지라는 이름은 신라가 멸망한 뒤 오랜 세월 폐허가 되어 안압들만 모여들기 때문에 조선시대 사람들이 안압지로 부르게 된 데서 유래되었다고 한다. 신라 때를 고증할 수 있어 궁궐지와 전각 자리들이 밝혀지고, 주춧돌이 남아 있는 자리 등을 정리한 뒤, 누각도 지금의 형태로 복원하였다. 야간 조명을 받아 물속에 거꾸로 떠 있는 전각은 주변 풍광과 어울려 환상적인 하모니를 자아내고 있다.

옛날 신라를 찾았던 손님들처럼 산책 나온 사람들이 연못 주위를 맴돌고 있다. 신라가 삼한을 통일한 뒤 나라가 왕성한 힘을 발휘할 때 궁궐도 정비하고 통일신라의 면모를 재정비했던 것 같다. 동궐을 구축하고 임해전를 짓고 외국의 사신들이나 손님들이 방문했을 때 접대와 연회를 베풀었던 곳이었다.

천 년 전의 사람이 된 기분으로 안압지에 미친 여자와 배회했다. 안압지의 어디에 미친 것일까. 신라의 공주가 환생한 것이 아니면 그리 안압지 야경에 미칠 것인가. 어느 과거 시절의 애틋한 첫사랑의 환상이라도 떠오른 것인가. 불빛에 비추인 연못 안의 전각에서는 애잔한 가락이 일렁이는 듯하다. 수많은 세월만큼이나 옛사람의 삶의 궤적도 이 땅속에 파묻혔을까. 역사의 수레바퀴가 도는 동안 동질의 민족이 된 지금 이때에 서서 세월의 깊이와 너비를 가늠해본다. 숲 속 어딘가에서 끼리끼리 암중모색을 획책하기도 하지 않았을까. 한쪽에서 탄식하고 한편으로 승리를 자축하기도 한 절절한 사연들이 이 호수 밑의 유물에 녹아 있었으리라. 역사의 승리와 한이 오늘의 사람 가슴마다 어떤 정신의 무늬가 되었으리라.

연못은 발해만 동쪽에 있다는 삼신산(봉래산, 방장산, 영주산)의 중국 전설 따라 형상화했다는데, 신선 사상을 나타내었다. 남원 광한루의 연못이 또한 그러하지 않은가. 안압지는 어디서 보아도 끝이 보이지 않도록 꾸며졌다. 끝이 보이지 않아 드넓은 바다를 연상하도록 했다는 거다. 다 둘러보지 않으면 어느 곳에서도 끝이 보이지 않는다. 한계가 보이지 않아 그 너머를 꿈꾸던 통일신라의 웅대한 원이 서렸던 곳이었다.

수면에 떠 있는 물속의 전각으로 뚜벅 내려가고픈 유혹이 느껴진다. 연못 가상은 직각으로 축대가 쌓여지기도 하고 한쪽은 곡선의 자연스러운 언덕이 그대로 드러난다. 뒤쪽에 가서 돌아보자 오른편 연못 벽은 직각으로 처리되었지만, 왼편 연못가는 둥글게 휘어진 곡선이 대조적이다. 이렇게 인공적인 직선과 자연적인 곡선이 절묘한 조화를 이룬다. 그리고 건너편 숲 속이 궁금해진다. 본래 연지여서 연잎이 뜨면 물이 좁게 보이기 때문에 물속의 연뿌리를 제거하고 돌과 자갈을 깔았단다. 수중궁전에는 용왕이라도 머물까? 신라 사람들, 아니 삼한의 영혼들의 연회장이면 어떨까. 작은 연못 하나에서 바다 같은 무한한 꿈을 키웠던 오늘의 삼한인들의 발걸음에 무한한 축복이 있기를 바란다.

안압지를 나오니 여전히 연향이 밤공기를 에워싼다. 천 년 전에도 피웠을 연향을 따라 나온 연인들이 있었겠지. 쓰개치마를 입고 초롱불을 조심스럽게 밝히며 '월하정인'을 만나는 옛 그림을 오늘은 어떻게 그려내야 할까. 그 밤과 이 밤의 시공간을 무엇으로 가늠하리. 달밤에 몰래 만나지 않아도, 그리 조심하지 않아도 당당하다. 불빛에 반사되는 꿈의 궁전을 즐기는 선남선녀들. 서로 사진을 찍어주면서 연못 주위를 배회하며 영원 속의 오늘을 그려내고 있다.

무더운 한여름 밤, 금방 깨어날 환상이언만 신라의 달밤은 휘황찬란하다. 추억 한 장을 신라의 밤하늘에 띄운다.

꿈같은 하룻밤
– 양동민속마을에서

≪열하일기≫를 생각하며.

"1780년 7월 13일 기축일. 바람이 세게 불었다."

"꼭두새벽에 일어났다. 세수하고 머리 빗는 것이 왜 이토록 싫증이 나는지! 지새는 새벽하늘에는 총총한 별들이 마주 눈을 깜박일 때 마을 닭들은 번갈아 홰를 쳤다. 몇 리를 못 가서 안개는 자욱이 넓은 들을 먹어들어 수은 바다처럼 되었다. 의주 장사꾼 떨거지가 웅얼웅얼 무슨 이야기들을 하면서 길을 가는 것이 어렴풋이 꿈속만 같았다……." 연암 박지원은 ≪열하일기≫에 그렇게 썼다.

수필의 날 행사 때는 연암의 ≪열하일기≫를 생각하면 한더위를 이겨내기가 수월하다. 233년 전 연암은 사신단을 따라 한양에서 북경까지 그리고 열하를 밟았다. 3개월여를 걸어서 또는 말을 타고 변변치 못한 숙박을 하면서도 새벽이나 늦은 밤까지 주변을 세심한 눈으로 관찰하고 현지인들과의 교류를 통한 체험을 세세히 기록했다. 때로는 노숙하기도

양동민속마을 연당지

했다. 문명화된 현대에 생각하면 마치 야전장 같은 여행을 했던 것이다. 7월 15일에서 7월 23일까지 9일 동안의 여정을 〈일신馹迅수필隨筆〉이라 했다. '일신수필'은 달리는 역마 위에서 구경하듯 성큼성큼 빨리 본 것을 휘뚜루마뚜루 내갈겨 썼다는 의미이다. 이때 공식적인 '수필'이란 말이 등장하여, 한국수필분과위원회에서 이를 기념하여 '수필의 날'을 제정했다고 한다.

수필의 날에 참가하는 요즘 일행은 거기에 비하면 행복한 나들이다. 좀 불편한 점조차도 신선한 체험으로 생각할 수도 있다. 그러나 1박 2일 여정은 일신수필을 쓰듯 주마간산으로 본 것을 겉모습이라도 내갈겨 쓸 수밖에 없다. 이제는 일신수필 같은 재미를 볼 수 있는 수필을 쓸 수 있을까 의문이다.

2013년 7월 13일 초복이다.

오전엔 개었으나 한낮에 소낙비가 한 차례 내렸다. 전날, 경주 불국사와 안압지를 제각기 일별하듯 돌고 경주에서 20분 거리에 있다는 양동민속마을에서 한 밤을 지샜다. 한밤중에 도착하여 마을의 입구와 마을의 첫인상을 알아차릴 수가 없었다. 다만 가로에 전등 불빛이 없어 칠흑 같은 어둠 속에 개구리 소리만이 요란하게 환영하는 듯했다.

그토록 한 밤이라도 자고 싶었던 옛 시골 초가집이었다. 양동마을은 수년 전에 세계문화유산에 등재되었고 고대문화의 박물관인 경주에서 조선시대 500여 년의 분위기가 고스란히 살아 있는 것으로도 유명해졌다. 양동마을은 보여주기 위한 마을이기 때문에 겉모습은 옛 모습이나 시설은 현대적인 편리함을 두루 갖추고 있다. 연암처럼 세수하고 머리 빗기가 어려운 것도 아니고 수월한 편이다. 하지만 조금만 움직여도 땀이 나는 이 철에는 자주 씻어야 하는 것이 귀찮기도 한데, 그 당시를 생각하면 짜증이나 불평이 자리 잡을 겨를은 없었다. 더운 물이 나오는 욕실도 있고 방에는 에어컨도 있었다. 별채도 있는 다섯 칸짜리 초가집이니 그래도 괜찮은 집이란다. 6 · 25때 잠시 피난 갔던 아버지의 고향 마을 같았다. 여러 사람이 한 욕실을 차례로 사용해야 되니까 기다리기도 했다. 더러는 마당의 우물에서 속옷 차림으로 세수하고 팔 다리를 씻는 회원도 있어 조선시대 미인도를 연출했다. 옛날에 우물가에서 등물 하듯이 말이다. 그런 광경에서 나는 꼭 꿈속의 옛날에 있는 것 같았다.

늦도록 잠을 이룰 수가 없었다. 어둠 속에 들려오는 갖가지 소리에 신경이 곤두세워졌다. 별채에서 공주 셋이서 새살떨며 웃는 소리는 계속되고, 먼 산의 쑥국새 소리, 개 짖는 소리, 개구리 소리들도 합주했다. 잠시 시각을 보니 새벽 3시가 넘었다. 정말 새벽하늘은 캄캄하기만 한데, 연암의 시대처럼 닭들이 번갈아 홰를 쳤다. 어찌나 그 소리가 큰지 시끄러웠다. 어찌어찌 하다가 날이 밝아졌는데, 째쟁이들은 벌써 아침 단장을 하고 있었다. 옷 갈아입기가 귀찮았다. 옆 사람 말을 들으니 새벽 1시 40분에 닭이 홰치는 소리를 들었다고 하니, 나는 그 시간에 잠시 잠이 든 모양이었다.

가방을 챙겨들고 아침식사 전에 마을 주위를 둘러보았다. 우리가 잠

잤던 집은 산 밑에 있었기 때문에 주변 마을 풍경이 내려다보였다. 바로 옆에는 기와 고가가 있었지만 둘러 가 볼 수가 없었다. 어젯밤 집주인 할머니로부터 이 마을의 유래를 들었다. 소문으로 벌써 들어 알고는 있지만 현지 사람의 이야기로 다시 들으니 재미있었다. 이 마을은 여강 이씨와 경주 손씨, 모두 처가의 재산을 이어받고 서로 사돈이 되어 수백 년의 선비 전통을 이어온 마을이다. 마을에 정자만도 열 개나 된다고 자랑했다. 물론 그 여강 이씨는 저 유명한 동국의 5대 문인에 든다는 조선 중종 때의 문인인 회재 이언적이다. 이언적에 대해서는 많이 조명이 되지 않았지만 정신이 부재한 현대에 반드시 거울이 될 만한 정신적 가치가 있으므로 앞으로 재인식될 것이다. 이언적에 대해서는 잘 모르지만 그의 훌륭한 제자 중의 한 사람이 노수신이란 데서 기리고 있을 뿐이다.

집집에 민박집이란 표지판이 붙어 있다. 아침에 집을 샅샅이 둘러보았다. 마당에는 작은 채마밭도 있고 우물가에 화초도 심어 보기 좋았다. 옛날식의 '퍼세식' 화장실도 있었다. 접시꽃이 마당 끝에서 전송했다. 마을의 문전옥답은 연을 심어 연밭이 잠시 더위를 잊게 했다. 연암도 마을에 도착하면 마을의 풍경을 그대로 그렸다. "가산 앞에는 길 나마 되는 큰 항아리를 놓았고 그 속에는 네댓 포기 연蓮을 심었다. 땅을 파고 한 간 폭이나 되는 나무통을 묻고는 한 쌍의 뜸부기를 기르고 있었다. 가산을 빙 둘러 종려나무, 장미꽃, 석류 등 화분 십여 분을 놓아두었다." 우리가 아침식사를 했던 아랫집은 그런 풍경이었다. ㄷ자형 집 가운데는 각가지 꽃들을 화분에 심고 포도송이도 달려 있었다. 옆집에는 새벽부터 홰를 쳤던 닭들이 우리 안에 있었다.

연밭 둑을 거닐며 연향에 묻혀 보았다. 못 가의 둑에도 큰 항아리를 묻고 연이 피어나고 있었다. 저쪽 물가에는 물오리도 몇 마리 어울려 놀고 있었다.

"원앙새 노는 모습 한 폭의 그림인가/ 갓 피어난 연꽃이야 저 선경을 어이 알랴!" 연암의 시 한 소절처럼 그 시절이나 지금이나 이 철엔 연꽃이 피었다는 것만으로도 격세지감을 줄일 수 있었다. 나는 연방 연암의 시절에 있었다. 그의 글을 따라 함께 걷고 있었다. 이언적의 고가나 손씨 고가 혹은 어젯밤 할머니가 자랑했던 정자는 한 곳도 찾을 수 없이 숙제로 남겨놓고 마을을 떠날 수밖에 없었다. 다음 발걸음이 언제 될지 모르나 경주에 갈 때면 그 마을까지 다시 가서 숙박해야 할 것 같다.

햇빛이 쨍한 날 시내에 나갔더니 꿈에서 깬 듯 옛날에서 지금으로 나들이 나온 것 같았다. 지금 낯선 여행지에 온 듯 하루하루가 지난다. 여기서는 천천히 오래 묵을 예정이다.

신라인의 의지와 이상향
– 경주 남산

여행은 언제나 돌아오는 곳이 목적지다. 버스에서 내리니 비바람이 몰아쳤다. 풍우에 젖은 가을이 어두운 밤길을 재촉했다. 언뜻 최북의 그림 〈풍설야귀인〉이 떠올랐다. '눈보라 치는 겨울밤 나그네는 무사히 집에 돌아왔을까.' 눈보라는 아니지만, 길가의 은행잎들이 늦가을 비바람에 쏠려서 갈 길을 잃었다. 돌아온 안도감에 아늑했다만, 두고 온 경주 남산의 부처들은 무사할까? 하늘 밑의 노천 절집에서 말이다.

우리 문화유적 답사의 유홍준에 의하면, 경주를 슬기롭게 답사하는 방법으로 4코스를 추천한 바 있다. 즉 서라벌의 향기라 할 고분시대의 유적, 반월성과 왕릉을 1차 코스로 잡고, 2차 코스는 고 신라문화의 전성기인 황룡사 터, 분황사, 첨성대, 삼화령 애기부처 등, 진평왕과 선덕여왕 시절 유물을, 3코스로는 신라가 통일국가의 건설에 국가적 국민적 총력을 기울였던 때의 힘찬 기세의 유물로 쳤다. 감은사탑, 고선사탑, 황복사탑, 불국사 석가탑에서 영지에 이르는 삼층석탑순례가 그것이다.

그리고 4코스는 8세기 중엽 전성기 통일신라 문화의 조화로운 이상미를 살펴보는 불국사, 석굴암, 안압지 에밀레종 등이다. 그다음으로 불국토를 구현하려 했던 신라인의 의지와 이상, 남산의 핵심적 유물을 더듬어 보아야 한다는 것이다.

경주 시내의 고대 유적을 산발적으로 여기저기 둘러보면서 언젠가는 남산에 오르리라 마음먹었다. 오래전부터 꿈꾸던 경주 남산에 갈 기회가 찾아와서 새벽에 길을 나선 날이었다. 남산은 뚜껑 없는 박물관으로 이름 지어져 있지 않은가. 남산을 답사하기 위한 코스도 다양하다. 나로서는 첫 방문인 이번 답사는 삼릉골에서 용장계곡으로 넘어오는 길이다.

삼릉골 입구에서 하차하여 송림으로 들어갔다. 가끔 영상에서 보았던 대로 눈에 익은 삼릉골 입구로 들어서니 배병우의 사진처럼 제멋대로 자라서 멋스럽고, 자유롭게 자라서 구불구불한 몸매를 지닌 소나무 숲 너머로 삼릉이 자리하고 있었다. 마치 작은 산의 능선이 이어진 것 같았다. 무덤의 곡선이 부드러운 여체의 신비함으로 다가왔다. 누구의 능인가는 중요하지 않았다. 신라 왕족의 무덤인 것은 확실하지 않은가. 대부분 이 삼릉은 제8대 아달라왕, 53대 신덕왕과 경명왕의 능이라고 말한다. 누가 되었던 유택으로 작은 산을 지닐 수 있었던 천 년 전의 사람이 있었다는 것만으로도 만나는 감회가 새로웠다.

제일 먼저 만난 부처상은 머리와 두 손이 잘린 몸뚱이가 그래도 당당한 석불좌상이었다. 목의 삼도 주름이 그대로 선명하고 왼쪽 어깨부터 가슴으로 흘러내린 가사에 달린 꽃 매듭의 문양이 아름다웠다. 무릎을 덮은 가사에도 매듭 끈이 애교스럽게 달려 있다. 이렇게 예쁜 매듭 끈을 장식한 가사를 입고 수많은 사람의 기원을 들었던 부처의 마음도 슬며시 미소를 머금었을 것만 같지만, 부처의 머리와 손은 어떻게 해서 잘렸을지. 상처의 아픔을 굳건히 간직한 채 그 위엄마저 담고 있는 것 같다. 가사 자락을 들춰볼 수도 없어 안타까울 뿐이었다. 고대 신라의 조각가들은 남산의 바위가 캔버스처럼 보였나? 아니 바위 안에 부처들이 있는 것을 진즉 알았나 보다. 일필휘지의 선각으로 여러 부처상을 그려내기도 했다. 삼존불과 협시 부처님까지 육존불을 바위 면에서 찾아냈다.

머리 없는 불상에서 왼쪽으로 40여 미터 올라가면 미스 신라라 불리는 관음보살상이 있다는데, 시간상 갈 수 없었다. 경주는 이렇게 당일 코스로는 언제나 여운을 남겨서 꼬리를 남긴다. 다음에 그 꼬리를 물고 다시 오라는 말이다. 다른 산악회 일행은 고위봉을 등반하지만, 나를 위해 기꺼이 안내해주기도 한 안내자와 나는 남산의 불교 유적을 감상하며 금오봉을 넘기로 했다.

또 하나의 석불 좌상 한 구가 여행객을 기다리고나 있는 듯이 위용도 근엄하게 연꽃 대좌에서 엄숙한 표정으로 편안하게 맞아주었다. 금방이라도 일어설 듯 가부좌한 한쪽 다리가 들썩일 것 같았다. 항마촉지인상의 석가모니 부처였다. 이 세상을 구제하기 위한 현생 부처가 아닌가. 자세히 보니 광배 한 부분이 새 돌로 보수가 되었고, 얼굴의 눈, 코 부분도 복원되어 완전한 상을 이루었다. 옛날의 조각 솜씨로 복원하는 지금의 기술도 뛰어나다. 누구의 후손인데?

늦가을이지만 땀으로 온몸이 얼룩지고 있었다. 올라가는 길마다 부처들이 위안하고 맞아주니 일시에 땀도 식히고, 정신도 맑아졌다. 온 산에 돌과 바위가 즐비하다. 돌덩이 하나마다 모두 유물과 부처를 안고 있는 듯 보였다. 바위와 더불어 소나무가 많은 남산은 청청하기만 하다. 신라인의 꿈이 저리도 푸르렀을까.

석불좌상이 신라의 수호신처럼 신라의 외곽을 응시하고 있듯 나도 그 시선 따라 산 아래로 펼쳐지는 신라 땅을 내려다보았다. 그들의 꿈이 구현된 모습이 오늘이었을까 잠시 상념에 잠겨보기도 했다. 금오봉 정상 아래 암자 하나가 나타났다. 상선암이란다. 여기서 잠깐 숨 돌리기도 하고 예불의 기원도 받아서 드디어 정상에 올랐다. 히말라야 정상을 오른 만큼이나 내게는 귀한 체험이었다.

금오봉

금오봉은 이름만큼이나 신비스러운 곳인가 보다. 기록에 의하면 냉골바위산은 경덕왕 때 옥보고가 가야금을 타고 놀았던 터라고 하는 금송정琴松亭이 있었단다. 옥보고는 금송정에서 바위들과 솔잎 사이로 지나가는 바람 소리와 파란 하늘에 흘러가는 흰 구름을 벗 삼아 가야금을 뜯으며 세상 시름을 잊었다고 한다. 어떤 바위인들이 남산의 돌은 모두 부처의 다른 모습이지 않을까. 소나무는 그 부처들의 호위 무사로서 신선한 바람을 선사하고 풍우를 막기도 하며 신라인의 기원을 함께했으리라. 남산을 오를 때는 반드시 도시락을 지참해야 한다. 탑돌이를 하듯이 걷다가 배고프면 부처님께 공양을 올리듯 서로에게 공양을 베풀어야 한다.

소나무 뿌리들은 참배자의 발걸음을 보호해주고 다리가 되기도 한다. 한 뿌리가 뻗어 나가다가 잠시 쉬는 동안 새끼 뿌리를 하나씩 치고 또 친다. 잔뿌리는 낮은 받침 기둥이 되어 징검돌 위의 큰 다리 받침기둥 같다. 그 뿌리들은 우리에게 디딤돌도 되고, 걸터앉는 벤치도 대신 해준다. 서민들의 애환이 서린 이 남산에는 불상들이 거의 미완성인 것이 많았단다. 신라의 왕족과 귀족들은 천황사, 황룡사, 황복사 등, '황'자가 달린 절이 도성 안에 아홉여 개나 있었다니, 그런 큰 사찰에 다녔지만, 이 남산에는 신라의 이름 없는 석공들이 부처를 조각하고 그들의 소박한 꿈을 기원했으므로 서민들의 불공 터였다지 않은가. 통일을 이루어낸 신라의 꿈과 이상이 이 남산에 끝없이 이어지고 있었다. 번성기 때 경주에는 탑들이 기러기가 날아가는 것처럼 줄지어 있는 것 같이 보였다고 한다. 남산골만 해도 절터가 122개 정도였으며, 석불만은 50여 개가 넘었다지 아마?

금오봉에 오르다
– 경주 남산의 백미, 용상사지 삼층석탑

드디어 해발 468미터인 금오봉 정상에 도착했다. 작은 산이라지만 정상을 올라보는 것이 얼마 만인가. 정상에 오르는 기분을 만끽하고자 하는 것이 등산하는 자들의 소망인가. 그 소망을 이룬 기분의 에너지가 일상을 버티는 힘이 될까? 그런 에너지는 꼭 등산에서만 얻는 것이 아니지만. 색다른 느낌, 날아갈 듯한 혹은 세상을 다 얻은 듯하다는 뜻인가? 그런 기분은 아니고, 나로 말하면 신라의 하늘을 얻은 듯하다. "높고도 신령스런 금오산이여! 천년왕도 웅혼한 광채 품고 있구나/ 주인 기다리며 보낸 세월 다시 천 년 되었으니/ 오늘 누가 있어/ 능히 이 기운 받을런가?" 금오산을 노래한 비석 앞에서 오늘 내가 이 기운을 넉넉히 받고 가노라 하고 읊소린다.

안내자는 나의 눈치와 발걸음에 맞추어 산책하듯 하는데, 나는 연신 땀을 닦아가며 숨 가쁘게 헐떡거린다. 갑자기 너른 벼랑이 내려다보이는데, 거기 마애불이 벼랑바위에서 나와 산 전체를 등짐 지고 겉면에

용장사지 삼층석탑

앉아 있다. 서방을 향해 앉은 거대한 마애불이 위험해서인지 철망을 치고 보수 중이었다.

기기묘묘한 바위 부처들을 밟고 밧줄을 타고 큰 바위틈으로 내려갔다. 묘기 행진이었다. 경주 남산의 금오봉과 고위봉 사이에는 골짜기가 40여 곳에 이른다는데, 단연 용장골이 으뜸이란다. 남산의 하이라이트는 용장사지 삼층석탑이다. 금오봉 정상에서 소나무도 발걸음을 하는지 뿌리가 마치 걸음을 떼는 것처럼 뻗어 가고 있다. 아직 부처가 되지 못한 너럭바위며 큰 바위들이 다 조각하지 않은 자연 그대로의 불상이었다. 소나무가 안내하는 대로 바위를 밟으며 고개를 넘자니 건너편 겹겹의 산이 내려다보이는 곳에 드디어 삼층석탑이 나타났다. 금오봉 높은 중턱에서 신라를 아우르고 있는가. 지금도 웅장하게 서서 석탑 아래 세상을 내려다보고 있다. 용장사지 삼층석탑은 남산 여행의 백미가 아닐 수 없다.

우리나라 석탑 중에서 불국사의 다보탑은 이형으로 뛰어난 조각 미를 자랑한다. 석가탑은 모든 다층 석탑이 많았던 전 시대를 아울러 삼층석탑으로서 그 비례미와 조형미를 갖추게 된다. 통일신라 이후 석가탑은 우리나라 석탑의 전형이 되었다. 이 용장사지 석탑은 그 석가탑의 전형에서 비롯된 통일신라 후기의 탑으로 볼 수 있다.

〈1박 2일〉 TV 프로그램에서 유홍준이 답사객을 안내한 적이 있었던 뒤로 더욱 방문객이 늘었다고 한다. 석탑으로서 기단이 이렇게 산 전체를 이룬 것은 그 어디에도 없다.

이 석탑을 세운 용장사의 스님들과 신도들, 아니 신라인들은 이 높은 곳에 신라인의 기백이 천년만년 이어질 것을 꿈꾸었던가. 맨 아래 기단석이 웅장하고 넓은 너럭바위다. 너럭바위는 남산 전체를 이고 있는 형상이며, 그 위에 2층 기단석을 세운 것이 아닌가.

용장골로 내려가는 길도 징검징검 바위를 밟고, 때로는 밧줄을 매어둔 곳도 있어 줄타기를 체험을 했다. 신기한 삼륜대좌불을 만났다. 지붕돌과 몸돌이 둥근 돌로 삼 층으로 쌓았다. 꼭대기에 머리는 없어도 당당하게 꿋꿋이 앉은 부처. 부처는 어떠한 상황에서도 부처이리라. 용장사를 세운 대현 스님이 삼륜대좌불을 돌면 부처도 함께 머리를 돌렸다고 한다.

남산이 품고 있는 신라인의 의지와 이상은 앞으로 천 년 뒤의 사람들에게도 여전히 유효한 꿈을 심어주리라. 바윗돌 부처들이 서로 교대로 버텨주면서 세상살이 힘든 중생들에게 발판이 되고 있지 않은가.

나에게 여행이나 답사는 현실을 떠나고 싶은 마음도 아니고 꿈을 이루는 일도 아니다. 현실 속의 다른 현실을 찾아내는 일이라고 해야 할 것 같다. 여행지에서 만난 다른 현실이 그대로 이어진다면 그 삶을 살리라. 돌아온 목적지, 일상을 여행처럼 오래 머물 수 있는 곳, 지금, 이곳이 생생한 새 여행지이리라. 남산에 남겨둔 내 발걸음의 꼬리 한쪽을 언제 다시 잡을 것인가?

경주 남산 용장골

– 다인茶人 매월당 김시습을 그리다

경주 남산 답사의 백미는 용장사지 삼층석탑이었다. 경주시 전체가 문화유적이라면, 남산은 지붕 없는 박물관이요, 지붕 없는 절집이었다. 수많은 절터 중에서도 용장사지만 그 흔적을 알 수 있다고 한다. 남산 금오봉 전체를 기단으로 하여 세운 삼층석탑은 하늘을 뚫는 듯하면서 첩첩 산을 거느리고 신라의 의지였던 불국의 수호처럼 말없는 세월을 담고 있었다.

용장골로 내려서니 늦가을이라 물은 많이 흐르지 않았다. 계곡 옆으로 바위 언덕이 병풍처럼 둘러쳐진 곳이 많았다. 바위 면의 주름살이 선각으로 조각한 현대의 추상화 같았다. 계곡을 건너는 다리 하나를 만났다. 바로 '설잠교雪岑橋'라 하여 매월당 김시습을 기리는 기념 다리였다. 설잠교를 밟고 지나면서 주위를 둘러보았다. 혹시나 그가 심고 찻잎을 땄던 차나무라도 발견할 수 있을까 해서였다. 우연히 한시漢詩를 배우면서 김시습의 차시茶詩를 몇 편 발견했다. 김시습이 조선 초기의 으뜸가는 다인의 한 사람인 것을 알게 되었던 것이다.

> 솔바람 차 달이는 연기 몰아 올리고/ 하늘하늘 기울어져 골짝 물가로 떨어진다/ 동창에 달 떠올라도 아직 잠 못 자고/ 물병 들고 돌아가/ 찻물을 긷는다.

김시습의 〈차를 달이다〉 중에서 잠 못 들고 차를 달이려고 물을 긷는 심정을 그렸다. 어렸을 때부터 대단히 총명하여 세상을 놀라게 하였다는 김시습은 생육신의 한 사람이었다. 시대의 철저한 비평가로서 세조의 단종 폐위 소식을 접하고는 읽던 책을 불태운 뒤 세속을 떠나 방랑의 길로 들었다. 참담한 현실에 절망하여 스스로 머리를 깎고 유랑 생활을 하다가 설잠雪岑이란 법명으로 세상을 등진 은둔자가 돼버렸다. 조선이 비록 척불을 내걸었지만, 이미 천년을 내려온 불교를 신생왕조가 완력으로 금지할 수는 없었다. 불교는 유학에 염증을 느낀 선비가 택할 수 있는 유일한 선택이었는지도 모른다. 은둔자로서 지내기에는 그의 성정으로 결코 현실을 외면할 수만은 없었지 싶다. 10여 년의 만행 끝에 경주 남산의 부처골에 정착했던 것 같다. 그의 나이가 29세였다나. 현실의 상황을 남몰래 아파하던 그는 수년간 이곳에 머물면서 이상세계를 꿈꾸며 최초의 한문 소설 〈금

경주남산 마애불

오신화〉를 집필했다. 절망과 희망의 교차점에서 〈금오신화〉에 열정을 바친 곳이 바로 금오산 용장사였다. 스님으로 살았으니 어찌 차를 가까이하지 않았으랴. 차는 은둔자의 울분을 달래기에 그지없는 친구였으리라.

나면서 풍진 세상 스스로 괴이하게 여겨/ 문에 들어가 '풍'자를 쓰니 이미 청춘 다 지나갔다/ 달이는 누런 찻잎 그대는 알까/ 시 짓다가 숨어사는 일 누설될까 오히려 두렵다.

그의 〈작설차〉란 시를 보면 그가 차에 대한 조예가 깊다는 것을 알 수 있다.

"남국의 봄바람 부드럽게 부니/ 차 숲의 잎새엔 뾰족한 싹 머금었네/ 가려낸 어린 싹 신령스러움과 통하고/ 그 맛과 품수는 육우 ≪다경≫에 실렸다네/ 자순紫笋은 창槍과 기旗 사이에서 따고/ 봉병과 용단은 모양만 본떴다네/ 벽옥의 다관에 활화로 끓이면/ 게눈거품 일며 솔바람소리 들리고/ 산사의 고요한 밤에 손들이 둘러앉아/ 운수雲腴 한 모금 마시니 두 눈이 밝아지네/ 당가에서 얕게 잔질하는 저 멋모르는 사람/ 설다雪茶의 그 맑음 어이 알리

이 한 편의 시에 차생활의 일상을 알 수 있고 차에 대한 지식을 충분히 갖추고 있다는 것도 짐작할 수 있다. 차나무 숲에서 새싹이 나올 때 찻잎을 채취했다. 어린 싹을 신령처럼 생각한 그 심정, 찻잎을 따본 사람은 충분히 알 수 있다. 차 맛과 물맛까지 당나라 육우의 ≪다경≫을 이해하고 있다. 조선의 선비다인들이 육우의 ≪다경≫을 탐독하고 차를 익혔다. 일창일기 사이의 자순이란 여린 자색이 돋는 순을 말함이지 않

은가. 차를 쪄 중국 송나라 때 유행했던 용봉 문양을 찍은 병차를 닮게 만들었으니, 그는 흉내만 내었다고 말했다. 푸른 빛 나는 옥 같은 다관에 차를 끓였다는 것이다. 송글송글 떠오르는 물 끓는 모양과 물소리에서 게눈을 그리고 솔바람 소리를 묘사하지 않는가. 드디어 차가 익었다. 산사의 고요한 밤에 도반 몇이서 둘러 앉아 파리한 구름 한 모금을 마시니 두 눈이 밝아졌단다.

용장골 삼륜대좌불

아마도 병차를 가루내어 거품 내자 설록이 피어나고 그 한 모금 마시자 눈이 밝아지고 마음도 시원했으리라. 설록 같은 차 한 모금, 설다雪茶의 맛을 모르는 사람을 멋이 없다고 했다. 그러하니 이 한 편의 시에 다도의 전 과정이 들었다. 많은 차시를 남긴 것으로 보아 절집을 순회하며 익히고 경주 용장골에서는 수년 동안 머물면서 차로서 다선일미를 이루었으리란 것을 상상하고도 남는다.

> 내가 보현사에 오고서부터/ 마음 한가하고 형편도 편안해/ 돌솥에 새 차 끓이고/ 쇠항로에 푸른 연기 피어오르네/ 나 같은 국외인으로서/ 속세 떠난 선사 따라 놀면서….

김시습의 〈보현사〉 시의 일부분을 불교신문에서 보았다. 어떤 보현사인지 모르겠으나, 혹시 방랑 시절 묘향산의 보현사에도 머물었던 것

남산의 바위 선각부처

일까?

수년 전에 부여 무량사에 갔을 때 극락전 뒤의 산신각 앞에 김시습의 영정각이 있었다. 그는 50대에 자연에 의탁하여 다시 방랑하다가 부여 무량사에 머물게 되어 그곳에서 친구와 시화답을 하고 후학을 지도하기도 했다고 한다. 무량사에서 59세로 입적하니 그의 승탑이 무량사 부도전에 있다. 무량사를 생각하니 그리움이 물씬 밀려든다. 5층 석탑의 미려함과 이 층의 극락전이 아름다운 무량사. 마당 한편의 우람한 느티나무 짙은 그늘 아래서 김시습의 혼이라도 마주하고 마음의 차 한 잔 나누리라.

대능원지구와 황룡사지
– 형용할 수 없는 신비감, 대능원지구

경주 진입로부터는 건축물은 기와지붕이 많다. 건물에 십자가를 본 적이 없는 것 같다. 한가롭게 산책 나서듯 나와서 온종일 걸렸다. 버스 터미널에서 시내를 걷기로 했다. 도로표지판만 보아도 경주 시내의 유적이 어디에 분포되었는지 알 수 있다. 방향을 잡기 전에 몇 발자국 걸으며 상가를 둘러보다가 흠칫 놀랐다. 상가 사이로 산 같은 능선이 보였기 때문이다. 바로 '노서리 고분군'이었다. 여기는 1921년 금관이 발굴되어 세상을 놀라게 했던 금관총과 서봉총을 비롯한 10여 기의 능이 있는 곳이다. 공원화되어 경주시민들과 관광객들의 쉼터이다. 운동복 차림의 시민 몇 사람이 열심히 무덤 주변을 걷고 있다.

경주사람들은 무덤을 안고 주변의 주택지에 살고 있는 셈이다. 가운데 길 하나를 두고 서쪽은 노서리 동쪽은 노동리 고분군이다. 민둥산 중턱 고목으로 자란 나무들. 무덤을 뚫고 나온 영혼의 씨앗이 자란 것일까. 얼마나 애타 오른 갈망이 씨앗으로 영글고 영글어 튀어나왔을까. 몇 백 년을 간절히 기원하여 어둠을 헤쳐 나온 작은 씨앗. 천년 경주를 지켜왔다.

경주 시내 곳곳에 자리 잡고 있는 신라시대의 고분들만 보더라도 역사 문화 도시 경주의 정체성은 범상치가 않다. 처음부터 계획된 수도가 아니라 살아가면서 넓어졌기 때문에 산 자와 죽은 자의 공간이 뒤섞이게 된 것 같다. 현재 경주 도심에는 높이가 23미터(황남대총)에 이르는 것부터 지상에서는 식별이 어려운 것까지 신라 고분 150여 기가 남아 있다.

특히 시내의 평지에 자리한 황남리고분군(대능원), 노동리고분군, 노서리고 분군은 신라가 강력한 왕권을 확립해나가는 5~6세기 무렵에 축조된 대표적인 고분군으로, 규모와 출토 유물의 화려함에서 신라 고분을 대표한다. 이들 고분군에서 출토된 금관을 비롯한 각종 금제 장신구, 유리잔, 토기, 천마도 등은 당시의 생활상을 파악할 수 있는 매우 귀중한 유물들로 국립경주박물관으로 옮겨 보관하고 있다.

대능원이라 불리는 황남리고분군은 신라시대의 왕 · 왕비 · 귀족들의 능이 모여 있는 곳으로, "미추왕을 대릉에 장사지냈다"는 ≪삼국사기≫의 기록에서 따온 이름이다. 천마총, 황남대총, 전 미추왕릉을 비롯한 능 20여 기가 있지만, 무덤의 주인이 밝혀진 곳은 단 한 곳도 없다.

천마총은 발굴 당시 자작나무 껍데기에 그린 천마의 그림이 나와 붙은 이름이다. 발굴 조사된 고분 가운데 '대능원' 안에 있는 '천마총'이 유일하게 그 내부가 공개되어 있다. 무덤 속으로 들어가지만 지하로 내려가지는 않는다. 땅을 파고 시신을 묻은 것이 아니라 그냥 평지 위에 시신을 놓고 그 위에 봉분을 얹은 형태이기 때문이다. 유물 가운데 금관도 출토되었는데, 지금까지 발견된 금관 중 가장 크고 화려하다.

황남대총은 신라 고분 가운데 가장 큰 것으로 알려져 있다(동서 길이

80m, 남북 길이 120m, 봉분 높이 23m). 두 개의 봉분이 잇닿아 있어 마치 표주박을 엎어 놓은 듯한 모양이다. 발굴 결과 남쪽이 남자, 북쪽의 무덤이 여자의 것으로 밝혀졌다. 남자의 묘에서 순장의 흔적이 발견된 것으로, 순장을 금한 지증왕 이전에 조성된 능임을 알 수 있다.

대릉원의 꽃은 천마총. 국보 3점과 보물 9점이 출토되었다. 1973년 발굴, 자작나무 껍데기에 '하늘을 나는 말 (혹자는 기린이라고도 함)'이 그려진 말다래가 발견되어 '천마총'이란 이름을 붙였다. 금관 중에서 가장 큰 천마총 금관이 나왔다. 국보 188호. 자작나무 껍질로 된 말다래에 천마 그림이 또렷하다. 천오백여 년의 세월에도 지워지지 않게 새겨져 있다. 아직도 살아 있을 신라 사람의 숨결은 우리들 혼의 어느 한 결이라도 담겨 있을까. 지금의 기술로 복원한 것이 옛 그림과 꼭 같은 것, 그것을 역력히 말해주는 것이 아닐까.

어느 임금인지. 금관과 금허리띠로 치장하여 누워 있었던 자리. 육체는 삭아 없어지고 금제 장식품은 옛 모습 그대로 남아 있었다. 많은 세월이 흐르는 동안 육체는 삭아서 흔적이 없고 변함없이 빛나는 금제 장식은 떠난 육체의 어떤 느낌이라도 품고 있었을까. 유리관 안에 금관과 금모, 금허리띠가 놓여진 상태를 재현해 놓았다. 천마총 안에 전시된 유물은 복제품이나 진품과 거의 같아서 그 기술도 놀랍다. 박물관의 진품과 비교해도 손색이 없을 정도이다.

천마총 내를 둘러보고 나오니 밖은 어느새 어둠이 내렸다. 대능원은 아름다운 공원이 되어 그 시각까지 관광객이나 걷기 운동을 하는 경주 시민을 만날 수도 있었다. 경주 시민들과 대화를 나누는 즐거움도 있었다. 자기의 집으로 초대하고도 싶다는 말 자체만으로도 손님 대접을 받는 기분이었다. 아니 버스를 타고 와서 두 발로 시내를 걸어 공원을 산책하는 기분은 어느 때의 경주 사람이 되어 있었다. 마치 우주에서 떨어진 어느 별에서 주위를 둘러보는 어린 왕자 같은 기분이 들었다.

반대편의 문으로 총총걸음을 걸었는데 그쪽은 대능 주위에 소나무 길이 나 있었다. 문지기가 말해주었다. 마지막 대능이 아마도 전 미추왕능일 것이라고 한다. 백성에 대한 정성을 게을리하지 않으려고 다섯 사람의 신하를 각지에 파견하여 백성들의 애환을 듣고자 한 왕이었으니 죽어서도 음병을 보내어 나라를 지켰던 것이리라.

문득 미추왕과 죽엽군竹葉軍 이야기가 떠올랐다. 죽어서도 신라를 수호한 미추왕과 김유신 장군의 설화가 민간에 퍼지게 된 이야기다. 어머니 박 씨가 별빛을 받아 마시고 수태한 14대 유리왕, 박 씨는 별빛이 건드리고 들어간 입술이 터서 아무 음식도 삼킬 수 없게 되었고, 유리왕을 해산하던 밤에도 별들이 영롱하게 빛났으며, 집안 가득 이상한 향기가 스며들었다. 그리하여 왕의 재위 때는 별처럼 맑고 향기로운 정치가 계속되었다. 그런데 가까운 나라가 신라에 쳐들어왔다. 신라의 군사로서는 역부족이어서 금성이 함락되기 직전에 이르렀다. 위기의 순간에

노서리 고분군

수를 셀 수 없는 이상한 군대가 신출귀몰하게 나타났다 사라졌다 되풀이하며 신라를 도와 적군을 물리쳤다. 형형한 눈빛을 한 그들은 신라군과 별로 다를 바는 없었지만 특이하게도 양 귓등에 댓잎을 꽂고 전투를 치렀다. 그래서 사람들은 죽엽군이라 불렀다. 오래전에 전쟁터에서 죽은 사람들이 귓등에 댓잎을 꽂고 생시와 똑같이 싸우더라고 노인들이 말했다. 죽은 선조들이 군사들의 모습으로 나타나서 신라를 돕고 있었다고 생각하게 되었다. 그 후 사람들은 죽엽군이 하늘로 사라진 걸로 알았는데, 어느 날 한 농부가 우연히 미추왕능 근방을 지나다가 그곳 대나무의 잎이 색깔도 바래지 않은 채 무슨 병기들처럼 질서정연하게 쌓여 있는 것을 발견하였다. 사람들은 "죽엽군들이 미추왕능에서 나왔다가 다시 저 능으로 들어갔군." 하였다. 그제야 미추왕이 망자들로 구성할 음병陰兵으로써 신라를 수호한 것을 알게 되었다.

통일 신라의 하대下代시절에 정국이 어지러워지자 죽은 김유신 장군도 신라의 호국신이 되어 미추왕의 무덤으로 들어가 신라를 구할 논의를 하였단다.

평화스러운 충청남도 연기의 땅을 밟으면서 그 들녘 곳곳 어디선가 옛 백제인들의 억울한 혼령들이 죽엽군처럼 들고 일어날 것만 같은 기분이 들었던 적이 있었다. 아마도 백제의 음병들이라면 귓등에 솔잎을 꽂고 나타나지 않을까? 논산 벌 어느 곳의 견훤의 무덤을 지켜볼 일이다. 혹여 계백 장군도 백제의 호국신이 되어 견훤의 무덤으로 들어가 백제의 한을 풀 길을 논의하고 있는지도 모를 일이기 때문이다. 많은 왕조의 흥망성쇠를 지켜보며 지금쯤이면 차원을 달리하여 모두가 화해하고 하나가 되기를 기원하고 있을 것이다. 동서 지역갈등도 없고, 반도의 허리가 잘려 섬처럼 살아온 민족의 한을 풀 수 있도록 기원하고 있지 싶다.

이날은 마침 정월 대보름날이었다. 날씨가 춥고 흐려서 보름달은 볼 수 없었다. 하지만 신라의 달밤은 찬란하기 그지없었다. 하늘의 별들이 땅으로 내려와 별빛이 반짝거리니 부끄러운 달은 그 모습을 나타내기 어려웠다. 경주는 거리마다 '경주빵과 경주보리빵' 간판이 즐비하다. 관광객이 많으니 돌아갈 때 경주의 특화된 빵을 사들고 돌아가게 한 것이다. 하지만 특화된 음식은 없으니 무난할 것 같은 맷돌순두부집으로 들어갔다. 마침 보름날이니 식구들이 부럼을 깨고 있으면서 나에게도 호두를 몇 점 건네준다. 식사도 보름의 특식인 오곡찰밥과 손수 만든 손두부에 생선구이까지 해서 든든한 대접을 받고 숙소도 안내 받을 수 있었다.

대능원에서 나오면 바로 자동차 길을 두고 한쪽은 불빛에 아름다운 모습을 자랑하는 첨성대가 있고 그 뒤로 계림 숲이 보인다. 불빛을 받고 있는 첨성대는 하늘의 별을 관찰했던 천문대라기보다 땅을 상징하는 네모난 방형 돌을 이고 있는 기둥처럼 아름답게 보였다. 일 년 삼백예순다섯 날을 담아내기 위하여 삼백육십 개의 돌을 기단에서부터 지붕까지 쌓아 조형했다던가.

신라의 명성을 만방에 떨치다, 황룡사지구

경주 시내버스를 타고 가다보니 분황사 표지가 나타나서 내렸다. 분황사는 선덕여왕 3년 때 건축했다는데, 신라에서 가장 오래된 모전석탑이다. 본래 9층이었던지, 7층이었던지 알 수 없지만 지금은 3층만 남은 벽돌로 쌓은 탑이라 해서 전탑을 모방했다는 의미의 모전석탑이라 한 것 같다. 경북 안동지역에 전탑이 여러 구 남아있다. 여주 신륵사에도 전탑이 한 구 있다. 분황사 모전석탑은 국보 제30호이다. 백제의 탑은 목탑 형식으로 시작했지만, 신라의 탑은 전탑 형식으로 시작한 것 같다. 유서 깊은 절이며 유적도 많기 때문에 고즈넉한 시간을 갖기에 좋은 곳이다.

황룡사 당간지주

신라의 유적을 이야기할 때 빼놓을 수 없는 것이 황룡사이다. 고려시대 몽골의 침입(1238년)으로 불에 타, 지금은 건물과 불상의 주춧돌들만이 그 흔적을 남기고 있는 폐사지이지만, 지금의 경주에서도 황룡사지가 차지하는 면적은 대단하다. 현재까지 조사된 황룡사지는 380,087제곱미터, 4만여 점의 유물이 출토되었다. 진흥왕 14년(553)부터 짓기 시작하여 선덕여왕을 거쳐 경덕왕 13년(754)에 대종을 주조한 데 이르기까지 창건과 관련된 기록으로 미루어 보아, 황룡사의 창건이 삼국 통일의 국가로써 신라의 저력과 위상이 집약된 국가사업이었을 것으로 짐작할 수 있다.

전하는 기록들에 의하면 경내에 성덕대왕신종보다 4배나 큰 대종이 있었으며, 현대식 건물로 따져 20층은 족히 넘는 높이의 80여 미터짜리 구층목탑, 인도에서는 만들지 못하고 비로소 신라 황룡사에서만 만들 수 있었다는 약 5미터 높이의 장륙존상 등이 있었다고 한다. 상상을 초월하는 황룡사의 위용은 폐사지인 지금도 그 장엄함과 웅혼함을 드러내고 있다. 특히 이웃한 아홉 나라에게 신라의 힘을 과시하기 위한 성격으

분황사

로 세운 구층목탑은 경주 도성 어디에서나 볼 수 있는 신라 최고의 상징물이었을 것으로 여겨진다.

분황사와 담장을 나란히 하고 있는 황룡사 역시 신라의 명승인 원효와 자장이 머물렀던 신라의 대표적인 명찰이었다. 높고 거대한 당간지주 앞에 서서 황룡사지를 한눈에 다 담을 수 없을 만큼 넓은 들판에 군데군데 거석의 기단 돌이 박혀 있는 것을 바라볼 수 있다. 본래 당간지주는 분황사에 속한 것일 수 있겠다는 생각이다. 다른 당간과 달리 두 기둥 사이에 거북상이 있다는 것이 특이하다.

장육존상이 안치된 불좌대석일 것 같은 대좌 앞에 우뚝 선다. 황룡사가 창건된 뒤 5년째 되던 해인 574년 진흥왕 즉위 35년에 신라 삼보의 하나인 황룡사 장육존상이 만들어졌다고 한다. 황룡사 담장을 다 두른 뒤에 신라의 남쪽 바다에 큰 배가 나타났단다. 하곡현의 사포(지금 울주 곡포)에 닿은 배를 조사해 보니 첩문에 서축의 아육왕이 황철 57,000근과 황금 30,000분을 모아서 석가삼존불을 만들려다 이루지 못하고 바다에 띄워 보내니 인연이 있는 나라에 가서 장육존상이 이루어지기를 희망한다는 내용과 함께 일불一佛, 이二보살상의 모형이 실려 있었다. 현의 관리가 이 사실을 문서로 알리니 왕이 사자를 시켜 그 고을의 동쪽 높고 시원한 곳을 택하여 동축사를 세우고 삼존모형을 안치하게 하였다. 그리고 황철과 황금을 옮겨 대건6년(574년)에 주조하였는데, 그 무게가 35,000근이나 되는 거대한 불상을 기존의 건물에 안치한다는 것은 불가능했을 것이다. 장육불상을 안치한 후 그 규모에 맞는 새로운 금당을 조성한 것으로 보인다. 기록상으로는 장육존상을 안치하고 10년 후인 584년에 금당이 이루어졌다는 내용으로 보아 금당이 삼존불보다 후에 조성되었음을 알 수 있다. ≪삼국유사≫에도 나타난 이야기이다.

아직 쌀쌀한 바람이 머플러를 추켜세우게 한다. 황량하기만 한 이 황룡사가 그대로 번성했다면 그 안에 내가 샅샅이 들여다볼 기회도 없었으리라. 찬바람 속에 드넓은 전각들 사이를 거닐자니 가슴 메이는 폐허의 쓸쓸함이 점점 알 수 없는 벅찬 느낌으로 밀려왔다. 황룡사지는 백제의 미륵사지와 대비된다. 황룡사를 건축할 때 백제의 아비지를 초청해서 건축했다. 또한 백제의 미륵사를 건축할 때는 진평왕이 도움을 주었다지 않은가.

신라의 황룡사와 백제의 미륵사. 두 사찰은 비슷한 시기에 왕실에서 주도하여 만든 국가사찰의 성격을 갖는 최대 규모의 건축물이라는 점에서 공통점을 찾을 수 있는 역사의 라이벌이었다. 전쟁이 치열했던 그 시기에 서로 도움을 주었다니 기술에 있어서는 라이벌이 될 수 없었단 말일까. 황룡사는 보수적 성향을 띤 1탑 3금당인 반면에 미륵사는 과거, 현재, 미래를 아우르는 3원 병렬식 가람이라는 독창적인 가람배치를 구현했다. 수세기 동안 쌓아온 역사의 뒤안길에서 우리가 찾아야 할 것은 그 속에 면면히 남아 흐르는 평화의 메시지가 아닐까.

미치도록 내 발길을 붙드는 백제탑이여!

부처님의 진신사리는 없어도 좋고 아름다운 인연이라 해도 좋다. 오늘은 염부단금* 같은 꽃술을 가진 차 꽃을 탑신께 헌다獻茶 하고 싶다. 1980년도 초, 풀밭에 둘러싸인 석탑 앞에서 우리는 정성스레 차를 올리고 탑을 돌곤 했다. 우리 스님은 유난히 백제탑들을 좋아했으니 부여 정림사지5층석탑을 더 좋아했다. 그래서 정림사지 탑을 닮은 미륵사지석탑과 왕궁리5층석탑엘 자주 갔다. 그때는 연꽃 같은 스님이 좋아하는 것이라면 나도 따라 좋아했고 스님의 행을 그대로 닮고 싶었다. 탑을 올려다보는 시선 따라 같이 바라보기를 좋아했다. 내가 다례원을 열었을 때, 전라북도에 오니 차茶 하는 사람도 없고 전통찻집도 없다 하시면서 스님은 나의 다원에 오기를 좋아했고 우린 서로 한눈에 반했다. 선뜻 전화 주고는 송광사 마로니에를 같이 보러 가자 하고, 연꽃이 필 때는 연 방죽에 같이 가자고 했다. 스님이 경기도로 옮긴 후 여러 해가 지났다. 문득 지난날들이 되살아나 미륵사지와 왕궁리를 다시 찾게 되었다.

왕궁리 탑을 보러 갈 때면 옛 연인을 만나는 듯한 묘한 설렘조차 일었다. 탑을 돌아보고 면석을 어루만져도 보고, 풀밭에 누워보기도 하고 무한한 아늑함에 안도의 숨을 내쉬기도 하며, 때로는 거석이 주는 위압감에 숙연해지기도 했다. 한참 탑을 올려다보고 있노라면 폐허로 남아있는 탑 주변에서 알지 못할 적요한 마음결이 느껴져서 좋았다.

어느 날 오후 넋 놓고 탑신을 바라보자니 한 무리의 대학생들이 교수를 모시고 탑 앞에 모였다. 부산의 대학생들이었다. 혼잣말로 '왜 이렇게 이 탑이 아름다운지요!' 하고 중얼거렸다. 이들을 이끌고 백제 지역을 답사하는 교수는 내 말을 귀담아 듣고 문득 학생들에게 질문을 던진다. 손뼉을 딱, 딱, 딱 치며 "자, 여러분! 이 백제탑이 어떻게 아름다운가요? 신라 탑과 어떻게 다른가요?" 약간의 침묵이 흘렀다. 멍하니 모두 올려다보았다. 물론 기단부에서 상륜부까지 돌조각을 쌓는 데는 모두 과학적 원리가 있다. 그리고 시선이 닿았을 때의 체감까지 고려한 점도 있다. 그 교수의 설명을 다 기억하지는 못하지만 나도 머리를 끄덕이며 다시 보았고, 그 후로 더욱 그 미감을 음미하곤 했다.

"초층 탑신은 맏형처럼 듬직하고 2층 이상은 어여쁜 누이동생들처럼 옹개종개 오라버니 넓은 등에 업혔다. 평사낙안 기러기처럼 너른 지붕은 넉넉하고 한가로운 정경…. 지붕 끝마다 드러난 추임새는 어느 여인이 진양조 느린 가락으로 춤을 추다가 불현듯 손끝을 튀기는 악센트…. 위층으로 오를수록 지붕은 넓고 몸뚱이는 가냘퍼! 저 꼭대기의 긴장은 아름답다 못해 애틋하고 속이 타들어 간다." 이렇게 탑 박사는 탄식했다. 아마도 이 감상은 정림사지5층석탑의 미를 표현한 말이지만, 이 왕궁리 석탑에도 충분히 해당되는 말이다.

미륵사지 서탑(국보 11호)은 200여 년의 전성기를 누렸던 목탑木塔의

미륵사지 서석탑

시대가 끝나고 영원하게 변하지 않을 석탑의 시원始原을 연 탑이기에 그 의미가 깊다. 한 번 돌탑을 조성한 백제의 석공은 나무를 주무르듯 이렇게 조각미가 아름다운 정림사지 탑과 왕궁리 석탑을 만들었다.

이제는 왕궁 터가 발굴되어 왕궁리란 이름의 물증이 드러났다. 사방에 나타난 성벽과 유구와 유물들이 발굴되었다. 실체의 흔적이 드러날수록 발굴되기 전의 모습이 애틋하게 그립다. 탑이 보이는 입구에 서면 자연의 흙길이 열려 있고 양옆으로 100여 년 가까이 된 벚나무가 줄 서 있으며, 흙길 끝에 하늘을 당당히 떠받치고 서 있는 탑이 노을을 배경으로 홀로 서 있는, 아름답고 슬픈 자태는 쉬이 발걸음을 떼지 못하게 했다.

왕궁리유적전시관에서 옛날 탑 사진을 보던 한 관람자는, 자기는 이 부근의 마을에 살았는데 초등학생 때 탑 주위에서 놀면서 옥개석(지붕돌) 위를 올라 다녔다고 했다. 인근 초중등학생들의 소풍 장소가 미륵사지와 왕궁 터였다. 소재구 박사도 그랬다. 어렸을 때 늘 이 주위에서 놀 질 때까지 자주 놀았단다. 그 인연이 나중에 청년 시절부터 탑에 미쳐 새벽부터 밤늦도록 돌아다닐 줄을 그때 어찌 상상이라도 할 수 있었겠느냐고 술회했다. 참 인연이란 묘하다. 내가 아버지의 직장 인연 때문에 중고등 학생시절을 전주에서 보낸 일이 후에 다시 이곳 사람과 결혼할 인연이 될 줄이야! 설화의 주인공처럼 서동이 선화공주를 찾아다녔던 것 같이 내 남편도 서울에서 직장생활하던 나를 찾아 전주까지 데려올 줄이야! 아마도 친정 친척 하나도 없는 타향에서 내가 어려운 고비를 넘기면서 외로움을 달랠 수 있었던 것은 이런 나를 위로해주었던 백제탑이 있어서였는지도 모른다. 그리고 진작부터 차의 공덕을 알고 부처께 헌다공양을 올렸던 기원의 덕도 힘이 되었을 것 같다.

어렵사리 삼국을 통일한 신라. 백제를 무너뜨리고도 고구려와 8년간이나 전쟁을 해야 했다. 그리고 당나라를 물리치기까지 힘겨웠다. 통일한 나라를 화합하기에는 내용이 충분해야 했다. 자기 고장을 유지하기 위하여 익산 지역 사람들은 백제의 마지막 희망과 꿈이었던 미륵사를 유지하기 위하여 강력한 신라인들로부터 시주를 받아야 했겠지. 지역을 살리고 화합하기 위하여 그들의 민요에 신라의 선화공주라는 상상의 인물을 등장시켰을지도 모른다. 문학적 상상력은 선화공주를 빌려 서동의 신분 상승을 올려놓을 만했을 것이다. 아무튼 이 지역은 오랜 세월 〈서동요〉의 덕을 보아왔던 셈이다. 왕비가 선화공주가 아니고 익산의 호족이었던 '사택적덕'의 딸이라 했으나 여러 가지 시대적 상황과 기록의 증거로 보아 그녀는 후비인 것 같다. '사리봉안기'에 쓰인 절대연대인 '기해년'이 어느 해인지 학자들에겐 의문의 여지를 남기지만 〈서동요〉는 설화에서 역사적 사실로 드러나게 되었다.

일연 스님이 언뜻 보면 한낱 가십거리에 지나지 않은 것 같은 〈서동요〉를 채록하여 남기고자 했던 원의願意는 따로 있는 것 같다. 서동요는 노래가 주는 감성보다도 시대적 아픔을 치유하고자 하는 근심 어린 원이 담겨져 있는 것 같다. 국경 전쟁으로 탐욕에 찬 마음을 돌이키고, 나와 같은 사람을 원수로 여기는 어리석음에 대한 설법이 아니라, 상처로 얼룩진 민초들의 서정에 단비 같은 것이었을 게다. 신라 백제가 상종 못하는 별종이 아니라 똑같은 사람이라는 것. 예쁜 여인을 사랑하는 불타는 청춘을 노래하는 상사가想思歌는 국경을 초월한다는 것을 먼 훗날을 위해서도 알려주고 싶었으리라. 남녀가 만나 서로 사랑으로 하나를 이루듯 모두가 사랑으로 하나 되기를 염원했던 뜻이었다. 고대로부터 우리 민족은 가무를 즐겨 했으니 어떤 설법보다 노래 한 가락이 민초들의 마음을 울렸으리라.

아버지의 덕택에 경남에서 산 세월보다 전주에서 산 세월이 많아졌다. 이제는 이곳의 문화미文化美에 푹 젖게 되어 탑 앞에 서면 한 살처럼 느껴진다. 고대에 선화공주가 그랬던 것처럼 내 피도 걸러지고 여과되어 나에게서는 복합 문화 맛이 나지 않을까 싶다. 아버지가 첫 세대로 영호남의 가교를 이었으며 내 아들도 대를 이어 영남 여인을 아내로 맺었으니 그렇게 해서 선화공주의 후손들은 대한민국 안에서 하나의 역사와 문화를 이어 창조해 가고 있다. 만날 때마다 내 발길을 붙잡는 백제탑이여, 아! 세월이여! (2009)

* 염부단금: 염부나무 사이를 흐르는 강에서 나오는 사금砂金.

선화공주는 누구일까

교통이 발달된 2008년 여름, 나는 옛 신라 땅, 경주 근처 후포리에 가기 위하여 버스를 두 번 갈아타야 했다. 가을에 오라고 하신 광도사 스님 말씀을 지금까지 실행하지 못했다. 고속 버스가 부산까지 바로 가는 것이 있긴 하지만 내가 고등학교 시절 방학 때마다 부산엘 가려면 대전발 0시 기차를 갈아타고 열차에서 밤을 새워야 했다. 신라 땅에서 태어나서 어찌하여 이 백제 땅에 와서 살게 되었는고! 현대판 선화공주처럼 말이다. 그런데 그 옛날 백제의 땅 익산에서 경주까지 어떻게 그런 낭만적이고 선정적이기까지 한 러브스토리가 있을 수 있었는지. 어찌 익산에서 경주까지 서동이 마를 캐 팔러 갔을꼬. 그런 노래까지 지어서 말이다.

善化公主主隱(선화공주주은)/ 他密只嫁良置古(타밀지가량치고) 선화공주님은/ 남 몰래 정을 통해 두고/ 薯童房乙(서동방을)/ 夜矣卯乙抱遣去如

(야의묘을포견거여)/ 맛둥(서동) 도련님을/ 밤에 몰래 안고 간다

공자도 그 나라 가요를 들으면 그 나라의 상황을 알 수 있다고 했다. 우리나라 정부수립 이후 60년의 가요사를 보아도 그 시절마다 그때의 상황과 정서를 느낄 수가 있다. 그동안 관심 있는 사람들 사이에서는 신라의 선화공주와 서동과의 관계는 그 시대에는 말도 안 되는 소리라고 해왔단다.

"역사에서, 문학에서, 전설에서, 말도 안 되는 소리가 역사적 사건으로 나타나면 역사가는 그 베일에 가려진 진실을 찾아내는 수사관이 되어야 한다." 전 고궁박물관장이던 소재구 씨의 말이다. 역대의 역사 수사관들이 연구한 바에 의하면 그동안 역사 배경적으로, 문학적으로 〈서동요〉를 둘러싼 이야기들이 많았지만 심증은 있으나 물증이 없었기로, 백제무왕과 신라 진평왕의 딸 선화공주 이야기로 낙찰이 되어버린 셈이었다. 무왕이 익산의 토착 귀족층의 힘에 의하여 왕으로 등극하였고 부여 씨들의 세력에서 벗어나고자 익산으로 천도하려 했었을 것이라는 심증은 결국 오늘, 1400여 년 만에 물증이 드러난 셈인가. 아직은 미비하지만. 2009년 1월, 드디어 미륵사지서탑 마지막 기단부의 심초석에서 사리기와 사리봉안기 등 유물이 쏟아졌기 때문이다.

출토 유물은 사리장엄구를 비롯해 국보급 유물 683점이다. 미륵사를 창건하고 사리를 봉안하게 된 내력을 새긴 '금제사리봉안기'에는 절대연대와 왕비의 이름이 밝혀졌다. 사리봉안기에 의하면 왕의 수명장수, 치세영구, 상구하화이며, 왕비에 대해서는 신심명징, 건강복리, 불도성취를 기원한다. 대가람을 세운 목적이 최고통치자인 왕과 왕비에 대한 건강, 치국, 불심에 모아진다. 말하자면 왕사로서 지어지고 왕권강화에 목

적이 있음이 명확하다.

사리봉안기에는 미륵사 창사의 배경과 전경이 뚜렷한 반면, 미륵사연기설화인 서동설화에는 드러난 전경은 없다. 미륵사를 창건하게 된 배경은 나와 있지만, 창사의 목적은 뚜렷하게 나와 있지 않다. 또한 사리봉안기에는 '기해년己亥年 정월 29일'이며 왕비는 '좌평佐平 사택적덕沙宅積德의 따님'이다. 따라서 역사와 설화 상에서 흥미로운 혼란이 다시 생기게 된다. 역사적 사실이 된 사리봉안기에 따르면 서동설화는 거짓말이 되었으니, 선화공주는 누구란 말인가. 또 '기해년'은 과연 무왕조의 기해년인가.

신라여인이 백제로 와서 살고 있는 나를 두고 '선화공주'라는 애칭으로 불러준 이가 있다. 미륵사지에 헌다례를 하러 자주 갔던 나는 더욱 흥미가 생기지 않을 수가 없다. 선화공주를 찾아야 했다.

미륵사지유물전시관의 지붕은 석탑의 형식미를 따라서 건축했다. 지금은 서양식 잔디밭이 되어버린 폐사지의 벤치에 앉아 그 당시의 가람을 상상해본다. 연못가를 서성이며. 우리의 선화공주는 어디로 갔는가. 선화공주의 정체성을 찾는 일은 본의 아니게 역사공부와 문학공부가 되었다. 흥미로운 역사 탐색이 아닐 수 없었다. 단 두 줄의 〈서동요〉가 향가 중에서 가장 간단하지만 가장 복잡한 내용을 담고 있다는 것. 누가 지었는지 모르지만 고도의 문학장치를 세련되게 구사했다는 점. 절묘한 시작법詩作法, 잘 이해했는지는 모르지만, 그동안 글 쓰면서 들어온 풍월로 문학작품이 이렇게 탄생하는구나! 하는 것을 새삼스레 깨닫는 것이다.

≪삼국유사≫는 어디까지나 사실적 기록이 아닌 전해져 내려온 민담과 설화와 전설에 바탕을 두고 있다. "전설이 텍스트가 되었다면 기록자

나 전달자의 상상력에 따른 인위적 가필이 허용될 수 있다. 사史는 사실적事實的이요 전傳은 사실적寫實的이다. ≪삼국유사≫ 전체 성격이 그렇듯, 무왕조, 역시 사史가 아닌 전傳을 텍스트로 하고 있다."라고 나경수 교수는 언급했고, 이번에 발굴된 '사리봉안기'는 ≪삼국유사≫의 저자인 일연이 겪었던 혼란을 밝히는 빌미가 된 셈이다.

"서동설화는 역사는 아니지만 역사를 반영하고 있다. 서동설화는 민중들의 간절한 희망이 투사되어 있다. 서동설화는 창의력 신장교육을 위한 훌륭한 문학 작품이다." 역시 나경수 교수가 이미 밝힌 의견이다. 일연이 ≪삼국유사≫를 쓴 시기(고려)는 작품의 주인공과 주변의 사람들이 아무도 없었기에 오랜 세월 동안 구전되어온 신화와 민담과 전설이 섞여서 서동설화로 묶어질 수 있는 시기였다. 일연 자신도 혼란을 겪으면서 자신의 생각과 상상력을 포함했으리라고 생각된다. 고대국가의 건국신화에 나타난 여신女神의 실체가 시대를 거쳐 오면서 정치적 상황에 의하여 변색된 것처럼. 도저히 그 당시의 정치적 입장에서는 두 나라 간에 이루어질 수 없는 사랑 이야기가 문학의 장치인 아이러니와 역설 속에 민중들의 소망을 담고 탄생되었던 것이다.

≪삼국유사≫의 탑상조에서 '미륵선화'를 만나러 가는 이야기가 있다. "네가 웅천(지금의 공주)수원사로 가면 미륵선화彌勒仙花를 보게 될 것이다." 眞慈師가 꿈을 꾸고 미륵선화를 만나러 가는 이야기다. "신라 진흥왕은 불사를 많이 짓고 승니를 많이 두었다. 천성이 풍류를 좋아하였고 신선神仙을 많이 숭상하여 인가의 예쁜 낭자를 뽑아 원화原花로 삼았으니, 그것은 무리를 모으고 선비를 뽑아 효제孝悌와 충신忠信을 가르치려는 것으로서 또한 나라를 다스리는 대요大要이기도 하였다." "여러 해 후에는 풍월도風月道를 하여 나라를 흥하게 하려고 명을 내려서 양가의 남

자로서 덕행이 있는 자를 뽑아 다시 화랑花娘을 남자 화랑花郎으로 고치고 맨 먼저 설원랑을 국선國仙으로 삼으니……." 그 당시 신라 사람들은 신선을 가리켜서 미륵선화彌勒仙花라 불렀다. 미륵선화彌勒仙花 조에서도 〈서동요〉에서처럼 "이에 노래를 지어 어린아이들을 유혹하여 거리에서 부르게 하였다."라는 구절이 나온다. 일연은 이렇게 똑같은 수법으로 구전을 채록하고 작성하였다.

지배권자들은 전쟁을 일으키지만 민중들은 평화를 원한다. 얼마나 전쟁이 치열했던 시기였던가. 설화는 민중들의 소망에서 탄생되는 것이기에 모두 사이좋게 살기를 바란다. 신랑인 백제와 신부인 신라와 결혼하여 진정으로 사이좋게 되기를 원했던 것이다. 어쩌면 백제인들의 소망이기도 했을 것이고, 통일시기 신라인들에 의하여 각색되어졌을 수도 있었던 서동설화였다. 진평, 즉 진정한 평화를 위해서 말이다. 민중들은 백제의 왕과 화랑으로 승화된 '미륵선화'를 맺어준 것이 아닐까. 그렇게 '미륵선화'가 신라의 선화공주로 시적 변모한 것이 아닐까? 〈서동요〉는 훌륭한 문학작품으로 국경을 초월하는 영원한 세레나데로 남을 것이다.

왕궁리 유적

돌아가는 발길이 즐겁다. 아니, 자동차를 운전하는 마음이 가볍다. 흔들리는 자동차의 울림이 마음의 박자처럼 온몸에 어떤 기쁨을 주는 것 같다. 감동! 어떤 일에든 감동을 받는다는 것이 일상을 운용하는 원동력이 되는구나! 새삼스럽게 생각한다.

오늘, 그와 같은 감동이 새로운 활기를 생기게 한다. 바로 왕궁리 탑을 새로운 각도에서 보게 되었다. 30여 년 전부터 가끔 봐 오던 탑이다. 처음에 보았을 때는 석탑이 주는 감동이라기보다는 어떤 신앙심이 작용했지 싶다. 그 무렵부터 다도를 익히고 있었기 때문이다. 스님이 좋아하는 왕궁리 탑과 이웃에 있는 미륵사지 석탑에서 우리 다도회원들은 가끔 헌다의례를 행했다. 석탑이 부처의 사리를 묻고 있기 때문에 석탑은 부처 자체였다. 애초에 불교에서는 절집이 생기기 전에 부처의 사리를 모시는 탑을 먼저 조성했다. 그리하여 믿음이 있는 자는 석탑을 예배대상으로 여겼다. 석탑의 조형미를 감상하기보다는 경외심을 가지고 탑

에 차를 올리고 탑돌이를 했다.

논에 모가 자라서 푸른 들판은 초록 융단을 깐 듯하다. 비 오는 어느 날 다시 이곳을 찾았다. 비 오는 날은 그 석탑이 잘 보일까, 궁금했다. 카메라 줌을 끌어당기지 않은 거리. 초록 논을 넘어서 멀리서 더욱 또렷하게 탑이 보였다. 주위가 온통 안개가 끼어서 하늘은 회색빛인데, 석탑이 더욱 선명하게 드러난다. 뒤의 산 그림이 모두 안개에 가려져 있기 때문에 오히려 석탑만 홀로 선명했다.

왕궁리 유적 주변은 발굴 작업이 거의 끝나서 그 옛날에 왕성이었다는 것이 여실하게 드러났다. 한때는 왕궁이었다가 백제가 망한 뒤에는 왕궁 사찰지로 변환된 것이다. 혹자는 견원이 후백제 도읍지를 정할 때 이곳 왕궁리 유적을 생각했다는 설도 있다고 하는데, 그럴 만한 곳이다.

비 오는 날, 고즈넉하게 궁성이었던 당시를 상상하며 석탑 뒤의 후원지까지 걸어보았다. 그때도 비 오는 날이 있었을 것이며, 바람이 부는 날도 많았으리라. 겨울에는 눈도 왔으리라. 비를 피해서 또는 눈바람을 피해서 제각기 역할과 위치에 따라서 어느 전각 밑에서 생활을 하고 있었겠지, 때로는 빗장을 열어보며 언제 비가 그치나 하늘을 우러렀을 것이다.

이웃의 미륵사지 아래 용화산의 줄기가 끝나는 지점이라 했던가. 궁성을 쌓기 위해서 터를 높였을까. 주위보다 언덕처럼 높은 곳에서 사방을 둘러보니, 평화로운 논밭이 펼쳐져 있다. 아련한 세월 동안 묻혀있던 백제의 옛 꿈이 새롭게 떠오르고 있다.

근처의 고도리에는 석조여래입상 두 기가 200미터의 거리를 두고 마주 서 있다. 언제부터 서 있었을까. 설명에는 고려시대 양식을 띠고 있다는데, 백제 이전의 마한시대부터 있지 않았을까. 마한시대의 금마 지역을 수호하는 신처럼, 마치 절집의 일주문처럼 호위무사같이 오랜 세월을 지키고 있다.

미륵사지를 비롯하여 이곳 왕궁리 유적은 공주, 부여와 함께 2015년 7월 백제유적지구로 세계문화유산에 등재되는 쾌거를 얻었다. 말 그대로 백제의 옛 꿈이 새롭게 열리는 계기를 맞았다.

그대가 나를 진정으로 사랑한다면
풍남문 종소리에 나를 깨워서
남고산성 달빛 아래 나를 재워 주
아- 아-
덧없이 세월은 흘러가도
백제 서울 옛 꿈은 마냥 새로워

전주가 36년간의 후백제 도읍지였다니, 백제의 옛 꿈은 익산지역으로부터 시작하여 부흥하고 그 꿈이 키워졌지 싶다. 이제는 근엄한 모습으로 경계를 둘러치고 있어서 옛날처럼 친근하게 다가갈 수도 없다. 우러러보고 그려가야 하리라. 백제인의 꿈이 천년만년 이어지도록.

왕궁리 유적의 전시관이 세워졌을 때, 좀 의아했다. 석탑 하나 덩그러니 있을 뿐인데 그 넓은 주차장에 대전시관이라니. 발굴하고 보니 그럴만한 유적이었다. 왕궁터였고 그 뒤 사찰지였다는 명와와 많은 유물이 나왔으니. 신비에 싸여서 그리움만 키워왔던 옛 꿈이 낱낱이 드러났다. 과연 탑 하나가 아우를 수 있는 유적지였다. 우리나라에서 가장 아름다운 석탑을 새롭게 볼 수 있게 되었다. 그 아름다움의 정신이 앞으로 한국인의 생활 정서에 싸여서 빛나지 않을까.

왕궁리 5층석탑

옛날에는 탑 주변은 온통 풀더미에 덮여 있던 주변이 잠자듯 신비에 가려져 있었다. 벚꽃이 피는 봄이면 벚꽃에 싸인 탑의 아름다움도 덩달아 환하게 빛났다. 가을이면 마른 풀 언덕에 홀로 우뚝 서 있는 5층 석탑은 쓸쓸하여 외로움의 더께를 한 겹 더 입었다. 그리고 겨울이면 눈발을 받은 석탑은 오히려 따뜻하게 보일 정도로 아늑하여 조용한 숨을 쉬는 듯도 했다.

그 시절은 문화유적에 관심을 기울이지 않았을 때다. 석탑 주위의 잔디밭에서 돌탑이 보초를 서는 듯, 안전한 거리에서 자리 깔고 쉬기도 했다. 돌을 어루만지며 경외심과 묵직한 알 수 없는 믿음도 있었다. 아무도 눈여겨 봐주지 않을 때라, 마음 놓고 사랑할 수 있었지 싶다. 왜 무엇이 그토록 석탑의 아름다움이 내 안에서 힘을 주었던지 알 수 없었다. 말할 수 없는 예술인의 혼이 연결되었을까.

왕궁리 5층탑이 가장 아름답게 보이는 지점이 있다고 말해준 해설사의 인도로 우리는 그 장소를 찾아갔다. 탑의 서쪽 1,000여 미터의 거리에서 보는 석탑이다. 석탑 옆으로는 삼례에서 논산으로 가는 국도 1번 대로가 있다. 그 길을 천천히 달리면 길옆으로 탑의 전체 모습이 훤히 보인다. 그 길을 아래로 지나서 서쪽 논 가운데로 난 거리에 차를 세우고 바라보았다.

미술사학자 강우방 씨가 발견한 지점이란다. 이 탑이 전국에서 가장 아름다운 탑이라고 그는 자랑했단다. 통일신라에서 석가탑이 탑의 정형으로 가장 비례미가 아름답다고 했다. 석탑의 양식이 시대에 따라 변형해왔지만, 정형화된 탑 이전의 백제탑이 아름답다고 하는 것은 탑의 양식이 목탑의 모습에서 이어져 내려온 짜임새에서 오는 부드럽고 온화한 느낌 때문이지 싶다. 백제의 탑. 가까이서 바라보면 장중하여 압도되지만 약간의 거리를 두고 바라본다면, 옥개석의 받침수와 층층의 덮개돌의 선과 몸돌의 어울림이 주는 형식이 아름다운 조형미를 나타낸다. 백제탑은 덮개돌의 면 끝이 버선코처럼 마치 춤사위의 손끝 동작처럼 살풋 치켜들었다. 멀리서 아련하게 보이는 석탑은 날개를 접고 안전한 곳에 내려앉은 봉새처럼 천년 세월을 품고 있다. 백제인의 어떤 삶의 철학이 강직하기만 한 돌에 예술 혼을 실었을까. 생명을 불어넣은 돌탑에서 어떤 정신을 발견해야 하는 걸까. 옛 백제인의 삶의 철학과 의지를 통하여 오늘 내게 새로운 감동을 주는 것은 무엇일까. 천4백 년 전의 혼이 지금까지 전해 내려오는 어떤 정신에 감동된 것일까. 어떤 감동이든 그 감동을 통하여 우리의 의식은 새로운 통로를 발견하는 것 같다. 생활의 활력이 되어서 행동의 변화도 일으키고, 보람찬 삶의 변화로 이어지는 것이 아닐까. 그래서 날로 새로운 감동의 날들을 엮어가면서 역사를 만들고 그 역사는 다음 세대로 또 이어지리라.

망연히 쳐다보았다. 아직 모를 심지 않은 논에는 물을 받아놓았다. 몇 겹의 논두렁을 넘어서 전봇대도 보이고 시선이 닿은 끝에 산이 둘러쳐져 있다. 그 산의 높이에 탑의 상륜부가 닿았다. 탑 앞의 벚나무들이 숲으로 보이고 한쪽으로 약간의 공간이 있는 가운데 뚜렷한 모습으로 보이는 석탑은 먼 산과 주위 숲이 어울려 신비한 감응을 주고 있다. 흘러가버린 세월을 품고 있는 석탑은 가까이 가면 그 세월을 풀어낼 것만 같은 생각이 든다. 삼례에서 논산 간의 국도 1번 도로가 왕궁리유적을 가리게 되어 아쉽다.

저녁 이내가 내리는 시각, 안타까워 그리는 백제의 옛 꿈을 말없이 말하고 있지 않은가. 아스라이 먼 것 같지만 또렷하다. 어느 순간은 바로 옆에서 보던 때보다 더 장중하게 다가오는 석탑이다.

쌍릉

익산시 무왕로에 있는 쌍릉은 대능과 소능이 있는데 그것이 무왕과 무왕비인 선화공주의 무덤으로 알려져 있다. 탑리 마을에서 국도로 올라와서 금마 쪽으로 달리다가 금마 사거리에서 좌회전하면 '무왕로'를 지난다. 길 이름을 '무왕로', '선화로' 등으로 지어 익산은 거리마다 옛 백제를 떠올리게 한다. 무왕로의 중간 지점쯤 가면 '쌍릉'의 이정표를 만나게 되고 우측으로 '쌍릉로'인 작은 길을 조금 가면 길 가에 대능이 나타난다.

선화공주의 넋이 되어 무왕로를 지나면서 그 옛날의 치열했던 신라와의 갈등 속에서 백제의 영화를 꽃피워 보려던 무왕의 심정으로 되돌아가 본다. 지금은 그들 혼백들도 능 주위로 다시 찾을 것 같지 않다. 어쩌면 그 혼백들은 먼지 같은 기氣로 화해서 오늘날 우리들 혼의 일부로 환생되었는지도 모른다.

주차장에서 능으로 난 길은 두 갈래다. 왼쪽의 능이 소능인데, 아마도 선화공주의 무덤으로 여겨진다. 아니 이젠 선화공주란 이름을 바꾸어서 그냥 무왕비의 능으로 불러야 할지. 오랜 세월 기정사실로 받아들여진 설화는 그대로 가치가 있었기에…. 입구에서 오른편으로 난 산책길을 따라가면 소나무숲 사이로 대능이 보인다.

대능 쪽에서 소나무 숲길을 따라가면 소능까지 산책길로 이어진다. 소능 쪽에서 숲을 빠져나오면 대능이 나오고 바로 큰길가이다. 대능의 꼭대기에 올라보면 동쪽, 왕궁터의 원경이 아스라이 보인다. 무왕과 왕비가 죽어서도 왕궁터를 그리며 백제의 치세가 탄탄하도록 빌고 있을 거라는 염원을 담아 왕궁을 향한 이곳에 능을 마련하지 않았을까. 지금 내가 공주의 혼이라면 그렇게 나라의 안녕을 원하며 쳐다보았을 것 같다. 고대 왕국들의 비원이 한데 뭉쳐져 이제는 통일된 한반도가 이어져 왔고. 남북이 하나 되기도 빌고 있지 않을까. 멀리 아스라이 왕궁 터가 보인다. 폐허가 다시 살아날 듯하게 발굴되고 있는 왕궁 터의 석탑을 차가운 달빛이 보드랍게 어루만질 것이다. 오늘 같은 보름날 밤이면, 쌍릉에서는 무왕 부부의 혼이 달빛 속에서 오늘의 세태를 감지하며 달을 올려다보며 빌지 않을까. 나라의 앞날을 위한 기원을…. 이제 무거운 왕관 내려놓았으니 서동으로 돌아가 한가하게 소나무 산책로를 지나 공주를 맞으러 가서 달밤의 고요를 두 손 잡고 너울 춤추어 보소서. 그 옛날 두 분이 사자사를 방문하려 할 때 미륵사 연못에 나타난 삼존불이 또 나타나서 무슨 언질을 주실지 가늠해 보시라.

추신: 2016년 현재, 국립전주박물관에서 쌍능에서 발굴된 유물을 전시하고 있다. 최근 일제시대 때 발굴했던 내용을 다시 검토했다. 대능의 발굴품 중에는 40대 여인의 치아로 판정된 것을 발견했다. 따라서 쌍능의 주인이 누구인지 재검토해야 하는 일인지 모른다. 40대 여인의 치아가 맞으면, 그 능의 주인이 선화공주일 가능성이 높으며 무왕은 그 뒤에 죽었으니 다른 곳에 묻힐 가능성이 많다는 것이다. 한번 기정사실처럼 굳어진 설화가 어떻게 다루어질지 의문의 여지가 있다.

백제의 르네상스를 그린다

미륵사지석탑 출토 사리장엄구

2008년 봄에 박물관자원봉사자팀이 익산 답사에 나섰다. 연못 뒤의 가건물 안에 미륵사지서탑이 해체되어 있었다. 1400여 년의 백제인의 삶과 한의 무게를 더 이상 지탱하지 못한 탑 돌들이 늘어져 있었다. 각각의 돌은 이름, 층수, 위치, 방향 등을 치밀하게 기록한 표식을 주렁주렁 달고 제자리를 찾을 날을 기다리고 있었다. 상층부는 모두 해체되었고 기단부분만 남아 있는 1층 옥개석의 네 귀퉁이에 수인상獸人像이 울상을 짓고 있는 듯했다. 한 많은 서탑이 창고 안에 갇힌 이래 난 더 이상 가고 싶지 않았다. 창고를 다 둘러보고 늘어놓은 돌들을 보자 너무나 아득하였다. 저 돌들이 모두 제자리를 제대로 찾을 수 있을까. 옛날부터 있었던 연못가에 앉아 그려보았다. 왕과 왕비가 사자사에 가는 도중 미륵삼존불이 나타났던 연못이 여기였을까. 미륵사지를 나오면서 나는 못내 아쉬운 마음을 금치 못했다. 옛날 헌다례를 행하러 다녔을 때가 차라리 그리웠기 때문이다.

역사적 기록이 전무하였던 백제의 유적이 발견될 때마다 뉴스에서는 난리가 났었다. 1971년이었던가, 공주의 무령왕릉이 발굴되었을 때가 그랬고 부여 능산리에서 '백제금동향로'가 발굴되었을 때는 획기적인 사건이었다. 서울의 몽촌토성이 그랬으며, 2007년에는 부여 왕흥사지 목탑터에서 발견된 창왕昌王 시대(577년 제작) 사리기가 나온 것이다. 사리기는 석가모니 부처의 유골인 사리舍利를 담는 그릇을 가리키는 말이다.

2009년 1월 드디어 미륵사지서탑 해체 과정 중 마지막 기단부의 심초석에서 사리장엄구와 사리봉안기 등 유물이 쏟아짐으로써 또 한 번 세상을 놀라게 했다. 이번 사리장엄구 발굴로 인하여 학계에서는 많은 토론을 했다. 〈미륵사지 탑지의 조사과정에 대한 검토〉에 관한 심포지엄도 개최되었다. 모두가 '사리봉안기'의 '기해년'을 당연히 '무왕조'의 기해년으로 단정 짓고 토론하였으며 신문 보도 또한 '639년 기해년'으로 이루어졌다.

≪삼국유사≫의 무왕조를 다시 살펴보았다. "고본古本에는 무강왕武康王이라고 하였으니 틀린 것이다. 백제에는 무강왕이 없다." "……이에 미륵법상 3개와 회전, 탑, 낭무 각각 3개소씩을 창건하고 액額을 미륵사라고 하였다. (국사에는 왕흥사라고 하였음.) 진평왕이 백공百工을 보내어 도왔는데, 지금까지도 그 절이 남아 있다. (≪삼국사≫에서는 법왕의 아들이라고 하였는데, 여기서는 과부의 아들이라고 하였으니 알 수가

없음.)

고본에 표기된 '무강왕'과 '기해년'이 다시 실마리가 되는 셈이다. '기해년'이란 절대연대로 인하여 무왕조가 아닌 '무령왕 19년 519년(기해년)'임이 더욱 선명해졌다는 사재동 교수의 논문 〈미륵사지 문물의 예술사적 고찰〉이 너무나 그럴싸했다. 일연의 시대에서는 이런 사실을 증거할 자료가 없었기 때문에 일연은 무강왕은 없다고 일축했을까. 이로써 문학가와 역사의 수사관 사이에 또 학자들 사이에 심심찮게 논란이 벌어지고 있다. ≪삼국유사≫의 저자 일연이 겪었던 혼란이 그대로 남았기 때문이다.

따라서 미륵사창건설화의 배경의 무왕은 무령왕이라는 주장이 다시 흥미를 갖게 된다. 동성왕 때 무령왕은 왕자였으며 신라와 국혼이 있을 정도로 교류가 많았고 백제의 문물이 가장 융성하여 미륵사 같은 대찰을 창건할 여건이 무르익었으며, 무령왕의 녕寧 자가 ≪삼국사기≫에 나타난 무강왕의 강康 자와 동의同意 이어異語로 얼마든지 환치될 수 있었다는 얘기다.

≪삼국유사≫의 살생을 금한 법왕法王 조條에는, "법왕이 당시의 수도 부여에 왕흥사를 세우려고 터를 닦다가 승하하였다. 무왕이 왕위를 계승하여 선왕의 사업을 이어받아 몇 기紀를 지나 완성하고 그 이름 또한 미륵사라고 하였는데, 산을 등지고 물을 임하였으며 꽃과 나무가 수려하여 사시사철 아름다웠으므로 왕이 매양 배를 준비시켜 강을 따라 절로 들어가서 그 장려한 경치를 감상하였다. (고기古記에 실린 바와 조금 다름. 무왕은 가난한 어머니와 못의 용이 교합하여 태어났고, 아명은 서예薯 였으며, 즉위한 후의 시호가 무왕인데, 처음 왕비와 함께 창건한 것임).

정경으로 본다면 부여 백마강 근처의 왕흥사가 맞을 것 같다. 그렇다면 몇 기紀가 걸렸다는 것은 몇 십 년일 텐데, 지금의 미륵사를 계속 건축한다는 것은 불가능했을 것 같다. 미륵사도 왕흥사나 경주의 황룡사처럼 많은 세월을 거쳐 완공되었을 것이기에 무왕 이전 시대부터 건축되고 증축되어오지 않았을까. 세계유일의 3탑 3금당에 의한 3원 병렬식 가람배치는 백제만의 독창적인 건축 활동이었기에 더욱 그러했을 것 같다. 진평왕에게는 셋째 딸이 없었다고 하는데, 기해년이 백제가 신라와 교류가 많았던 시절 무녕왕 때의 기해년일 수도 있다는 일부 학자들의 추측이 가능한 실마리다.

미륵사 서탑의 '사리봉안기'로 인하여 서동설화는 역사적 사건들로 등장하게 되었다. 미륵사의 창건을 발원한 사람은 첫 왕비였고, '사택적덕'의 딸인 왕비는 후비로서 서탑을 봉안한 것이라고 볼 수 있다. 그래도 ≪삼국유사≫ 저자인 일연의 의문은 여전히 남는 것 같다. 고기古記에는 왕흥사였다는 대목 때문이다. 어쨌든 〈서동요〉는 백제와 신라를 잇는 사랑의 메시지로 오늘날과 미래에도 유효하고, 미륵사야말로 백제의 문명과 문화가 집결된 총화였으리라.

사리봉안기

유물관을 들어서면서 벌써 마음이 상기되었다. '사리장엄구'들을 친견하는 마음이 그리도 달뜰 수가 있을까. 모래알만 한 '사리' 하나를 둘러싼 오색유리알 11과의 사리는 어쩜 그리도 협시보살들 같은가. 부처님 몸을 모시는 믿음을 영원히 변치 않는 '금제내호'에다 최고의 공예기술의 문양을 새기도록 했다. 옛 백제인들의 마음을 대하는 이 시대의 마음도 그들과 다를 게 없다. "사리를 일곱 번 요잡하면 그 신통변화는 불가사의할 것이다." 하지 않았던가. 옛날 사람들이 그랬듯이 전시된 유리관 탑을 돌며 자세히 살폈다. 순금제 내호는 두 손으로 감싸면 그 손바닥 안에 폭 싸일 것 같은 크기로 참으로 귀한 빛을 발하고 있었다. 그 오랜 세월 동안 '찬란하다.'라고도 말할 수 없는 그 이상의 장려한 색채를 품고 있었다. 엄숙하고도 고귀한 빛을 은은하게 빛내지 않는가.

백제의 미美를 말할 때 흔히 사용되어지는 말이 있다. 검이불루儉而不陋 화이불치華而不侈, 검소하되 누추하지 않고, 화려하되 치졸하지 않다. 그러나 이제 그 말만으로는 백제의 예술을 다 말하지 못할 것 같다. 통일신라시대의 상징인 불국사 석가탑에서 나온 사리장엄구는 은제품에다 청동과 목제품이었다. 금세공의 기술이 이미 높은 수준에 와 있었던 백제였다. '백제금동대향로'에 그들의 우주관을 통째로 표현한 조각 솜씨와 중국의 탑을 능가하는, 목재를 주무르듯 조각한 석탑의 조형으로 보아 어찌 다른 예술품을 상상하지 못하랴! 대사찰에 담긴 모든 불교미술과 신앙도구들이 당대 최고의 기술과 예술품으로 창조됨으로써 한국불교문화의 전형으로 현대에까지 이어졌을 것이다.

새꼬리 모양의 치미는 미륵사 전각마다 용마루의 양쪽 끝에 세워져서 건물의 위용을 자랑하였을 것이고, 사자 얼굴 다리로 된 향로, 사리함에 새겨진 공예 솜씨로 보아 다른 문물들의 솜씨를 능히 상상할 수 있지 않은가. 세 금당에 모셔진 삼존불상에는 당시 왕실 대가를 중심으로 최고 절정의 공예품이 제작되고 복장 되었으리라. 삼국시대에 제작된 국보 78, 83호인 '미륵반가사유상'를 탄생시킨 빼어난 조각 솜씨가 아닌가.

무녕왕릉에서 출토된 유물로 보아서도 짐작할 수 있다.

그 옛날 그때도 미륵사에서는 사리봉안 대법회가 이루어졌으리라. '사리봉안기'에 담은 백제의 기원을 한데 모아서 왕과 왕비를 주축으로 하여 왕실가족과 대소 신료들, 시주施主자들과 전국의 승려들, 백성들이 다 모인 가운데서 야단법석이 펼쳐졌을 것이다. 새꼬리 모양의 웅장한 치미가 하늘을 찌르는 전각 앞에서 금동대향로에서는 백제인들의 비원의 향이 하늘로 피어올랐을 것이며, 백제 악기인 배소, 완함, 거문고, 피리, 북 등을 연주하는 최고의 악사들이 아름다운 가락을 울렸을 것이고, 음악에 맞추어 춤도 추는 축하공연도 하였으리라.

여름 한 달(2009년 6월 27일 - 7월 26일) 동안 익산 미륵사지유물전시관에서 지난 1월에 미륵사지서탑에서 발굴한 '사리장엄구'와 유물들이 일반에게 공개되었다. 장마 기간이었지만 전북 지방은 물론이거니와 전국에서 많은 관람객들이 다녀갔다. 감개무량하게도 1400여 년 만에 같은 자리 폐사지에서 전북의 모든 사찰의 스님들과 불자들이 모인 가운데 부처님사리 친견대법회를 다시 열게 된 것이다. 그리고 폐막식 공연도 다채롭게 열려져서 백제불교문화에 대한 인식을 새롭게 하였다.

4부

아름다운 시절

내 사랑, 화암사

그를 알기는 십수 년 전부터였다. 몇 번을 만나러 갈 때마다 동행에 따라 느낌이 달랐지만, 조용히 그를 돌아보았다. 그는 몰래 찾고 싶은 숨겨진 연인 같았다. 그래서 안도현 시인도 〈화암사, 내 사랑〉이라고 읊었을까. 그러나 나는 그의 사랑을 방해하지 않았다.

나는 아무에게도 그를 만났다고 말하지 않았다. 어쩌면 그의 은근한 당부였는지 모른다. 몇 번 만났다고 말할 수 있으랴. 지금도 나는 말할 수 없다.

'홀로 적적하게 찾고 싶은' 절집. 드디어 그렇게 찾았다. 조용한 시골길로 접어들면서는 차도 인적도 드물다. 유명세를 치르는 절집이라면 시끌벅적한 상가나 음식점 등이 있기 마련이지만, 이곳은 구멍가게 하나도 없다. 들깨나 옥수수밭 사이로 멀리 보이는 앞산만이 푸르름에 넘실댄다. 불명산佛明山이라 이름 지었으니, 깊은 산에 불명을 감춘 곳일까.

화암사는 완주군 고산현 동북쪽 불명산 중턱에 자리 잡고 있다. 들길이 끝나고 갑자기 울창한 숲 속 길로 접어들면 저절로 탄성이 가슴 밑에서 올라온다. 시원한 숲 터널이 일주문이다. 피서철이지만, 작은 주차장에는 자동차도 넉 대뿐이다. 아이들과 피서 올 곳은 아니기에, 조용하고 한가로워서 마음에 꼭 든다.

이 길은 조선 시대 이전 그 이전부터 선禪객과 선仙객들의 발자취로 돌바닥이 매끄럽다. 투벅투벅, 두툴두툴하고 삐죽한 돌길을 밟아야 한다. 마을의 잡다한 일상은 바윗돌을 걷자마자 사라지고 일심이 되어 저절로 선객이 된다. 벼랑 벽 사이로 난 바위골짜기를 비집고 오른다. 계곡을 타고 흘러내리는 크고 작은 물줄기가 작은 소를 만들고, 숨이 찰 만하면 돌 의자에 걸터앉아 산바람을 마시면 다시 걸을 힘이 솟아난다. 겨울에 왔을 때 벼랑을 타고 내려오던 물길이 하얗게 얼어붙어서 빙벽을 이루었는데, 봄이 되면서 녹아 흘러 땅 위 생명의 젖줄이 되었겠지. 산팽나무, 산벚나무, 댕강나무, 갈참나무 등 노거수들이 만든 짙은 그늘 사이로 조각난 빛이 스칠 뿐이다.

매미가 인기척을 들었는지, 반기는 듯 외마디를 지르고. 바위벽을 타고 내리는 졸졸거리는 물소리가 정다운 인사말처럼 들린다. 바윗길을 20여 분쯤 걷다 보면 철 계단이 나타난다. 철 계단은 1983년에 조성했다니, 그전의 객들은 얼마나 어렵게 바위를 타고 올랐을까. 그 감회를 생각하면 지금은 가벼운 산책로처럼 과분하다. 철 계단의 철벽 망에 붙은 연꽃이 곳곳에 환하다. '꽃 비 내리는' 절이 아닌가.

150여 개의 계단이 끝나는 곳에 작은 개울을 건너는 너럭바위 네 개가 있다. 이 징검돌을 해탈교라 이름 할 수밖에 없으리라. 이미 골짜기 산문을 어렵사리 올라왔으니 절집 앞의 일주문, 사천왕문 등 겹겹의 문이

완주 화암사

있을 필요도 없다. 징검돌을 건너면 계단 길 위에 우화루雨花樓가 올려다 보인다.

불명산화암사佛明山花巖寺. 이름이 전설을 담고 있다. 바위에 꽃이 피는 절집? 연꽃이 핀 바위 위에 지은 절. 옛날 임금님이 꿈에 공주의 병을 낫게 할 수 있다는 연꽃을 찾았다. 부처님이 꿈에서 알려주었다는 곳. 깊은 산속 바위 위에 연못의 용이 올라와서 연꽃을 키웠다는 이야기. 그 연꽃을 따와서 공주의 병은 낫게 되고 임금님은 그 바위에 절을 지었다. 깊은 산속 연화대에 앉은 절집이다.

우화루 앞의 도랑을 건너는 나무다리가 튼튼한 돌다리로 바뀌었다. 새것이 어쩐지 어울리지 않는 것 같지만, 어쩌랴! 우화루의 바라지창이 활짝 열렸다. 반갑게 객을 맞아주는 것 같아 환해지는 마음이다. 처음으로 화암사가 나에게 마음을 열어주는 것 같아 이제 내가 그를 만났다는 말을 누구에게 해도 될 것 같다. 우화루 밑은 성벽을 쌓은 듯하다. 세 칸이지만, 가운데 칸의 중심부에 기둥 하나를 더 세워서 네 칸처럼 보인다. 우화루 옆으로 붙은 세 칸의 여염집이 붙어 있는데, 두 칸은 살림집이고 한 칸이

대문 격이다. 여남은 계단을 올라 우화루 옆으로 들어가면 밑에서는 이 층으로 보이던 누각은 일 층이 되어서 네모난 마당의 귀퉁이에 선다.

작은 마당에는 극락전과 우화루가 남북으로 마주 본다. 적묵당과 불명당이 동서로 마주 보아 네 건물이 공평하게 마당을 나누며 서로 처마 끝이 닿을 정도다. 극락전의 용마루가 우화루보다 약간 높고, 적묵당 지붕이 불명당보다는 약간 높은 듯하여 그 격의 차이가 별로 느껴지지 않는 것이 또한 본래 부처의 뜻 같지 않은가. 좁은 마당을 둘러싼 네 건축물이 전혀 답답하지 않다. 극락전과 불명당 틈으로 철영제가 보이고, 우화루와 불명당 사이로는 명부전이 훤히 보이는 여유가 있다. 적묵당 마루에 앉아서 한참 숨을 고른 뒤 극락전에 들어서 참배를 한다. 절로 몸을 낮추어 경배하게 된다.

절을 하면서 올려다본 아미타불, 부처를 안치한 닫집은 화려하고 신비하다. 꿈틀거리는 용 한 마리가 부처의 머리 위에 머물고, 주위를 날고 있는 비천상과 화려한 연꽃 등이 환희심을 일으키게 한다. 바위에 연꽃을 키웠다는 전설의 용일까. 부처를 장식하는 탱화나 장식의 문양 등은 알 수 없는 비밀 암호 같다. 극락의 세계를 상징한 표상이지 싶다. 그 깨달음의 내용이 현실에 있는 형상이 아니기에 초현실적인 추상으로 표현할 수밖에 없으리라. 부처를 표현하는 형상과 문양은 진리를 상징하는 것이기에 끝없는 수행으로 마음을 밝히라는 불명의 뜻일까. 험한 세상 속에서도 깊이 감추어진 부처의 세계를 찾으라는 뜻일까.

극락전 뒤를 돌아보았다. 육중한 처마를 받치는 백제식의 하앙下昻식 공포栱包라는 것. 앞쪽은 용의 얼굴 모양으로 화려하게 조각했지만, 전각 뒤의 공포는 단순하게 처리했다. 주변에 여름 꽃이 화사하게 피어 있어 오랜만에 절집은 잔치를 맞은 듯하다. 뒤안길에는 잎을 만나지 못하는 상사화가 곳곳에 무더기로 피어서 산자락 뒷길을 화려하게 수놓았다.

'꽃비 흩날리는 누각', 극락세계가 사철 꽃동산을 이루면 얼어붙는 빙벽 길에도 불명의 꽃비를 내릴 것이다. 바라지창이 활짝 열린 우화루에 달린 목어도 오늘따라 생기를 얻어 날카롭게 삐져나온 이빨이 애교스럽게 보인다.

해우소 뒤 언덕으로 오르면 화암사 중창사적비가 서 있다. 중창비에서 화암사의 내력을 알 수 있다고 한다. 화암사는 아마도 삼국시대 말엽부터 절터가 있었던 듯하다. 원효와 의상이 기도했다는 원효대와 의상암이 있었다는 중창비의 한 구절이 선해진다. 이 절은 고려 때 첫 중창이 이루어졌다. 수 세기를 거치는 동안 전란에 소실되는 비운을 맞은 뒤, 1611년에 와서야 우화루와 극락전의 중건을 이루었고. 그 뒤로 몇 번의 복원과 중수를 거치고 오늘에 이르렀다. 모든 건축물은 복원 중수하면서 전 시대의 양식을 전통적으로 고수하게 된다. 이전에 백제의 절이 있었는지도 모른다. 유일하게 백제식의 하앙식 공포가 남아 있게 된 것이 그 이유이다. 백제계 건축 요소의 인식을 환기하는 촉매라고 볼 수 있다고 한다.

단청을 덧입히지 않은 절집은 시인의 말처럼 잘 늙은 절집. 곱게 늙은 절집이라고 말할 수 있을까. 겉은 늙었으나 그가 지닌 정신은 날로 새롭다. 저리 곱게 늙어가서 아름다운 무언가를 남길 수 있다면 사람으로서도 잘 살았다고 할 수 있을지 모르겠다. 오래전에 불교 신자도 아닌 내게 법명을 지어서 보내준 큰스님 한 분이 떠올랐다. 바위골짜기를 쉬엄쉬엄 내려오면서 생각했다. 수월관음을 만난 선재동자처럼 환한 마음으로, 화암사는 긴 세월을 거슬러 올라도 끝을 알 수 없는 시간의 계단이라고.

(완주에 있는 삼사, 화암사, 안심사, 위봉사 순례를 다녀와서.)

아주 먼, 먼 옛날

– 진구사지에서

하늘을 올려다본다. 돌계단을 막 오르는데 '깍 깍', 까치의 외침이 허공을 울린다. 까막까치 두 마리가 유희하듯 날갯짓을 하며 반기는 것 같다. 눈이 시리도록 파란 하늘에 흰 구름이 적당한 무늬를 그린다. 모처럼 따뜻한 겨울날 오후다. 산책을 나왔다가 여기까지 오게 되었다.

바람이 인다. 목도리를 휘감고 누군가의 흔적이라도 찾을 듯 경건한 발걸음을 옮긴다. 외롭게 보이긴 하지만 우람한 석등의 위용이 빈 들판을 품고 있다. 임실군 신평면 용암리, 보물 제267호인 석등 하나만 덩그러니 서 있는 진구사지珍丘寺址. 고요하다.

석등은 불을 밝혀두는 화사석火舍石을 중심으로 아래에는 3단의 받침을 두고 위로는 지붕돌을 올리고 있다. 우리나라 석등 중에서 두 번째로 큰 것 같다. 구례 화엄사 각황전 앞의 석등이 우리나라 석등 중에 가장 크지만, 이 석등의 조각도 화려하고 아름답다. 아름답기로는 남원 실상사의 석등이 아담하고 빼어나다. 이 석등도 그에 못지않다. 기다란 안상

眼象이 팔각의 면마다 조각된 기단 돌이 안정감 있게 받쳐주어서 전체적으로 탄탄한 구성이다. 화사석과 기단 사이의 기둥은 장구형으로 되었는데, 위는 앙련仰蓮과 아래는 복련覆蓮 형식에 더하여 구름무늬의 조각미가 뛰어나다. 석등 가까이 가서 자세하게 조각과 이음새를 관찰한다. 앙련의 꽃잎 하나가 깨어진 부분이 있고 받침돌 한 부분이 깨어진 것 외에 완전하다. 이렇게 크고 아름다운 석등이 있는 걸로 보아 이 절의 사세寺勢도 상당히 크고 넓었던 것 같다. 이전 시대의 석등, 불국사 대웅전 앞, 부석사 석등은 얼마나 간결하고 날씬한 아름다움이 있는가. 이때에 와서 비대한 장고형이 나온 것도 시대적 특징이다.

기단석의 한 모퉁이에 걸터앉아 햇살을 받는다. 화사석의 팔각마다 열린 화창에서 진리의 법 등을 밝혔던 그 시절을 그려본다. 어디선가 풍경소리가 한줄기의 바람에 실려 오는 것 같다. 주위를 둘러본다. 그리 높지 않은 산기슭에 자리한 이 진구사지는 적당한 거리를 두고 산이 사방으로 둘러쳐져 있어 마치 꽃송이가 활짝 열린 형세다. 연꽃 속의 심청이마냥 나는 그 가운데 포근히 앉았다.

석등이 있는 곳 뒤로 돌계단이 있다. 한쪽은 이끼 낀 옛 돌 그대로이고 한쪽은 새로 보수하여 온전한 계단이 되어 있다. 팔 층 정도 되는 계단을 오르면 넓은 터에 부서진 탑 자재만 한쪽에 얼기설기 포개어져 있다. 5층 석탑 정도는 되지 싶다. 대웅전이나 본전 자리 앞에 그 석탑이 놓였을 것이다. 주변의 마을 집들은 그 당시는 모두 절집의 부속 건물 자리였지 않을까. 깊은 산골도 아니지만, 그리 높지 않은 산들이 겹쳐진 가운데여서 아늑하다. 예부터 임실은 섬진강을 끼고 있어 물산이 풍부하여 살기 좋은 곳이었다지 않은가. 이 절에서 얼마나 많은 진리의 말씀이 퍼져 나갔을까. 많은 사부대중이 모여서 화창에 불을 밝히고 법회를

진구사지 석등

열던 시절의 웅성거림, 예불을 알리는 목탁 소리, 스님들의 독경 소리가 여기저기서 환으로 들리는 것 같다. 옛 영화는 사라졌지만 법음과 진리의 빛은 어떤 모습으로 다시 나타나고 있을까. 폐허에 남아 있는 것은 무엇이기에 현대에서 찾지 못하는 갈증 같은 그 무엇을 이런 빈 절터에서 그리는 걸까.

바람이 잦아지자 햇살이 법등의 빛처럼 석등과 나를 감싼다. 문득 첼로 음률이 다시 들린다. 무반주 첼로를 들을 때면 왜 나는 땅속 깊이로 들어가는 것 같을까. 첼로란 악기가 바닥에 대고 활을 켜서 웅숭깊은 저음을 내는 것이기 때문일까. 땅속의 소리를 길어 올려서 내는 소리 같은 것은. 고대 문명이 스러진 유적지라든가, 나무 한 그루 없는 황토색 짙은 협곡이 펼쳐지는 지구의 민얼굴을 더듬게도 한다. 지구의 땅속을 깊게 뚫어 구멍이라도 나면 우주 공간의 어딘가에서 미아가 되는 기분이 되기도 한다. 우주 비행사처럼 우주 공간 어디쯤에서 아득한 지구

별을 내려다보며 내 삶의 여정을 뒤돌아보기도 한다.

어떤 모임에서 첼로 독주를 들었던 그때도 그랬다. 그 전날 몇 군데 충주와 강원도 지역의 폐사지를 답사했던 곳이 떠올랐다. 첼로의 리듬이 나를 그곳으로 데리고 갔다. 나중에 알고 보니 곡명이 〈Long, Long ago〉였다. 아스라한 음률이 먼, 먼 옛날로 나를 이끌었다. 첼로 연주에 묻혀 나는 옛 절터의 주춧돌 한 조각이 된 것 같이 고요해진다. 침묵의 호흡을 가다듬는다. 심정사태초心靜以太初. 마음이 고요하여 태초와 같기가 이와 같을까. 상상으로도 헤아릴 수 없는 영역일 것이다. 하늘을 품은 이 땅에서 오간 생명의 궤적이 얼마일까. 하늘과 땅이 무심하게 보이는 것은 어떻게도 무엇으로도 나타낼 수 없기 때문일지도 모른다.

충주의 청계산 자락의 이끼 낀 숲 속에 숨겨진 청룡사지, 보각국사(1320－1392) 부도는 앞에는 배례석과 석등, 뒤에는 탑비가 나란히 서 있었다. 부도의 몸돌에 새겨진 신장상이 배흘림 돋을새김으로 조각한 것이어서 특이했다. 우리나라 석조미술의 백미라고 하지 않을 수 없었다. 천 년 세월을 견딘 걸작으로 남아 있는 원주의 법천사지의 지광국사 탑비도 국보의 위상에 걸맞은 조각미가 뛰어났다. 이 탑비의 조각은 신이 만든 최고의 걸작이라 불릴 만큼 정교하고 화려한 문양이라고 할 정도이다. 경복궁 마당에 가면 범상치 않은 부도 하나가 늘 눈길을 끄는데, 그 탑이 바로 지광국사의 승탑(국보 제101호)으로 일본 강점기에 밀반출되었다가 복원하여 경복궁에 있게 되었다. 옮기는 것이 위험하여 고향인 법천사지에 가지도 못하고 박물관으로 옮기지도 못하였다. 그 탑의 고향에 와서 역사의 소용돌이에 휘말려 함께 있지 못하는 유물의 아픈 사연을 알게 되니 감회가 깊었다. 첼로 소리는 여전히 들판을 배회한다.

원주의 거둔사지에 갔을 때, 그 오묘한 기분을 나는 잊을 수가 없다. 넓은 마당 귀퉁이, 빈 절터의 수문장인 느티나무 아래 의자에 오래 앉아 있지 못한 것이 아쉬웠다. 거대한 절터 마당 가운데 서 있는 외로움에 지친 오층석탑과 나누지 못한 이야기. 주변 건물지의 주춧돌의 자국에서 읽은 천 년 전의 건축 기법으로 집을 짓고, 그곳 땅의 숨소리를 들으며 누군가의 자서전을 읽듯 황량한 폐사지의 전설을 들추고 싶었다. 옛 선각자들의 법음이 시대를 아우를 만큼 높았기에 오늘까지 국보급 탑과 탑비들로 뚜렷한 흔적을 남긴 것이 아닌가. 어느새 나는 그 빈 절터의 느티나무 아래에 앉아 신비한 첼로 소리에 머물고 있다. 'Long, Long ago'

화들짝 고요한 침묵을 깨우는 까치 울음. 죽비 소리다. 내가 왜 여기 있는지 가야 할 곳을 일러주는 것인가. 그날, 느긋이 옛 흔적의 소리를 듣지 못한 아쉬움을 이 진구사지에 와서 회포를 풀어본다. 어디선가 다시 첼로 소리를 들을 때면 황량한 폐사지에 숨겨진 아득한 이야기를 그릴 것이다. 먼, 먼 옛날이 미래가 되는 날을.

내 고장 완주군 상관면의 이야기
– 남관진 만마관을 찾아서

그곳을 지난다. 한벽루에서 상관면 쪽에서 흘러내려오는 물길을 바라보면 지금도 아름답기 그지없다. 옛사람이 달 놀이를 하면서 옥 같은 물이 절벽에 부딪혀 안개를 이루는 풍경을 보고 한벽청연寒碧青煙이라 일컬었던 곳. 시절 인연 따라 지금은 한벽교가 만들어져서 교통은 편리해졌지만, 그토록 아름답던 물길을 볼 수 없다는 것은 안타깝다. 사계절 아름다운 숲 속 길을 통과하면 상관면 신리, 집으로 가는 길이다.

승암산 자락에서부터 가까운 산부터 먼 산까지, 오른편 남고산성 자락부터 시작한 첩첩 산이 겹쳐 이루는 사이는 산 숲 계곡을 방불케 한다. 마침 양쪽 산자락이 단풍이 들기 시작하여 색색이 수를 놓고 은행나무 가로수들의 노란 잎이 알맞게 익어서 가을의 정취가 무르익고 있다. 겨울에도 새봄의 산벚꽃이 뭉게구름처럼 피어나는 산자락을 생각하면 마음이 따뜻해지는 길이다.

나는 전주에서 볼일을 마치면 거의 매일 한벽당 아래 다리를 건너서 좁은목을 통과한다. 지금은 신리에서 서부 우회도로가 생겼기 때문에 외곽도로로 나갔다가 전주시내를 거치고 이쪽 좁은목으로 올 때도 있다. 좁은목을 지날 때마다 도시의 일거리를 다 잊어버린 채 숲 속을 산책하는 기분이 된다. 저절로 고요해져서 딴 세상으로 드는 것 같다. 오래전, 내 아이들이 초등학교 시절, 전주 북부의 덕진동에서 남고산성 밑의 좁은목까지 와서 생수를 받고 개천에서 빨래도 하고 놀았던 때를 추억하기도 한다. 그때는 수원지가 형성되어 마치 호수 같았기 때문이다.

남원 쪽에서 전주로 들어올 때는 두 좁은목을 통과해야 한다. 가끔 남원에서 전주로 올 때, 임실을 지나고 슬치고개를 넘어올 때마다 나는 전주 쪽 좁은목보다 더 으스스한 기분이 들 때가 있었다. 첩첩 높은 산이 가로막은 협곡을 통과하는 일이 마치 요새를 지나는 것 같았기 때문이다. 요즈음은 좋은 경관을 바라보는 맛이 좋지만 옛 조선시대를 생각하면 얼마나 험난한 길이었던가 말이다. 막연히 그렇게 생각했지만 전주에 오래 살다보니까. 역사와 문화에 관심을 갖게 되자 이곳에 남고산성과 관련한 남관진이 있었다는 것을 알게 되었다.

과연 그랬다. 전주에서 살다가 노년기에 접어들자 상관면 신리로 이사하게 되었다. 10년째 상관면민이 되어 살면서 이곳의 지리와 문화가 새삼스럽게 다가오기 시작하였다. 상관면의 여러 마을을 다녀보기로 했다.

지난해, 예부터 듣던 정여립의 생가가 상관면에 있다 했지만 어디가 생가 터였는지 몰랐다. 최근에 발굴하여 월암 마을의 정여립 터라고 추정한 곳에 정여립을 기념하는 정자를 세우게 되었다. 마침 정여립의 죽도 가는 길의 답사로 마제봉을 넘어 상관 저수지까지 걸을 수 있는 기회가 있었다. 순례길 표시인 '달팽이' 그림의 표지판이 곳곳에 세워지고 저수지를 둘러서 소양으로 죽도까지 이어지는 길목의 길을 걸어 보았다. 저수지 둘레길은 물을 끼고 걸을 수 있는 천혜의 아름다움을 자랑했다.

조선시대 '기축옥사의 희생양' 정여립의 한 서린 눈물이 배인 길이었다. 정여립이 어린 시절을 보냈다는 전주 남문 밖(전주시 색장동)의 파쏘(봉) 아래 집터는 파헤친 후, 숯불로 지져 그 맥을 끊었다는 신정일 우리 땅 걷기 이사장의 설명이다. 월암마을 한 모서리가 바로 그 파쏘였던가.

진동규 시인은 그의 시에서 이렇게 노래했단다.

"살던 집은 텃자리까지 파버렸습니다. 그 이웃까지 뒤집어 파서 앞내 끌어 휘돌아 가게 하였습니다. 깊고 깊은 소를 만들어 버렸지만 그때 그 집 주인이 반역했다고, 그래서 전주천 물이 거꾸로 흐른다고 소문내고 그런 속셈을 알 만한 사람은 다 압니다. 댁 건너 마을 사람들은 상죽음上竹陰, 하죽음下竹陰 하면서, 구름처럼 모여 들었던 선비들의 죽음, 그 떼죽음을, 서방바우, 각시바우, 애기바우, 그 피울음을 상댁 건너 하댁 건너 점잖던 자기 마을 이름 위에 불러보기도 해 보지만, 어떻게 변명 말씀 한번 엄두를 못 내고 죽어지내 왔습니다. 그 집 뒷산 월암에 달이 뜨면 댁 건너 사람들은 월암 아래 소에 들어 대수리를 잡는답니다. 관솔불들을 밝히고 주춧돌 기둥뿌리 항아리 깨진 것, 뭐 그 집주인 뱃속까지 빨아 먹고 자란 대수리들을 잡는답니다."

그런데 그 대수리를 잡던 소는 흔적도 없다. 저수지 물에서나마 상상해 볼 뿐이다. 그런 정여립의 대동정신을 이 시대에 구현해야 하지 않을까. 많은 사람들이 이곳을 방문하면 현대에 정여립의 정신을 재평가하는 계기가 될 수 있을 것이다.

전주와 완주는 원래 하나였다. 지금은 행정구역상 갈려 있을 뿐이다. 지금 완주군은 옛 전주부와 고산현이 합해서 이루어졌다. 옛 전주주는 백제시대 완산이라 하였고 비사벌이라고도 불리었다. 555년에 완산주라고 했고 757년 신라 경덕왕 16년에 완完을 의역하여 전주로 고쳤다. 1403년 (태종 3)에 전주부全州府로 개칭하여 조선시대 동안 유지되었다.

1935년 전주면이 부府로 승격되어 독립하였고 나머지 지역은 완주군으로 개칭하였다. 전全은 온전할 전이고, 완完도 완전할 완, 온전할 온으로 지명도 같은 의미다. 전주와 완주 일대에 오래전부터 완산승경 32경이 있었던 것으로 같은 고장임을 알 수 있다. 널리 알려진 전주팔경이 있지만, '완산승경 32경'이 정해진 것은 조선 중기쯤으로 추정한다. 임진왜란 당시 완주군 소양면 화심리 구진별 전쟁터가 최근 사적지로 정해지기도 했다. 정복규 씨가 이렇게 정리하고 밝힌 완주 승경 중에 상관면에 속한 것은

고달귀운－구이면과 상관면의 고덕산, 만마도관－상관면 용암리의 만마관, 사대병암四大屛岩－상관면 대성리의 사대원, 죽림천엽－상관면 죽림리 등이다.

만마관 이야기

우리나라는 백두대간을 등뼈로 하여 여러 산맥이 뻗어나가기 때문에 동부는 산간이요 서부는 낮게 평야를 이루며 바다로 이어진다. 상관면은 동부지방이니 산이 겹쳐 골짜기를 이루는 곳에 마을이 형성되었다. 골짜기마다 터를 지키며 마을을 이루었다.

완주 승경 중의 하나가 상관면 용암리의 만마관이라니 그곳을 찾기로

했다. 남쪽에서 전주부성으로 들어오기 위하여서는 용암리의 만마관을 통과하여야 했다. 만마관이 있었기 때문에 부성의 남쪽 관문은 남관이요, 상관은 전주부로 들어서는 위쪽의 관문이니 상관이었다. 전주부성에서 상관을 지나 남관에 오면 네거리, 내아마을 쪽 입구에 남관진창건비가 세워져 있다.

역시 슬치를 넘고 용암마을 입구 좁은목을 지나칠 때 늘 천혜의 요새 같다는 내 느낌은 적중했고, 누구나 그런 생각이 드는 곳이었다. 남고산 어귀의 좁은목에서 용암리 좁은목까지 40여 리에 걸친 산골짜기를 만마동이라고 했다. 좁은목 신작로 옆에 차를 세워두고 개천으로 내려갔다. 전주문화원 원장과 사무국장의 선도로 성터를 찾아 올랐다. 돌과 잡목이 어지러운 땅을 헤치고 조금 올라서니 돌을 쌓아둔 곳이 보였다. 성곽이라고 볼 수 있는 성터가 쭉 높이 이어졌다. 나는 더 올라가지 못했다. 두 분이 끝까지 올라가서 보고 내려왔는데 꼭대기 너머는 산들이 첩첩이 이어져 있다고 했다. 그리하여 큰길 건너 맞은편에도 만마관문을 이은 성곽이 있을 것으로 추정된다고 하였다. 원장의 말은 틀림없이 이곳 만마관의 형세가 험준하니 임진왜란 때 일본군은 이곳을 뚫기가 어렵기 때문에 웅치와 이치로 돌아가지 않았을까 했다. 남관진이 설치된 만마동 일대는 중국의 가장 험준했던 촉도와 진관에 비견할 만한 천험을 갖춘 요새라고 말할 수 있다고 남관진창건비석에 쓰여 있다.

만마관은 2층 구조물이었는데 위층은 6칸의 문루로 되어 있고, 아래층은 부채모양의 철문을 단 홍예문이었다. 그 밖에 관문을 지키는 장졸들의 수직방守直房 3칸이 있었다고 한다. 전주 북쪽에 서 있는 '호남제일성'의 문루처럼 이곳에 다시 만마관 문루가 세워진 모습을 상상해본다.

만마관에서는 통행을 철저히 통제하였다. 남원 방면에서 전주를 향하던 길손들은 관문이 닫히면 문이 열리는 다음날 아침까지 문밖에서 하룻밤을 지내지 않으면 안 되었단다. 현대에도 군부대가 형성되면 그 마을이 활성화되는 것처럼 옛 시대 이곳에도 진이 형성되었으니 병졸과 부대원들의 거처들이 필요하여 바로 아래의 쑥재에 마을이 생겼다. 그래서 내아마을이 되었다. 이렇게 마을이 형성되다보니 이 마을 어른들이 들은 바로는 아침 등교 시간이 되면 학교 가는 아이들의 행렬이 줄을 지었다고도 한다. 남관초등학교 뒷길의 어느 집 앞에는 비석이 하나 서 있었다. 그것은 전라안찰사가 지났다는 표지석이었다. 그리고 근처에 도랑이 나 있는데 옛날의 마을 빨래터임을 증명하는 빨래판이 박혀 있는 것으로 보아 옛날에는 그 옆길이 전주로 걸어가는 길이었다. 그러다가 신작로가 생기자 그 길은 마을의 동네길이 된 것이다.

또한 관문 밖의 용암리 노구바위마을에는 주막과 여인숙이 성업을 이루었다. 용암리의 노구바위가 있었을 것으로 추정되는 곳으로 이동하였다. 개천을 지나 산정마을로 들어갔다. 멀리서 보아 늙은 개가 누워있는 형상을 하고 있어 노구바위 혹은 노고바위마을이라고 불리었단다. 그리 높지 않은 산능선 아래 옹기종기 여러 집들이 편안히 앉아 있다.

이 노구바위마을에서 신관 사또 변학도가 남원 부임길에 점심을 먹은 것이 〈춘향가〉에 나올 정도로 당시로서는 유명한 곳이었단다.

"전주부성 동쪽머리 만마관 골짜기에서부터 흐르기 시작하는 전주천 물살은 좁은목을 지나, 강모가 내내 하숙하고 있던 청수정의 한벽당에 부딪치며, 각시바우에서 한바탕 물굽이를 이루다가 남천교, 마전교, 서천교, 염전교를 차례차례 더터서 흘러내리며 사마교를 지난다."
—최명희의 ≪혼불≫ 중에서도 이렇게 서술이 될 정도로 만마관의 위치는 중요했다.

조삼난 이야기

중국에서는 같은 값의 돈인데 곱절에서 다섯 배까지 더 받는 복돈福錢이라는 게 있었다. 태산에 올라가 소원성취를 빌며 기도를 할 때 향 값으로 바친 향세香稅가 횡류된 것이며, 그 소원성취의 효험이 그 돈에 남아 있기에 프리미엄이 붙어 두 곱 내지 다섯 곱으로 값이 붙어나간 것이다. 그런데 만마관에서도 재미있는 복돈 이야기가 전해온다. 만마관은 전주에서 남원으로 가는 첫 관문이기도 하고 전주부성으로 들어오는 첫 관문이기도 했으니 그 장터가 번성하였으리라. 그리하여 이 장터에 삼난전三難錢이라는 한 냥을 닷 냥으로 바꾸는 복전이 있었다. 조삼난趙三難이라는 가난한 선비 집 돈인데 그런 이름이 붙은 데는 이유가 있다. 사대부로서 술집을 하기 시작한 것이 일난一難이요, 돈 버는 동안 형님한테까지 술값, 밥값을 받아낸 것이 이난二難이며, 돈을 번 다음 재산을 형님에게 돌리고 독서하는 선비로 되돌아간 것이 삼난三難이라 하여 조삼난인데 그분의 호주머니에서 나온 돈이면 급제는 기약된 것이라 하여 팔도에서 서생들이 그 돈을 사러 몰려들었다 한다.

공기골 이야기

남고산성 서문지에 남고진사적비가 서 있는 것을 남고산성 답사 때 본 적이 있다. 창암 이삼만이 쓴 비에 의하면, 순조 11년(1811년)에 개축을 시작해 그 이듬해 완성했다고 한다. 그리고 '만마관萬馬關' 이라고 미려하게 쓴 창암 이삼만의 행서체의 현판 글씨가 남아 있다. 창암 이삼만은 전주에서 태어나서 중기부터는 상관면 공기골에서 제자들을 가르치며 여생을 보낸 조선 후기의 서예가이다. 관문 안의 내아마을 깊은 골짜기를 올라가면 공기골로 이어진다.

공기골은 편백숲을 열어 많은 등산객들이 즐겨 찾게 되었다. 2년 전만 해도 많이 알려지지 않아서 자주 찾은 적이 있다. 편백숲이 몇 군으로 조성되어 있지만 나는 아직 아래 부분의 숲에만 가 보았고 그 아래에는 온천이 나오는 곳이 있어 온천수를 받아오기도 하였다. 지금은 마을 사업이 활성화되어 나무로 물통을 만들어 발을 담그고 쉬어가는 쉼터를 만들었다. 최근에는 찜질방이 지어져서 활용되고 있다. 공기골 마을이나 내아마을은 어느 곳이든 200미터 이상 깊이 파면 온천이 나온단다. 죽림온천장이 폐쇄되어 많은 아쉬움이 있지만 언젠가 다시 열리지 않을까 기대한다. 상관편백숲이 많이 알려져서 주차장이 3개나 만들어진 뒤로는 나는 찾아갈 엄두를 내지 못한다. 아래부터 걸어 올라가기가 힘들기 때문이다.

공기마을은 예부터 한지를 뜨는 곳도 있었는데 현재는 그 흔적을 볼 수 없다. 다만 편백숲 입구에 커다란 정자나무 몇 그루가 마을의 역사를 대변하고 있으며, 창암 이삼만 선생의 이름으로 지은 창암정이란 누정까지 세워져 있으니 다시 창암 선생을 기리게 하는 장소가 되고 있다. 또한 선생의 묘소가 고덕터널 밖에 자리 잡고 있다. 창암 이삼만 선생은 추사 김정희와 쌍벽을 이루는 조선 후기 서예가라고도 할 수 있으나 추사 생전에 이삼만의 글씨를 몰라보고 하대한 적이 있다가 나중에 그 가치를 다시 인정함으로써, 호서의 추사 김정희와 호남의 창암 이삼만으로 대변될 만큼 큰 업적을 남긴 서예가이다. 추사 김정희가 중국의 서예를 본받아 차츰 자신의 서체를 형성하여 글로벌한 글씨체로 유명하다면 창암 선생의 글씨체는 가장 한국적인 서예를 구현한 전북의 서예가라고 할 수 있다. 최근에 창암 선생의 글씨체가 다시 조명 받아 전시회도 크게 연 바 있다. 창암의 글씨를 다시 조명해보는 기회도 될 것이다. 창암 선생이야말로 진정한 조선진체의 완성자라고 자부할 수 있다는데, 그 특징을 본다면 무의도성으로 인하여 충만하게 된 자유스러움과 자연스러움과 질박함과 까칠한 삽기를 동시에 다 느낄 수 있다고 김병기 교수는 말했다. 강암 서예관이 소장하고 있는 창암 선생의 작품을 살펴본다면 충분히 그 느낌을 감상할 수 있을 것이다.

이렇게 상관면은 역사와 문화가 살아 있으며 공기가 좋아서 도시인들의 쉼터가 되기에 충분하지 않을까. 최근에는 상관이 나뭇골로도 유명하여 정원수로 활용하는 곳이 많다고 한다. 가까운 전주시민들과 한옥마을을 찾는 사람들이 이곳 상관 주변에서 관광을 비롯하여 웰빙과 힐링까지 누릴 수 있다면 좋을 것 같다.

최근에 신리역이 없어지고 광장이 생겨서 주차장 역할을 하게 되니 도시 같아졌다. 신리역 뒷산 마제봉 오르는 길이 이곳 마을의 둘레길로 저수지까지 이어져서 전주시민들도 자주 찾는 곳이다. 마을에서 전주에 나갈 때나 들어올 때나 언제나 먼 여행지에서 느낄 수 있는 정서를 안고 살아갈 수 있는 것은 축복이 아닐 수 없다. 나는 내일 또 털거덕거리는 기차소리를 들을 것이며 마을 입구의 다리를 건너서 대흥천을 따라 숲속을 거닐듯이 좁은목을 지날 것이다.

내아마을과 내정마을

내아마을에 들어서니 아주 큰 느티나무 몇 그루가 방문객을 먼저 맞는다. 마을의 큰 정자나무를 보면 대개 그 마을 역사를 짐작하게 된다.

마을살이의 진면목이 그 나무들의 나이테에 새겨졌을 것이다. 상관면으로 이사 온 후, 몇 년 전에 이곳저곳 차가 들어가는 곳까지 마을을 살펴본 적이 있었다. 그때도 공기 좋고 경관도 좋게 보였는데, 오늘 이곳에 들어와서 보니 전혀 새 마을이 되었다. 화실을 운영하는 백당 윤명호 선생께서 마을 담벼락에 벽화를 그려 넣기 시작했다. 정자의 이름도 관선정이라 했으니 과히 선경에 가깝다고 해도 손색이 없다. 전국이 둘레길 걷기 열풍을 비롯해서 친환경 웰빙이 유행하는 때를 맞아 힐링이란 말까지 더하여 관광객의 관심을 자극하는데 이 마을도 충분한 가치를 지니고 있다. 집집마다 문패를 그 집의 특징을 살려서 '정자나무집' 등으로 그림처럼 붙여서 재미있었다. 화가의 솜씨로 벽화를 그렸기 때문에 여느 마을의 벽화보다 뛰어나 동양화 전시회가 열리는 것 같았다.

내아마을 깊은 곳에는 다람쥐 할아버지가 살고 있다고 해서 우리는 다람쥐를 보러 갔다. 산으로 오르는 길옆으로 개천이 흐르고 길가의 단풍나무가 마침 알맞게 붉은 옷을 갈아입어 찬란한 빛깔을 자랑하고 있었다. 산기슭에 자리 잡은 할아버지 집 마당에는 다람쥐 울이 가득 차 있었다. 철망 속을 들여다보니 다람쥐들이 긴 통 속에 들어앉아 나오지 않았다. 사람들 소리가 들리니까 숨어버린다. 그러나 할아버지가 모이를 주러 오면 알고 다 쫓아 나온다고 한다. 이렇게 다람쥐를 기르게 된 연유가 있었다. 겨울이 되면 먹을 것이 없어지니까 다람쥐들이 내려오기를 거듭했다. 그럴 때마다 할아버지는 먹을 것을 주니까 겨울이 되면 으레 다람쥐들이 많이 모이게 되었다고 한다. 그로부터 할아버지는 다람쥐 집을 지어서 다람쥐를 기르게 되었다. 내아마을은 침엽수림과 돌담이 많고 밤나무, 참나무류가 많으니 먹이감이 충분하였다. 다람쥐가 서식하기 좋았다. 이 마을 다람쥐 일부들이 추운 겨울을 보내기 위하여 할아버지의 가족이 되었고, 봄이 되면 산으로 돌아갔는데, 할아버지는 다람쥐의 생태에 맞게 집을 짓고 앞으로 이 마을에서 다람쥐 생태학습장을 열고 싶어 한다. 도시인들이 상관면의 곳곳을 방문하면 테마별로 휴식할 수 있는 공간이 있고, 아이들과 동행하는 부모들이라면 이곳 다람쥐 생태를 살펴보면 즐거운 체험이 되리라고 믿는다.

다람쥐할아버지는 이곳에 들어온 지 20여 년 되는데, 가족들이 모두 떠나고 혼자 남게 되자 쓸쓸하여 다람쥐를 가족으로 맞아들였을까. 할아버지는 이곳에서 맥가이버로 통한다. 그동안 많이 아파서 병원에 다녔다고 하는데, 마침 이웃에서 보일러를 고쳐달라는 전갈이 왔다. 보일러 기술뿐 아니라 잎이 떨어진 나무에 인조열매까지 만들어 달고 다람쥐 집뿐만 아니라 쓰레기 태우는 집까지 예쁘게 만들어 세웠을 정도이다. 아이들이 다람쥐 학습체험을 많이 오게 되면 할아버지는 신나지 않을까 싶다.

내아마을은 남관진의 만마관이 설치된 일과 관련하여 형성된 마을이기도 할 것이다. 관아의 안쪽에 있다고 하여 내아이기도 하고 다른 설은 원래 이 골짜기에 쑥이 많아서 쑥재라고 부르기도 하였단다. 또한 숯을 구웠기 때문에 숯골이 쑥골이 되기도 한 것이 아닐까 하는 추측도 할 수 있다. 어쨌든 마을 경로당 문패에 내애(內艾)마을이라 하였으니 쑥골이라는 뜻도 있다. 내애라고 부르기도 하다가 결국 지금은 내아마을이 된 것이다.

내정마을

점심때가 되자 내정마을의 이장 집에 초대를 받아 들어갔다. 대문의 문패에 표길운, 표길용 씨가 붙은 집을 만났는데 두 분은 형제간이었다. 표길용 씨는 이 마을 이장직을 맡고 있다. 삼대째 이 마을을 지켜온 가문이었다. 슬하에 2남 1녀를 두었다. 열매를 다 떨구고 있지만 남아 있는 대추나무의 굵은 둥치가 이 집의 내력을 말해주고 있다. 이 집을 지을 때 심은 나무라고 하니까 벌써 20여 년으로 이 집의 둘째 딸과 동갑내기쯤 된다. 해마다 실한 열매를 안겨주는 이 대추나무가 조상의 덕을 기리게 하는 뜻으로 심은 것이 아닐까 싶다. 제상에 대추는 가장 중요한 과실이며 씨가 하나이므로 임금을 상징한다고 하지 않는가.

이 마을 뒷산에는 무통바위가 있단다. 표 씨는 어렸을 때 산전山田일을 하는 아버지를 따라 다녔다. 산골짜기에 터를 잡고 살기 때문에 논이 많지 않았다. 높은 산기슭에 다랭이논을 가꾸었단다. 그런데 무통바위는 아무리 가물어도 바위 속에서 물이 흘러내려 대롱을 대고 받아 식수로 사용하고 마른 땅을 적실 수도 있었단다. 지금도 그 바위에서는 물이 흘러 나와서 촛대봉을 넘는 사람들의 목을 축이기도 한다. 처음에 표 씨 할아버지는 충남 아산 지방에서 이곳으로 내려오셨다. 남의 땅에 집을 지어 살았는데 아버지가 열심히 노력하여 지금의 터에 집을 지을 수 있게 되었다. 표 씨는 어렸을 때를 회상하며 재미있는 이야기를 들려주었다. 지금에야 즐겁게 이야기할 수 있지만, 당시로는 어땠을까.

상관면 내정마을에서 남관초등학교에 걸어 다녔다. 어렸을 때부터 아버지와 같이 농사일을 해왔기 때문에 농사를 천직으로 알고 살아왔다. 그리 옛날도 아닌데 농촌 경험이 없는 나로서는 전설 같은 이야기로 들렸다. 이 마을 청년들은 지게대학을 나온 것을 자랑 삼아 이야기한단다. 모두들 도시의 대학을 동경했겠지만 그것은 그림의 떡 같은 이야기였으리라. 아니 부럽지도 않을 만큼 당연한 일이었을 것 같다. 초등학교 시절부터 하교 뒤에는 지게를 지고 다녔으니 그럴 법도 한 이야기다. 지게 대학의 작대기과를 나왔다고 자랑 삼아 이야기하면서 너털웃음을 웃는 그는 영락없이 넉넉한 마음씨의 농사꾼이었다. 지게를 지면 지팽이 혹은 작대기로 지게 발목을 탁, 탁 두드리면서 박자를 맞추어 노래를 불렀단다. 마치 모를 심을 때 부르는 농요가 있었듯이 산골짜기에서는 지게 노래가 있었던 것이다. 겨울의 땔감으로 사용하기 위하여 풋나무를 한 짐씩 져서 허청에 쌓아서 말려야 했단다. 산골에서는 주로 각종 콩 종류와 담배, 보리, 무, 배추 등이었는데, 고냉지 작물이어서 인기가 높았던 모양이었다. 상관의 농산물은 칡넝쿨 끈으로 묶어서 상관의 농산물인 것을 표시하여 전주 장에 내놓았다. 그렇게 하여 살림을 일구고 지금은 밭농사는 물론 한우도 많이 키우게 되었고 아들도 좋은 회사에 진출하게 되었다.

표씨는 우리가 지금 웰빙 음식으로 선호하는 보리밥이나 고구마 감자 등은 아주 먹기가 싫단다. 방 하나에 수숫대를 쌓아 그 위에 고구마를 쟁여 놓고 겨울 내 먹었다고 한다. 먹을 것이 없을 당시에는 어머니가 감자나 고구마를 식사로 대신했을 때도 많았다. 많은 사람들이 먹고살기 힘들 때 그랬듯이 예전에 보리밥이나 감자 등을 많이 먹었던 사람들은 보리밥이나 고구마를 쳐다보기도 싫다는 사람들을 종종 보았다.

부인 서정숙 씨는 마을의 개천 아랫마을에서 태어나서 건너편 윗마을의 표 씨에게 시집왔다. 도시에서는 도저히 볼 수 없는 토백이 순수한 산골 아낙네다. 음식 또한 순수 그 자체의 마을을 닮아 있었다.

시어머니 모시고 남편과 농사일을 하면서 삼남매를 키운 전형적인 부인으로 성실하게 살아왔다. 지금은 마을 부녀회장으로 활동하고 있다. 음식 솜씨도 좋거니와 남편을 도와서 큰일 작은 일 할 것 없이 모든 일에 능하여 음식 솜씨도 알만 하였다. 우리가 집에 들어서자 언제 준비된 것인지 벌써 한 상이 가득 차려져 있었다. 자연 그대로 손수 가꾸어 거둔 재료로 차린 음식은 토속적인 맛이 일품이었다.

풍성한 식탁을 맞으며 표 씨 부부는 김기동 할아버지를 떠올렸다. 딸 부잣집으로 불리던 김기동 씨 집에 모를 심을 때면 품앗이를 하지 못하였으니 품삯을 받았단다. 그리고 흰 사발에 고봉으로 주는 쌀밥이 어찌나 맛있던지 하며 회심의 미소를 띠기도 했다.

연초록을 따라가는 '느바기' 순례길

지난 설 연휴 때 나는 서울에서 전화 한 통을 받았다. 순례문화원의 사무국장이라고 했다. 마로니에 나무에 대하여 알고 싶어서 인터넷 검색을 하였더니 내 글이 뜨더란 것이다. 마로니에 나무에 대한 더 상세한 글은 없고 다만 그 기회에 좋은 글을 여러 편 읽게 되었다고 했다. 그리고 꽤 많은 시간을 들여서 내 전화번호를 알아냈다.

내가 처음으로 전주에서 차일(茶事)을 하게 되어서 반갑다고 찾아주신 비구니 스님은 꼭 연꽃 같았다. 우리는 만나자마자 한눈에 서로 반했고 다도뿐 아니라 덕진 연못에도 같이 갔고, 송광사 마로니에도 보러 갔었다. 나는 천주교인이었고 스님은 천주교재단 학교를 나와서 불교로 출가했다. 우리는 종교 이상으로 소통할 수 있었다. 그 이야기를 쓴 글을 순례문화원 사무국장이 읽고는 마로니에에 대한 이야기를 더 알아봐 달라고 했다.

몇 년 전에 완주 송광사는 개축 불사를 많이 했다. 대웅전 앞의 보기

섬진강

좋았던 마로니에는 베어져서 어디로 갔는지도 모른다. 너무나 웅장하고 꽃도 화려해서 그 나무를 보기 위하여 들러보는 사람들도 많았다. 나무 뿌리가 대웅전 밑바닥으로 스며들어서 건물에 지장이 있다고만 들었다. 구전으로 전해온다는 유서 깊은 이야기 한 토막이 순례단에 의해서 내게도 전해졌다. 구한말에 천주교가 박해받았을 때 신자들이 중같이 머리를 깎고 송광사에 피신했었는데 송광사에서 잘 보살펴 주었단다. 후에 그 은혜로 프랑스 선교사가 송광사에 마로니에 나무를 심었다는 이야기다. 순례단에서 그 나무를 다시 기념식수로 심고 싶은데 역사적 사료가 없다는 것이다.

순례라는 말은 주로 유럽에서 사용해왔다. 예수의 발자취를 따라 걸으면서 성지에 참배하는 일이다. 인도에서는 부처님의 성지를 순례하는 것으로 유명하다. 우리나라도 관광 한국이 되면서 유럽과 인도의 성지순례를 많이 한다. 국내에서는 순례문화가 형성되지는 않았다. 다만 각 종교에서는 성인들의 성지를 참배하고 있다. 사찰에는 조사당이 있어 역대 조사들의 영정이 걸려 있고 부처님의 성전뿐 아니라 조사들께도 참배한다.

유럽에서 유명한 순례길은 스페인에 있는 산티아고 (성야보고의 이름) 순례길이다. 이웃나라 포루투갈에서 출발하는 길과 여러 길이 있단다. 풍광이 좋기로도 일품이란다. 순례를 마친 사람들은 순례 사무실에 들러서 순례자 증명서를 받고 마치 표창장을 수여 받는 것 같은 감격을 맛본다. 반드시 걸었다는 증명을 할 수 있어야 한다.

순례길을 걷는 사람들은 다양하다. 혼자서도 걷고 둘이서 혹은 삼삼오오 같이도 걷는다. 단체로 걷는 경우는 많이 못 들어본 것 같다. 인생의 여정에서 지칠 때라던가 앞이 막막할 때라던가. 뭔가 새로운 모색을 해야 할 것 같은 때 일반적으로 순례 여행을 떠난다. 순례길을 걷는 사람들은 좀더 분명하고 확실한 터닝 포인트를 찾으려고 하는 경우가 많은 것 같다. 최근에 소설가 서영은이란 사람이 "성경의 진리를 바로 알려면 내 안의 자의식을 찢어 버려야"라고 하면서 산티아고 순례길에서 얻었던 깨달음을 책으로 발간했다고 한다. 그는 그 책에서 이렇게 썼단다. "노란 화살표 방향으로 걸었다", "나는 지금 완전히 다른 사람이 되었다. 그 내면적 변화를 이끈 초월적 존재를 보고 만졌다. 그 기쁨을 함께 나누고 싶다." 걸으면서 십자가로써 자기를 죽였다고 했다. 사실 그렇다. 영적인 깨달음이나 환희심은 자기를 내려놓지 않으면 얻을 수 없는 일이다. 불교에서는 자기를 버리고 조사를 만나면 조사를 죽이고 부처를 만나면 부처를 죽여야 한다고 한다. 그러니 예수를 믿는 사람도 참으로 예수를 영접하려면 예수를 죽이고 십자가로 자신을 죽여야 영적으로 거듭나는 기쁨에 도달할 것이다.

전라북도는 역사와 전통이 자연과 함께 어우러진 우리 민족의 고향 같은 삶의 터전이다. 유교, 불교, 원불교, 천주교, 개신교 등 대부분의 종교가 전라북도에 그 모태를 두고 있다.

"세계 대부분의 순례길이 개별 종교의 특성만을 담고 있거나 역사적으로 종교분쟁과도 맞물려 있었다는 데 비해, '종교간의 대화'가 세계적인 쟁점으로 떠오르고 있는 현 상황에서 여러 다양한 종교가 한데 공존하고 있는 전라북도에서 '아름다운 순례길'을 통해 종교간의 대화의 문을 연다는 점에서도 그 의의를 찾아볼 수 있습니다." 분열과 갈등의 시대에 각 종교 지도자들이 진정한 대화와 소통의 의미를 보여주는 모범적인 사례로 펼쳐지도록 순례문화원은 발이 되어서 함께하겠다는 취지를 밝혔다. 그리하여 사단법인 한국순례문화원은 2008년 개원하였다.

2010년 4월 24일은 '봄의 연초록을 따라가는 아름다운 순례길'이 금산사에서 오전 9시에 출발하였다. 원평의 ㄱ자교회인 금산교회에서는 남녀의 자리를 달리하여 목사는 그 모서리에서 설교를 하였다. 그 교회는 근대문화유산이 되었고 지금은 교회 박물관으로 쓰인다.

원평 원불교 교당에서는 신도들의 환대를 받았고 휴식했다. 소태산 대종사의 법문 초안을 마련한 곳이다. 원불교 전무출신 성직자와 희생과 봉사의 여성 법사들이 많이 배출된 교당이었다. 교당 마당에는 '우리는 하나다'란 커다란 비석이 인상적이었다. 다음으로 원평 저수지를 끼고 있는 증산교 앞에 당도했다. 2년 전만 해도 그곳은 정리되지 않았는데 저수지 주변이 공원화되어 정자도 두 곳이나 지어져 있는 쾌적한 휴식처가 되었다. 강증산이 모악산에서 도를 터득하여 동곳마을(구리동)에 동곡약방을 운영하면서 사람의 길을 가르친 곳이 저수지 뒤에 있다. 반상계급을 타파하기 위하여 대동사상을 펼친 정여립의 활동지도 근처에 있다고 한다. 저수지 옆에 '종이학'이란 카페가 있었는데, 그 터에 대순진리교 본산이 건축되었다. 지난해 완공하였다고 한다. 이렇게 모악

수류성당

산 주변은 다종교 지역이다.

다음은 수류성당으로 가는 길이다. 전라도 남부지역 전역을 관할하던 초기 천주교회의 하나로 동양에서 가장 많은 신부와 수녀가 배출된 성당이다. 교회 첨탑이 산 숲 속에 높이 서 있는 모습이 참 아름다웠다. 벚꽃이 바람에 휘날리고 있고 돌계단 틈에 민들레와 제비꽃이 하냥 봄빛을 즐기고 있었다. 신자들이 정성 들여 마련한 따뜻한 자연식 점심을 야외에서 먹었다. 성당 안으로 들어가 오랜만에 성체조배까지 드렸다. 오후 1시 15분에 성당 뒷산을 넘어 가서 완주 안덕건강힐링체험마을에 도착하니 오후 4시 30분이었다. 총 20킬로미터의 순례였다.

나는 처음부터 많이 걸을 수 없었기 때문에 선발대의 자동차를 타고 마음을 같이했다. 그리고 마지막 코스인 안덕마을의 호반산책길을 걸을 수 있었다. 그것만으로도 충분했다. 순례단과 같이하면서 생각했다. 그곳은 삼천동에 살 때 자주 왔던 곳이었으며 잘 아는 길이었지만, 오늘 순례자의 마음으로 했을 때는 감회가 새로웠다. 천주교의 신앙을 순례하면서 인생의 기초를 다졌으며 문화적으로 불교를 만나서 석가모니의 일생을 마음으로 순례할 수 있었던 일. 내 인생 순례의 길은 어디까지 와 있나를 생각해보았다.

우리의 고대 삼국이 불교를 국가의 이념으로 받아들이게 된 사실. 특히 신라의 많은 구법승들이 당나라에 가서 불법을 가져왔던 고난의 길들에 깔렸던 정신이 새삼스럽게 가슴 저며 왔다. 세계에서도 가장 먼저 중국을 거쳐 인도를 지나 중앙아시아까지 4년여의 순례를 끝내고, 세계에서 가장 앞선 여행기를 남겼던 ≪왕오천축국전≫의 저자인 혜초스님의 거룩한 순례길까지 그려졌다. 길에서 태어나서 길에서 득도하고 설법하였으며 길에서 열반하신 석가모니의 길을 그리도 그리워하여 지금도 인도의 성지에서는 수많은 구법승과 순례자들의 기도가 끊이지 않는다. 시대가 어려울 때마다 필요했던 새 정신을 불어넣기 위하여 사상의 박해를 받고 사라진 많은 순교자들의 고귀한 영혼을 명상했다. 핏빛 뿌리며 다져졌던 험난했던 옛 순례길 위에 오늘은 연초록 물감으로 수놓은 카펫 위의 행복한 순례길이었음을 감격해마지 않았다.

현대의 길들은 잘 닦여져서 모든 길이 하나로 이어진다. 마을마다 올레길, 둘레길, 산책길 해변길, 순례길들이 한 문화의 형태로 상품화되었다. 어떤 마음으로 걸을 것인가는 각자의 마음길의 모양에 달렸으리라. 고행만이 깨달음이 아니라는 것을 깨달았던 석가모니께서는 최초의 다섯 비구들에게 최초의 설법을 했다. 지금도 석가모니부처님이 깨달았던 천년고목 보리수나무 밑의 금강보좌에는 구법승과 순례객들이 발원을 올린다. 인도의 마가타국에만 금강보좌가 있을 것인가, 스페인의 산티아고에만 십자가가 있을 것인가. 아름다운 우리 강산의 순례길이나 자신이 정진하는 그 자리가 자기의 금강보좌가 될 것이다. '아름다운 순례단'의 길라잡이는 달팽이가 그려진 화살표였다. '느바기' 즉 '느리게, 바르게, 기쁘게.'

섬진강 둘레길을 걸으면서
- 2010년 3월 27일

'책읽기운동전북본부'에서 주관하는 섬진강둘레길 천천히 걷기 모임에 참가하였다.

최근에 제주도에서 '올레길'이 열린 이래 전국에서 각 지방마다 둘레길 천천히 걷기가 유행이다. 우리나라 사람들의 교육열은 세계에서도 유례를 볼 수 없는 현상이다. 빗나간 교육열도 없지는 않으나 바람직한 방향이라면 좋은 일이다. 얼마 전까지는 지식을 집어넣는 교육에 열을 올린 것 같았으나 요즈음은 젊은 부모들이 아이들을 앞세우고 체험학습을 손에 쥐여 주려는 열기가 대단하다. 사실은 이날 우리는 궁궐 답사를 위하여 서울 창덕궁을 새롭게 답사할 예정이었다. 젊은 부모들의 열기에 밀려 인터넷 접수에서 더듬거리는 바람에 탈락되었다. 어차피 날을 받아 놓았기 때문에 친구가 대신 이 모임에 신청해주었다. 그런데 의외로 바람직한 봄나들이가 되었다. 여기에도 초등학생 아이들을 데리고 온 가족들이 많이 참석하였다. 이날 걷기 모임에는 섬진강 시인 김용택

씨도 참가하여 자신이 몸담았던 섬진강 주변을 안내했다.

섬진강은 우리나라 4대강의 하나로 멀리 진안에서 발원하여 임실, 순창을 거치고 곡성군 옥과면 합강리에서 옥과천과 합류하고, 곡성읍 동산리에서 남원에서 내려오는 요천수와 합류하게 되고, 오곡면 압록리에서 보성강과 또다시 합류하여 구례와 하동을 거쳐 남해로 흐르게 된다. 하동까지 80리 꽃길과 함께 흐른다.

버스 두 대로 전북도청 남문에서 8시 40분에 출발했다. 이번에는 잘 알려지지 않은 길, 임실 옥정호를 따라 순창 장구목까지 이어지는 물길을 따라 나섰다. 거년과 달리 올 춘삼월은 꽃샘추위의 기복이 심하여 지난해 3월 20일에 만개했던 전주경기전의 고매가 25일이 되어서야 몇 송이 트기 시작하였다. 오늘도 마지막 꽃샘추위인지라 바람이 많이 불어 추웠다. 그래도 섬진강 주변에는 매화가 만발하는 꽃길이 많아서 꽃바람이 상쾌하였다.

우리는 진안 백운면에서 발원한 섬진강 물이 여러 천을 거쳐 관촌 사선대에 모였다가 다시 흘러온 임실 옥정호에서 머물었다 다시 흐르는 물길을 따라 간다. 옥정호 휴게소에서 화장실을 다녀오지 않으면 화장실을 만날 수 없는 길을 간다기에 우리도 옥정호의 물같이 잠깐의 땟물을 내렸다. 옥정호에는 공사 중이던 현수교가 아름답게 모습을 드러내고 있다.

다시 강진 쪽으로 향한다. 옥정호 대교에서 오른쪽 건너편 언덕에 있는 마암분교를 바라보고 굽이굽이 돌아가고 있다. 덕치면의 회문산자연휴양지 안내판이 보이는 곳에서 반대길로 접어들어 가니 김용택 시인의 구가가 있는 마을, 신촌 마을에 닿는다. 어디선가 매향이 바람결에 밀려든다. 섬진강 둘레에는 매화 꽃길과 매화 언덕이 많다. 시인의 구가 뒷

장구목에서

편에도 제법 오래된 매화나무가 있다. 시인이 이 매화나무와 같이 자랐을 것 같다.

시인의 구가 앞에 선 김용택 시인과 KBS 리포터인 홍석우 씨. 시인의 옛 서재에는 '觀瀾軒'이란 현판이 걸려 있다. 현판의 뜻에 대하여 물었다. 시인은 현판 글씨의 뜻과 이 마을에서 나서 자라고 아이들과 함께 했던 옛 이야기를 들려주었다. 아직은 살아 있는 섬진강 물결과 함께 흐르면서 천천히 사람과 자연의 조화에 대하여 생각하는 시간이기를 바란다고 하였다.

'흐르는 물결을 바라보는 집'으로 해석이 되는 '관란헌'이다. 글씨체는 왕희지 글자를 집자한 것이다. '관란헌'이란 이름은 퇴계 이황의 집과 강원도 어느 집에서도 볼 수 있는 이름이라고 했다. 퇴계 선생도 안동 청량산 아래 강물을 사랑하였으니 그럴 만했으리라.

집 마당에서 내려다보면 옥정호에서 한숨 돌린 후 굽이굽이 돌아온 강물결을 바라볼 수 있다. 징검다리가 폭 넓은 얕은 강물을 멈칫거리게 한다.

신촌마을은 임진란 때 생긴 마을이다. 나주와 남원에서 온 피난민에 의해서 마을이 형성되었단다. 느티나무가 마을을 지키며 당산나무 역할을 해왔다. 가난했던 마을을 뒤에서 편안하게 보듬어 왔다. 마을의 정자나무들은 마을에서 일어난 많은 일들을 성사시켜온 산 증인이었다. 시인이 방문을 열 때마다 느티나무가 보였고 같이 자랐다고 했다. 땅도 고르지 못해서 규격이 여러 질인 논배미는 이름도 다양했단다. 버선배미, 장구배미, 삿갓배미 등등…….

섬진강에는 바위가 많았단다. 고기도 많았다. 마을 사람들은 봄여름가을겨울 내내 고기 잡은 이야기로 마을의 풍경을 만들기도 했다. 겨울에도 돌 밑에는 고기들이 많았다. 큰돌을 때려서 고기를 잡으려면 상처 없는 돌이 없었다. 그 돌들이 물결에 씻기고 흘러 내려가다가 곡성에 와서 피아골에서 내려온 물을 만날 때쯤에는 자갈이 된다고 시인은 옛날이야기를 이었다.

신촌마을에서 천담 가는 길은 그림 같다. 아직 포장되지 않았으나 자동차가 다닐 만하다. 우리는 〈천담 가는 길〉이란 시를 이정표마냥 읽고 여기서부터 천담까지 걷기로 한다.

쉬엄쉬엄 걷다가 다리가 아프면 길가의 풀밭 사이사이에 나물을 뜯기도 하면서. 쑥이랑 쑥부쟁이와 원추리 등. 서로 이것이 무슨 나물이래요. 이거 쑥부쟁이 맞아요? 하면서 옆 사람과 이야기를 나누면서. 시인은 말한다. 사람이 가장 중요하다고 그리고 우리를 키워주는 자연이 중요하다고. 그래서 꽃도 만나고 나물도 만나고 바람이 쉬어 가는 나뭇가지도 만나야 한다고. 무엇보다 강물처럼 자연스레 흘러야 한다고.

강들이 문명의 발길에 의하여 짓밟혀 위기를 맞고 있지만 아직 섬진강은 살아 있다. 그래서 우리는 '섬진강이여, 영원하라.'고 외치기도 했다. 강에서 가장 중요한 점은 강물이 스스로 정화할 수 있는 곳이 있어야 하는 것이다. 흐르다가 피곤할 때 쉬어 가는 곳이 있다. 직선으로는 쉴 곳이 없다. 굽이가 있어야 기슭을 만나서 쉬고 흐르면서 끼인 때를 거를 수가 있다. 산의 엉덩이가 튀어나온 곳을 만나서 부딪치면 잠시 쉬었다가 때를 벗어놓고 굽어져서 흐르게 마련이다. 임실에서 순창 쪽으로 직선의 고속도로가 우리의 머리 위쪽에서 건설 중이다. 얼마나 많은 직선의 고속도로로 인하여 사람들은 쉬는 것을 잊고 갑자기 어느 날 호흡이 가빠지는 일을 겪고 있는가. 사람들은 쉬려고 자연에 와서도 자기도 모르게 서로 습관의 경쟁에 휘말리기도 한다. 어디까지 얼마 만에 종주를 한다거니 하면서 지름길로 빨리 산을 넘어가려고 한다. 쉬엄쉬엄 걸으면서 옆 사람의 얼굴도 보고 풀꽃도 만나고 무엇보다 자기의 소리를 보는 시간임에도……. 강물이 느긋하게 돌면서 굽이쳐야 맑은 물이 되는 것을…….

나는 다음 코스를 위하여 중간에서 자동차를 얻어 타고 천담마을까지 갔다. 나중에 오는 사람들을 기다리는 동안 논두렁 가의 매화나무 밑에서 나물을 뜯었다. 살갗을 매만지는 꽃가지의 손길이 어찌나 달콤하던지…….

아름다운 시절

옥정호에서 모인 섬진강물은 천담마을을 거쳐 구담마을에 오면 산기슭을 크게 한 번 휘돌아야 한다. 구담마을 높은 곳에서 아래로 내려다보이는 강물을 보라. 여기는 산 중턱에 정자가 하나 세워져 있고 오랜 세월 마을을 지켜온 정자나무들이 함께 담소를 나누듯이 모여 있는 넓은 전망대가 있다. 주변에 나무 데크를 설치해 놓았다. '영화의 고장' 〈아름다운 시절〉 촬영지의 기념비가 세워져 있다.

우리는 여기서 준비된 도시락을 먹었다. 어떤 이는 추워서 청승맞다고도 하지만, 이런 점심을 먹을 수 있는 것은 참으로 호강이지 않은가. 영화 〈아름다운 시절〉의 주 무대였다는 이곳 마을은 옛날에는 정말 오지였을 것 같다. 육이오 당시에 비참한 현실에 놓인 어른들의 시대적 현실을 그린 내용이었지만 어른들의 불행한 시절을 엿보았던 그 시절의 어린이에게는 아름다운 시절이 되었다. 그 영화 속의 어린이가 지금의 바로 내가 아닌가. 도시에서만 살았던 내가 육이오 때 피난시절 부모님의 고향에서 한철 보낸 추억이 그리도 아름답게 기억되듯이. 그래서 〈아름다운 시절〉의 영화의 고장은 모든 이의 고향 같다.

강물은 돌아서 흐르고 우리는 저 아래 징검다리를 건너서 광목천을 풀어놓은 것 같은 하얀 길을 걸어가리라. 가는 곳마다 반기는 매화가지 사이가 파랗지 않아도 좋다. 그래서 더욱 애틋하게 매향을 보듬고 걷는다. 징검돌에 부딪히면서 바위를 한 아름 안아보기도 하고 어루만지느라 잠시 멈칫거리는 물살의 거품에는 무슨 뜻이 숨어 있을지 귀도 기울여 보면서……. 산기슭 낮은 언덕을 돌아 강물이 스스로 흐르는 동안 우리는 산 가운데를 질러가는 마을길을 걸어간다. 돌아온 강물을 다시 만나는 곳에서 잠시 물결을 내려다보고 우리도 쉰다. 매화나무들을 심어놓고 폐가에 살았던 옛날 사람들은 어디쯤에 흘러가고 있을까.

발길 닿는 곳마다 매향이 휘날리는 봄날 우리는 지난겨울 이야기를 나눈다. 자연과 조화롭게 지내지 못한 옛날들을 미안해하기도 하면서 우리가 함께하지 못한 풍경은 어땠느냐고 묻기도 한다. 공기 중 산소를 보듬은 강물이 높은 곳에서 흐르다가 떨어지면서 강바닥을 깊이 파놓기도 한다. 그런 곳에서 물결은 쉬면서 자신의 허물을 벗어놓고 때를 벗긴다. 물속에 사는 다슬기들이 강물의 때를 먹어준다. 서로 기대어 산다. 물살이 얼마만한 세월 동안 자신을 정화하면서 흘렀을까. 여기까지 흐르는 동안 물결은 바닥의 바위들 위에 자신의 무늬를 새겨 놓았다. 각가지 무늬에는 강물의 이야기들이 우리들의 삶도 함께 그려놓았다. 모두 다 시인이 된다.

섬진강은 순창과 임실의 경계이기도 하다. 순창군 동계면 이곳 장구목은 모든 바위들이 강물 속에서 물결의 무늬를 그리도록 허락한 조각공원이다. 올 때마다 조각공원에서 상류를 바라보면서 자동차에 올라타고 훌쩍 돌아오곤 했던 곳. 임실 구담마을에서 징검다리 강을 건너서 순창 장구목까지 둘레를 걸어볼 수 있어 생애 최고의 날이다.

김용택 시인은 1970년 5월 1일, 처음 교단에 섰다. 그때는 아이들을 가르친다는 것이 두려웠다. 한 5년쯤 지나서야 교사라는 게 어떤 것인지, 교육이 얼마나 중요한 것인지 알 수 있었다. 2008년 8월 30일 그는 교단을 떠났다. 1학년부터 6학년까지 날을 잡아 교실로 불러 마지막 수업을 했다.

"사람을 중요하게 생각해라. 자연을 소중하게 생각해라." 아이들은 아직 잘 모르겠지만, 어른으로서 당부하고 싶은 말들이었다. 교사 생활 38년 중 26년을 2학년만 가르쳤다. 계산이 없는 순수한 나이라고 생각했고, 무엇보다 마음이 통했다. 2학년이야말로 손에 무엇인가를 쥐여 주지 않아도 뛰어놀 땅만 있으면 즐겁고 행복해 하는 나이였다. 2학년과 놀며 시인은 세상을 새로운 눈으로 바라보는 법을 배울 수 있었다.

정말 그렇다. 정직하고 진실한 것이 통할 때 희망이 있다. 새로운 눈으로 보는 신기한 마음이 중요하다. 나는 초등학교 2학년을 6 · 25로 인하여 부산에서 개성까지 아버지 따라 갔다가 다시 1 · 4후퇴 때 부산으로 피난 왔다. 학교는 전쟁 중 병원으로 활용되었고 우리는 부산 구덕산 중턱의 천막 교실에서 공부했다. 우충충한 오늘 같은 날씨였던 내 초등학교 시절이었다. 여름방학 한 철 〈아름다운 시절〉 같은 강 마을인 진주 남강 언저리 큰 들, 아버지의 고향에서 보낸 한 철만이 기억에 있는 아름다운 시절임을 먼 후에 알았다. 복사꽃 만발하여 복숭아 열매를 직접 따먹을 수도 있었고 생 가지를 따먹어서 입가가 보랏빛으로 물들었던 그 시절은 모든 것이 신기하다는 것도 몰랐다.

할머니가 된 어린이는 모든 것이 신기하고 또 날마다 새롭다. 오늘이 매화 꽃길을 강물 따라 매향 따라 흐르면서 다리가 아프도록 걸으면서도 새록새록 솟아나는 감동으로 이 봄날이 벅차다. 오래 걷지 못하는 내가 이렇게 많이 걸을 수 있는 것은 오직 이 신기하게 안겨오는 매향과 강물이, 모든 자연물이 주는 순수한 감동이 있기 때문이다. 매화나무 가지에 걸린 까만 비닐 조각도 까치처럼 보이는 오늘이다. 오늘이 나의 〈아름다운 시절〉임을 후에 가서 기억하는 것이 아니라 지금이 가장 아름다운 시절임을 아는 것이 행복이다.

와유도臥遊圖

토요일이 좋다. 요즈음 한국은 평일에도 관광객들이 많다. 관광을 위한 삶인가 싶을 정도로 관광이 유행이다. 주말에는 교통체증도 많으니 나들이 하지 않고 집에 머물 수 있다는 것이 큰 행운 같을 때도 잦다. 누워서 편안히 휴식하며 여행을 즐길 수 있는 기회이기도 하니까.

얼마 전에 〈진품명품〉 프로그램에서 조선의 〈와유도臥遊圖〉가 나온 적이 있다. 꽤 높은 가격이 매겨진 것으로 기억한다. 금강산을 유람하고 돌아와서 금강산의 들머리에서 승경이 있는 곳까지 표시한 그림 한 장이었다. 와유란 말 그대로 비스듬히 누운 채 그림을 감상하면서 마음을 맑힌다는 뜻인 것 같다.

옛 사람도 이제는 늙어서 다시 금강산에 더는 갈 수도 없으니, 자신이 다녀온 길을 그려서 벽에 붙여 놓고 유람할 당시의 감격했던 장면들을 상상하면서 즐겼다. 조선의 화가들이 그린 그림들은 모두가 와유하기에 좋은 자료들이다. 영조 임금도 직접 금강산을 다니러 갈 수 없어 겸재에게 〈금강산도〉를 그려오라고 했고, 정조임금도 단원에게 단양팔경을 그려오라고 부탁하였다. 그리하여 조선 후기의 그림들은 조선회화사에 큰 자리를 확보하였다.

오늘날은 단면의 사진뿐 아니라 활동사진으로 볼 수 있는 시대이다. 언제라도 나라 안뿐만 아니라 지구 곳곳의 오지까지 영상으로 인문지리를 파악할 수 있고 자연 풍광을 즐길 수 있다. 토요일은 오전 시간에 〈걸어서 세계여행〉과 〈한국재발견〉 프로가 연속 상영된다. 오늘의 세계 여행 코스는 유럽의 남부 '크로아티아'였다. 크로아티아는 전에도 본 적이 있지만 다양한 시선으로 다시 보아도 좋은 곳이다. 크로아티아의 플리트비체 국립공원은 내가 본 공원 중에 가장 자연스럽게 조성된 아름다운 자연공원이다. 여러 줄기의 폭포가 자연스럽게 계단식으로 이루어져 있다. 또 두브로브니크 시는 유럽의 고대문화와 현대가 잘 어우러진 낭만적인 도시다. 멀리까지 나들이는 이제 하지 않으려고 마음먹었기 때문에 와유도를 즐기기에 안성맞춤이다.

〈한국재발견〉에서는 백두대간의 허리인 강원도 인제 지방을 여행했다. 가수 김도향이 진행했던 프로를 성우 배한성이 맡았다. 콧소리가 특징인 목소리를 음악처럼 들으며 옛날에 그곳을 지나칠 때를 회상하면서 경관을 감상한다. '인제 가면 언제 오나.'라는 말같이 40여 년 전에는 오지 중의 오지였다. 서울에서 설악산으로 가기 위해 인제를 넘어가다가 빗물에 다리가 무너져서 일행이 여관에서 하루를 묵는 동안 근처의 군부대원들이 고쳐주었다. 관동팔경의 일부를 구경하고 돌아오는 버스는 언제나 터덜거리며 버스의 의자 밑은 강원도 옥시기(옥수수를 강원도에서는 그렇게 불렀다.)가 이리저리 굴러다녔다. 그때만 해도 강원도에 가면 모두 옥시기를 기념으로 사들고 왔다. 핫팬츠 차림으로 집에서부터 바다와 설악산 울산바위까지 그 험한 계단을 올랐던 것이다. 요즘의 젊은이처럼.

유행은 돌고 돌아 긴 바지에서 여름의 핫팬츠가 다시 눈길을 끈다. 나에게도 저럴 때가 있었는데 하면서도 지금으로서는 아찔한 젊은이의 옷차림이다. 문인화 동호회원들과 동해바다에서 울산바위까지 해강의 아드님이신 청강 선생과 여행하면서 들었던 선생의 말이 생각난다. "미스 조는 풍류객 같은 면모가 있구먼." 무엇을 두고 그러셨는지 모르지만 비슷한 성정이 있었던가 싶다. 나의 아버지처럼. 50년도 더 된 예전에, 아버지는 동생들을 태운 트럭에 이삿짐을 싣고 전주에서 부산으로 내려가는 도중, 남원을 지나면서 광한루를 둘러보고 가자고 했으니 말이다.

아련한 추억을 떠올리는 동안 배한성은 벌써 천상의 정원인 점봉산의 정상, 야생화 천국에 도달하여 숨을 고르고 있다. 한때 점봉산 주위를 너무나 깎아서 환경을 훼손한다던 곳이었는데 지금은 야생화의 보고가 되었다. 용대리 황태 덕장 이야기를 들으며 백담사 가는 길의 추억에 또 젖는다. 백담사라면 만해스님이 가장 좋아했던 곳이다. 스님의 흔적으로 지금은 만해 마을이 조성되었다. 다음에 그곳을 갈 때면 꼭 만해마을에 들르리라. 전직 대통령의 흔적으로 더욱 유명해진 절이기도 하다. 한 번은 주변에서 쉬었고 한 번은 셔틀버스로 절까지 올라갈 수 있었다. 주변 계곡의 바위는 버스 안에서의 감상만으로도 눈 맛이 시원하던 계곡. 백담사에서 대청봉까지는 눈길로만 더듬어야 할 길. 설악에서 가장 높은 곳에 있는 암자. 적멸보궁이 있는 봉정암에서 마음으로 기도를 드리고. 반바지 차림으로 울산바위까지 올랐던 까마득한 젊음을 뒤로하고 자매들과 연인과 함께 돌았던 설악 주변을 떠올렸다.

6·25 사변 중에도 부산에서 개성으로 두 달 뒤 1·4후퇴, 당시 몇

날이 걸렸는지, 걷다가 머물었다가 또 차를 얻어 타고 유랑민처럼 내려갔던 길. 원치 않았던 국토 종단 길이었다. 그때로부터 고향을 잃은 디아스포라처럼 살았던 것 같다. 전주에 정착한 뒤에도 서울로 부산으로 혹은 더 먼 곳으로 건너뛰기가 더 쉬웠다. 언젠가 돌아가야 할 어딘가가 있는 것처럼.

많이 움직이기 어려워서 와유를 즐기면서도, 다른 곳에 존재하는 것 같이 움직이고 있다. 현대를 노마드 시대라고 하지만, 고대의 유목을 되풀이하지는 않는다. 앉아서도 새 공간의 자유로움을 찾는 일, 새로운 사유에서 새로운 가치를 창조하는 삶이 될 것이다. 정착민과 유목인 사이의 어느 한 방식을 선택하는 것이 아니라 동시에 두 가치를 모두 받아들이는 생동하는 삶이 될 것이다. 누워서도 앉아서도 새로운 삶의 방식과 가치를 끊임없이 창조하는 삶을 익혀야 하리라. 움직이면서도 앉는 방법을, 누워서도 생동하는 삶의 방식. 영원히 살 것처럼.

함안 조趙씨의 본향을 찾다

– 나의 〈와유도臥遊圖〉

무기리 연당지

지난 6월 중순에 자매들과 부산에서 전주까지 일주한 일이 있었다. 오랜만에 함께하는 일이기도 하지만, 부산까지의 주변 풍광과 길들이 벌써 낯선 나라 같았다. 부산에서 가족행사를 마치고, 언니 집에서 하루를 묵고 올라가는 길에 어디를 들를까 생각했다. 큰언니는 영주부석사에 가고 싶다고 했지만 내가 의견을 제시했다. 지난번에 경남 함안군의 와유도를 본 일이다. 전통의 도시 전주가 이씨조선의 본향이란 것이 이 지방의 명분이다. 그러나 함안 조씨인 우리는 정작 본향인 함안에 대해서는 아무것도 모르지 않은가. 경남 진주가 고향인 우리 자매들은 처음으로 본향을 방문하기로 했다.

함안군은 옛 아라가야의 땅이다. 아라가야의 궁궐이 있었던 곳이기도 하고 유교 유적지와 불교 유적지도 고루 분포되어 있었다. 그러나 시간과 위치상으로 칠서면의 유교유적지와 악양루를 찾아보자고 했다. 주세붕이 조선에 처음으로 건립한 서원 자리는 조용한 시골 마을이었다. 안으로 들어갈 수도 없고 뒷산의 대나무 숲에 하얀 왜가리 군락지가 있어 왜가리의 군무만 보았다. 와유도에서 백미로 꼽았던 '주씨고택연당지'를 찾는데 갈림길에 이정표가 표시되지 않아서 우여곡절 끝에 찾았다. 사진보다는 좀 작게 보였지만, 주씨고택 서원으로 연당지 안에 섬까지 만들어서 선비의 이상향을 형상화했다. 조그마한 연못에 운치 있는 자그마한 정자와 고풍스러운 소나무 한 그루, '무기리연당'에는 연꽃은 없고, 바람에 목욕하는 풍욕루風浴樓에 오르니 벼슬과는 바꾸지 않는다는 하환정何換亭이 연못 건너 단정하게 앉았다.

함안 악양루에서

햇살이 여위어가고 있어서 서둘러 악양루를 찾았다. 길게 곧은 들판의 길을 가로질러 어렵게 찾은 악양루. 김제 지평선을 연상할 만치 넓고 쭉 곧은 논을 가로질러 갔다. 악양루는 남강과 함안의 샛강이 합류하는 강 가 절벽에 세워져 있었지만 사람들이 많이 찾지 않아

함안 악양루에서 바라보는 함안 들녘

서 허름한 누각이 먼지 속에 쓸쓸하게 보였다. 악양루는 강 건너 함안의 들녘을 한눈에 내려다볼 수 있어 옛날에는 풍류를 읊을 만한 곳이었다. 강을 둘러싼 둑방길을 쌓아 홍수를 예방하고 지금은 자전거 길로 사람들의 사랑을 받는단다. 악양루라는 이름은 중국의 유명한 악양루에 비유해서 지은 이름이었다. 고대에는 도읍이 될 만한 고장이었다.

어둠이 햇살을 먹고 있는데 갈 길은 멀었다. 아직도 우리는 부산이란 이름과 경남을 벗어나지 못했다. 우리나라 지도에 경상남북도가 자리를 많이 차지하고 있는 것이 실감되었다. 지도를 보고 밤을 지새울 곳으로 덕유산 자락을 꼽았다. 무주의 나제통문이 바로 신라와 백제의 경계가 아니던가. 함양 휴게소에서 저녁밥을 챙길 수밖에 없었다. 밤중에 무주 구천동 초입에 들어서자 처음 눈에 들어온 황토펜션에서 하룻밤을 보내기로 했다. 공기가 아주 청신했다. 천장이 높고 넓은 방에서 맘껏 활개를 펼 수 있었다. 다음날 아침 첩첩 산중의 산자락에 위치한 곳이란 것을 알았다. 큰언니는 서울에서 시댁 고향인 거창에 다니던 십 년 전을 떠올리면서 길이 정말 좋아졌다고 감격했다. 아침에 덕유산 리조트 주변을 돌아서 아침 식사할 곳을 찾았다. 승강기를 타고 덕유산 정상에 올라볼까 했지만 너무 이른 시간이라 운영하지 않았다. 구천동 입구에서 알맞은 식당을 찾았다. 송이버섯해장국을 주문했는데 다른 곳과 달리 모든 접시를 사기그릇을 사용하였고 산골에서 직접 채취한 나물 맛이 좋았다. 우리의 운전기사인 제부는 아주 맛있다고 한 달에 한 번씩 여기 오자고 제의한다.

전주로 가는 길에 찾을 만한 관광지를 생각했는데 장수지역을 지나면서 주논개 유적지를 찾다 놓치고 말았다. 주朱씨는 우리 자매의 외척이기도 하니까. 진안에 당도하여 시장에서 수삼을 사고 용담댐을 둘러보고 '운일암반일암'을 지나가기로 했다. 나도 몇 번 다닌 길이긴 하지만 진입로와 방향을 잘 알 수 없었다. 용담댐 공원에서 진안 수박을 잘라 먹고 시원한 입맛으로 공원을 산책했다. 자매들은 감탄사를 연발한다. 금강산과 설악산이 부럽지 않다. 먹거리와 볼거리가 좋은, 산수가 빼어난 고장에 오니 부산언니는 더욱 좋아했다. 비록 가물어서 저수지에 수위가 낮았지만 함안의 악양루에 비유할 곳이 아니었기에 못다 한 정취를 용담에서 누렸다. 용담은 이름대로 상공에서 내려다보면 용이 누워 있는 것처럼 보인다고 하지 않는가. 와룡마을 뒷산은 산수화 한 폭 그대로였다. 마이산이 고생대 때에는 바닷속이어서 사암으로 이루어졌다니 이곳은 물이 많다. 진안의 데미샘과 장수의 뜬봉샘이 섬진강과 금강의 시원이어서 물길이 굽이굽이 흐르는 계곡이 수려하다. 내가 전북 사람이 되었으니 전북에 오면 내가 해설사 역할이다.

손뼉을 치고 한바탕 웃음을 터트린 것은 '운일암반일암'에서였다. 운일암반일암을 향해서 가는 동안 각자 그곳을 다르게 상상하였다. 큰언니와 제부는 암자인 줄 알았고 부산언니는 운일암과 반일암이 따로 정해져 있는 것으로 생각했다. 해서 큰 관광지처럼 주차장도 넓은 줄 알았는데 정자 옆의 오른편 언덕길을 오르려고 한다. 올라가야 암자가 나올 것이 아닌가 하고 말이다. 팔각정(도덕정)에 올라 계곡을 내려다보니 과연 정자 밑은 반일암이고 운일암, 구름 같은 바위가 즐비하다. 사실은 약 50여 년 전만 해도 이 계곡은 깎아지른 절벽에 길이 없어 하늘과 나무와 돌만 있었고, 오가는 것은 구름밖에 없었단다. 하여 반나절만 햇살이 들었다 하여 운일암반일암의 명성을 얻었다. 물이 작아서 이름값을 하지 못했지만 반대편 절벽 바위는 영락없이 부처바위였다. 동생이 어처구니없다면서, 관광안내도를 보면 아주 중요하게 운일암반일암이 크게 표시되었단다. 다니다보면 생각과 실제가 다른 점이 웃음 나게 하는 일이 다반사이다. 안내도에 '운일암반일암계곡'이라고 표시해야 맞다고 하면서 착각에 허탈해 했다. 실은 진안군 정천면 주천리의 갈거마을에 있다 하여 갈거계곡이라 한다.

이제 이렇게 하여 나의 와유도가 하나 더 그려졌다. 와유도는 중국에서 비롯했다고 말할 수 있다. 17세기 중국에는 '강산와유도江山臥遊圖'를 그린 화가가 있었다. 예술가란 단순히 자연을 모방하는 것이 아니라 실제보다 더욱 사실적으로 재창조하는 자라고 생각했다. 강산와유도는 중국 미학이 도달한 정점이라고 한다는데, 고요함과 금욕주의가 압축된 명상의 개념을 근본으로 하는 것 같았다. 동양의 산수화나 문인화는 풍경만 그린 것이 아니라 풍경에 우주적 정신을 담아서 혹은 선비의 정신을 담아내는 것이 목적이었다. 진정한 와유를 즐기려면 즐기는 것에 그치지 않고 나와 너와 사회 나아가서는 지구촌을 아름답게 보전하는 데 목적을 두어야 할 것이다. 수많은 활동 와유도를 만들어내기 위하여 우리가 기대어야 할 지구가 힘들어 이렇게 가뭄이 계속되는 것이 아닐까. 모든 저수지들이 맨살을 드러내는 모습을 보면서 유람의 방향도 많이 달라져야 하지 않을까 반성이 되었다. 옛 사람들의 와유는 단순히 마음을 맑게 하는 것만을 목적으로 하지 않았다. 오히려 시적이며, 정신적이고 철학적 가치가 그림 속에 담겨 있어야 진정한 와유가 가능하다고 생각했다는데 오늘날 유람객들은 그 가치를 실현해야 할 때가 아닌가 싶었다.

대한을 참배하다
– 반남면고분군을 다녀와서

영산강의 지류인 삼포강을 지난다. 드디어 영산강 삼백 리 어머니 같은 젖줄이 있어 선사인들이 등 붙일 수 있었구나 싶은 실감이 다가왔다. 내려오는 도중, 차창으로 들어왔던 풍경은 드넓은 겨자 빛 들녘과 논둑에서 은빛을 반짝거리며 흔들리는 억새풀들만 인상에 남았다. 바람에 나부끼는 억새풀이 마치 이정표처럼 우리를 손짓하는 것 같았다.

나주시 반남면고분군은 반남면의 자미성을 둘러싼 대안리, 신촌리, 덕산리 일대에 산재해 있는 40여 기의 고분군을 일러 말한다. 반남면은 반남 박씨의 시조묘도 있는 반남 박씨의 본관지이기도 하다. 백제에 복속되기 이전 최후까지 마한의 세력이 남아 있었던 영산강 유역이다.

거대한 고분 앞에 서자니 그제사 출토되어 유물로 말하고 있는 박물관의 기록들이 시원한 호흡을 하며 다가와서, 나도 비로소 큰 숨을 내쉬었다. 마한馬韓이라면 삼한 중의 가장 강력하고 크게 자리를 잡았던 54개국 연맹체였으며, 우리나라의 이름이 대한大韓에서 대한민국大韓民國으로 된 삼한의 한韓이 근원이었다는 것 외에 알 수 없었다. 이번에(2009년 9월 22일 11월 29일) 국립전주박물관에서는 국내 최초로 '마한의 숨쉬는 기록'을 전시하고 있다. 네 주제, 즉 '1. 마한, 그 시작, 2. 삼한의 으뜸, 마한, 3. 마한 사람들의 삶과 신앙, 4 백제 속의 마한' 등을 통하여 마한과 백제와 주변 동아시아와의 관계에 대하여 알아볼 수 있다. 그 전시와 연계된 유적 답사로 반남면고분군에 오게 되었다.

반남면고분군의 특징은 고구려 장군총, 공주 송산리 고분군, 신라 경주대릉원에 견주어 손색없는 대능원으로 군집을 이루고 있다. 그러면서도 역사에 기록을 남길 수 없었던 것은 국가가 형성되기 전의 부족국가가 통일국가로 발전하지 못해서였다고 보아야 할까. 백제에 흡수되어 가는 과도기의 삶의 형태를 나타내고 있었다는 것을 유물이 말해주었다. 마한의 기록은, 우리의 기록이 없을 때는 언제나 들먹이는 중국의 ≪삼국지, 위지 동이전≫과 ≪후한서≫이며 우리의 기록으로는 ≪삼국

반남면 고분군

사기≫ 백제본기 온조왕대라고 한다.

마한의 묘제의 특징은 단연 옹관묘이다. 마한에는 왕관은 없지만 옹관은 있다고 했다. 경주의 왕릉이나 부여의 능이 한 왕을 위한 능이었다면 마한의 묘제는 한 분구에서 여러 기의 옹관이 누워 있다는 것이다. 한 분구를 같은 부족이 시대를 두고 계속 매장을 하였다는 것은 이 얼마나 애틋하고 끈끈한 가족애를 말하는 것인가. 까마득한 고대인들의 어떤 정이 내 속에서도 숨쉬는 듯하였다. 그러기에 무덤의 형태도 커다란 원형에서 방대형, 사다리꼴, 장고형 등이다. 신촌리 고분들의 규모는 길이 10.5미터에서 35미터 이르기까지 다양한데 내부시설이 대부분 여러 개의 옹관으로 구성되었다. 또 하나의 특징은 하나 하나의 분구 밑 둘레에 도랑을 파고 물이 흐르게 했다. 띠를 두른 것이 분구의 장식 같다. 그 부족들의 주거지는 대체 어디쯤이었을까. 나주읍성 땅속을 파보면 단서가 될 어떤 유물들이 나올까. 그 거대한 옹관은 어디에서 어떻게 구웠을까.

박물관 전시장도 거대한 옹관으로 들어가는 듯한 구성으로 되어서 흥미롭다. 지금까지 막연하였던 마한의 그 이전과 이후의 실체를 느낄 수 있다. 전시장 입구는 옹관의 입구처럼 좁게 들어가게 되어 넓은 영역으로 인도된다. 처음 입구의 영상에서 만날 수 있는 '말모양허리띠' 장식은 그들에게 절대적이었던 말에서 마한이 으뜸이었음을 느낀다. 전시장 가운데 거대한 옹관이 있고 주변의 유물에서는 마한의 삶과 신앙을 알며 그후로 백제 속의 마한을 알 수 있다. 그렇게 거대한 옹관을 제작할 수 있었다는 것이 그 당시의 강력했던 지배세력을 상상할 수 있게 한다. 지금도 그런 옹관을 만들기는 쉽지 않다고 한다.

2년 전에 광주박물관에서 만났던 신기한 금동관이 신촌리 9호분에서 발굴되었다는 것을 알고 보니 마한의 세력이 다시금 생각된다. 옹관은 있지만 왕관은 없다는 기록은 이제 다시 쓰여지게 된다. 이 금동관이 후에 국가 시대 임금들 관모의 전형이 된 것을 보자니 감회가 새로웠다. 그뿐 아니라 금동신발을 비롯하여 금반지 봉화문환두대도, 청동 팔찌 등 다양한 유물을 통해 마한인을 만난다. 1996년 신촌리 9호분을 재발굴한 결과 고분 정상부를 두르며 장식한 원통형토기 28개가 출토되었다. 이 원통형토기는 일본의 고분에서 출토된 '하나와'라는 유물과 같은 성격으로 한국과 일본의 역사 전쟁의 비밀의 실마리도 될 수 있다고 한다.

복암리 고분인 방대형 고분의 정상에 오른다. 작은 야산을 오르는 기분이다. 평평한 정상에 서니 상쾌한 바람이 밀려와서 사위를 둘러본다. 주변의, 저 멀리 보일 듯 말 듯한 영산강의 지류가 보이는 곳까지, 사방이 황금물결로 출렁인다. 어찌 이 평야를 사랑하지 않았으랴! 3호분이라는 이 거대한 분구에서 1996~1997년 확인된 구내유일의 다양한 묘제 32기가 모습을 드러내었다. 금동신발, 관모, 삼두환두대도 등 많은 유물이 출토되어 마한과 백제와의 관계를 연구하는 단서들이 된다. 한 분구 안에 마한계의 옹관묘와 백제계의 석실분의 융합된 묘가 매장되었다는 것이 정말 흥미롭지 않은가. 몇 세대를 걸쳐 완성된 분구였다. 4세기에서 7세기에 걸쳐 조성된 집단묘적의 성격과 시기에 따른 옹관묘의 형태 그리고 석실분까지 그 변천과정을 연구할 수 있는 결정적 자료를 제공한 유적이란다.

얼마 전 세상을 놀라게 했던 고창군 봉덕리 고분은 더욱 신기하다. 언젠가 나는 길을 잘못 들어 아산면에서 선운사를 가기 위하여 그 길을 통과한 것 같았다. 그러나 그 야트막한 야산이 고분이었다니! 주변의 야산을 눈여겨보시라! 혹시나 선사시대의 고분인지 누가 알랴! 작은 구릉 옆을 돌아서니 길옆에 잡풀이 무성한 야산이 하나 있다. 아직 발굴하지 않은 분구가 옆에 발굴하고 있는 분구와 쌍을 이루고 있다. 조각이 찬란한 투조기법의 금동제 신발이 여기에서 나왔다. 대형 옹관 안에 시신을 누이고 금동관을 입고 금동신발을 신고 곡옥을 포인트로 한 구슬 목걸이를 걸었던 사람. 대도大刀를 차고 손칼도 들고서 중국제 청자와 호와 은제 탁잔을 거느리고 옹관 안에 누워서 어떤 꿈을 꾸었을까? 그 사람은.

경주에 갔을 때 나는 진평왕이나 선덕여왕 무덤에 가고 싶었다. 주변 분위기를 느끼기 위해서. 일행이 왕릉에 가봐야 볼 것이 없다 고 해서 그냥 돌아왔다. 오늘 답사는 종일 마한韓을 열었던 사람들의 무덤만 참배하는 성묫길이었다. 그 길 위에서 대한을 통으로 참배하는 기분이었다.

유배의 땅, 보물섬

역사의 물결이 출렁대는 남해. 남해에 오면 이순신을 생각하지 않을 수 없다. 유명한 한려수도, 다도해에서 핏빛을 뿌리면서 지켜낸 남해가 아닌가. 해남에서 진도대교를 건너오자마자 전라우수영지가 공원화되어 이순신의 첩들을 맞게 한다. 진도에 오면 이순신의 유명한 첩이 맞이해준단다. 서해가 문학적이라면 분명 남해는 역사적일 수밖에 없다. 전라우수영 공원에서 화사하게 피는 꽃길을 돌면서 어찌 옛 기억에 가슴 아파해야 하는지. 좋은 봄날에. 아름다운 지구촌에서 어찌 인류는 싸움하지 않을 수 없었던가.

화려하게 장식된 울돌목 야외무대에서 시원한 바닷바람을 맞으며 건너편 우수영 자리를 아슴히 바라보았다. 도저히 이 바다에서 치열한 해전이 있었으리라고 상상하기 어려웠다.

진도읍내에서 향토음식 생선알 비빔밥을 맛있게 먹었다. 음미할 새도 없이 시장이 제일의 반찬이었다. 섬이라고 생각되지 않는 읍내 풍경이

진도 운림산방

었다. 몇 년 전에 낭만 여행을 한 적이 있었다. 그때는 해남의 친구 댁에서 하루를 쉬었다가 진도로 건너왔기 때문에 그리 힘들지 않았던 것 같았다. 운림산방과 신비한 바닷길을 산책하였지만, 그때와 지금의 형편은 많이 달라져 있다. 완전 도시형 관광지로 변모한 것 같다.

단체로 몰려다니니까 개인적 관심사는 뒷전일 수밖에 없었다. 보배라는 말이 붙은 걸로 보아 선사시대부터 문명을 일구어왔던 섬이었다. 그러나 우리에게 진도가 가까이 오게 된 이유는 조선 시대의 유배제도 때문이 아니었을까 싶다. 진도 하면 아리랑이 자연스럽지만, 진도에 오면 다섯 가지를 자랑 말라고 했다. 시, 서, 화, 춤, 노래다. 그래서인지 일행 중에 아무도 〈진도아리랑〉을 부르는 사람은 없었다. 나는 유배 왔던 옛사람의 기억이나 흔적을 여기저기 흘깃거려보았지만. 알 수 없고 다만 이야기로 들은 적이 있던 노수신을 그려보았을 뿐이었다.

소재穌齋 노수신盧守愼(1515~1590)

선생 자신이 을사사화乙巳士禍에 연루되어 순천에서 3년, 이어서 진도에서 19년의 유배생활의 역경을 딛고 재상의 반열에 올라 영의정에 이르고, 시문과 철학으로도 일가를 이룬 분이어서 여러 향교에 배향된 걸로 알고 있다.

노수신이 자주 다녔다는 진도향교에 못 들러서 못내 아쉬웠다. 진도향교는 어느 곳의 향교보다 아름다워서 그가 자주 산책하면서 선비들과 교유했다. 고향과 부모님을 생각하며 눈물을 흘리고 비탄에 젖은 감회를 쏟아내기도 했다. 하지만 그에 머물지 않았다. 그는 진도 사람들과도 잘 어울렸다. 첩도 얻어서 자식도 낳았다. 진도의 풍속에도 관심을 기울여 굿하는 모습을 보고서 장편시도 지었고, 진도는 조曺 씨와 박朴 씨가 가장 세력이 강한 성이라는 것도 밝혔단다. 나이가 같은 사람과는 동갑회도 만들었다. 술과 서책을 벗 삼아 시렁 위의 책을 몇 번이나 읽고 취하면 시를 지었다. 그가 가장 많이 읽은 책은 ≪논어≫와 ≪두보의 시≫로, 읽은 수효가 2천 번에 이르렀다. 그가 대가로 칭송받고 귀양지에서 풀려 정승이 되는 데 유배 시절의 독서가 바탕이 되었다. 나중에 정승이 되어서도 진도에서 행한 책 읽는 습관을 버리지 않았다. 조선왕조 전체를 통틀어 책을 많이 읽은 선비로 노수신을 빼놓지 않는다는데, 진도에서 익힌 습관이다. 유배지에서 탄생한 문집과 글들을 많이 남겼다.

추사 김정희의 제주도 생활에 비교하면 유배의 기간은 길었지만 요즘 말로 낭만적인 생활도 영위했던 것 같다. 한가로운 사람만이 누릴 수 있는 여유를 즐기기도 했다. 귀양지에서의 네 가지 맛이란 시도 지었단다. 그 맛이란 맑은 새벽에 머리를 빗는 맛, 늦게 아침밥을 먹고 천천히 산책하는 맛, 환한 창가에 앉아 햇살을 쪼이는 맛, 등불을 밝히고 책을 읽는 맛이란다. 보통 사람들이 노년에 와서야 누릴 수 있는 맛을 젊은 나이에 맛볼 수 있었다. 28세부터 유배생활을 하였으니 그 기간 동안에 닦았던 학문과 객지의 생활체험은 고스란히 명재상이 될 수 있는 밑바탕이 되었던 것이다. 뜻을 이루고자 하는 사람들에게 본보기가 되는 점이다.

진도가 예술문화의 땅으로 자리매김한 것도 유배의 땅이기 때문이었지 싶다. 정치 싸움에서 밀려난 사람은 누구나 유배를 가야 했던 시대. 옛 중국에서는 중죄인은 도성에서 3,000리 밖으로 내쫓았다고 한다. 우리나라는 땅이 작아서 섬이 유배지가 되었다. 진도는 제주도와 거제도에 이어 우리나라의 세 번째로 큰 섬이어서 고려 때부터 조선에 이르기까지 유배지로 사용되었다. 진도에 유배된 사람의 수효가 제일 많았다고 한다.

유배를 온 사람들은 학문이나 문화생활에 젖어 있던 양반지식인이어서 화려했던 날을 잊기 위하여 시, 서, 문에 몰두했고 그것이 지방문화를 형성하는 데 큰 역할이 되었을 것이다. 남종화로 명문대가를 이룬 소치 허련이 일군 운림산방도 그와 맥락이 같다. 양천 허씨의 본향은 본래 경기도 양천일 텐데 진도에 자리 잡은 것이다. 소치의 선대 어른이 진도로 유배 와서 눌러앉게 된 연유로 소치도 진도에서 태어났기 때문이다.

산골짜기에 이는 구름이 숲을 이룬다는 운림산방. 몇 년 전보다 주변 정리가 매끈하고 미술관과 건축물이 들어서서 낯설었다. 이른 봄날의 꽃 잔치가 운림산방에서 열리고 있었다. 운림산방 자체가 한 폭의 산수화였다. 어느 해 여름 연꽃이 피었던 연못 주위를 배회하면서 나무 그늘에서 쉬었던 때의 연정이 피어올랐다. 추사와 초의선사의 교유가 소치 허련을 남종화의 대가로써 일가를 이루게 한 계기가 되었다는 생각에 인연의 소중함이 새로웠다.

추사의 〈세한도〉를 도쿄 후지스카 교수에게 빌고 또 빌어서 끝내 조건 없이 되찾아온 신화의 주인공이 진도 사람 소전 손재형 씨가 아니던가. 이후 〈세한도〉는 국보 180호로 매김 되어 조선 회화사에 독보적인 존재가 되었다. 옛날부터 명성으로만 들어오던 그의 예술혼을 이제야 진도 그의 기념 미술관에서 만나볼 수 있었다.

용장성 고토의 벚나무 아래서 옛사람들을 생각하며 마지막까지 몽골과의 투쟁을 감행했던 고려 삼별초의 고난도 다시 떠올리며 오늘을 감사했다. 중국사람들이 조선을 기억하는 세 가지 중에 옛 고구려가 수나라의 백만 대군을 물리쳤던 일과 몽골과의 60여 년의 투쟁을 꼽는다던가. 우리 민족의 끈기를 길이 발전해야 하리라. 마지막으로 벽파진에 올랐다. 오솔길을 지나니 지금은 항구가 된 벽파진 언덕 너럭바위에 이순신의 벽파진전첩비가 웅장하게 앞바다를 지키며 우리를 압도했다. 명량대첩의 역사를 적은 비문은 노산 이은상이 짓고 손재형 씨가 한글과 한문을 혼용하여 쓴 것으로 웅혼한 기상을 자랑한다.

옛날 노수신은 벽파진 언덕에 있던 벽파정을 찾아 벽에 기대면서 시를 지었다. 주차장 옆 쉼터의 현대식 정자 하나가 옛 벽파정을 기리는 듯했다. 수형 좋은 벚나무 아래서 사진을 찍으며 켜켜이 쌓인 진도 사람들의 한을 풀어내기에 알맞은 〈진도아리랑〉 가락을 흥얼거려보았다.

이순신의 벽파진이라는 큰 첩의 배웅을 받고 돌아왔다. 송구하게도.

전등사의 맛

늦은 밤, 집에 돌아오자마자 맛부터 보았다. 순무물김치. 심심한 국물 맛과 독특하게 알싸한 맛이 입 안에 엉겼다. 강화도 문학기행 때 강화 순무김치를 한 통 사 온 거다. 김치를 담그지 않은 지가 오래다. 그래도 선물 들어오는 게 많아서 집에 김치가 떨어지는 날이 별로 없다. 내 손에 오기까지 김치의 과정을 생각하면 감사한 마음이 가득해진다. 음식을 담아준 손길을 기억하며 사람에 대한 그리움마저 먹게 된다.

우리나라에서 지금과 같은 배추김치를 먹게 된 지는 19세기가 되어서라 했던가. 그전에는 무를 더 많이 먹었고, 오히려 무김치는 약용이었다 해도 과언이 아니었단다. 조선의 역대 임금도 대부분 그랬다고 한다. 특히 영조임금은 김치를 약으로 먹었을 정도였다.

강화의 순무김치라고 하면 강화도령인 철종 임금을 생각하지 않을 수 없다. 선대가 역모 사건에 연루되어 도령은 강화에서 농사나 지으면서 조용히 살고 있었다. 그런데 헌종이 후사가 없자 철종은 갑자기 농부에서 원하지 않는 임금이 되어야 했다. 조선 후기부터 왕자가 귀해지고 안동 김씨 세도정치에 국운이 쇠해지고 있던 혼란한 시기였다. 사랑하는 강화 처녀와 결혼하여 오순도순 살려고 했는데, 어쩔 수 없이 그 처자와 헤어져야 했다. 철종은 궁에 들어와서도 강화 순무김치를 좋아했단다. 순무김치를 먹으면서 강화에 대한 그리움을 달랬다. 순무김치를 먹을 때마다 나 또한 강화의 기억이 떠오르는데 철종 임금은 오죽했으랴.

강화도는 천혜의 요새였다. 고려와 조선을 통하여 나라가 위급할 때마다 조정이 피난했던 곳이다. 강화 섬 둘레의 요새마다 진陣과 돈대가 많다. 초지진에 올라보니 잿빛 바닷바람은 우중雨中임에도 시원했다. 평화롭고 그 잔잔한 바다가 그토록 피비린내 나는 전장일 때가 있었던가 싶었다. 병인양요, 신미양요, 일본 군함 등 근세 외침에 맞서서 줄기차게 싸웠던 격전지였다. 수문장처럼 서 있는 소나무 두 그루가 어찌나 멋이 있던지, 진을 보초 서는 전사의 혼이 서린 듯 당당하게 보였다. 갑곶돈대는 고려가 1232년부터 1270까지 근 40여 년 동안 몽골과의 전쟁에서 강화해협을 지키던 중요한 요새였다고 한다.

젊은 시절 서울에서 직장 생활할 때 동료와 강화 전등사를 방문했지

만, 어느 곳인지 기억이 가물거릴 뿐이다. 아치형의 성문 앞에서 하얀 모자를 쓴 젊은 날의 초상 한 장이 남았는데, 이번에 보니 그곳이 삼랑성 문이었다. 삼랑성은 단군의 세 아들이 쌓았다는 전설이 있기에 인근의 마니산에 천제단이 세워진 것인가 싶다. 바로 그 삼랑성 안에 전등사가 있다. 아마도 국내의 사찰 중에 가장 이른 시기에 지어진 절일 것이다. 고구려 소수림왕 때 진종사라 했는데, 고려 충렬왕의 정화공주가 경전과 옥 등을 헌납한 뒤로 전등사라 고쳐 부르게 되었단다. 전등사는 ≪조선왕조실록≫을 보관한 사고史庫를 지키는 호국의 임무도 담당하였다.

사찰이 지닌 세월의 흔적은 경내의 거목들이 말하고 있다. 가물던 차에 온종일 비가 내렸지만, 그렇게 세차게 내리지 않아서 우산을 받고 다니는 것도 즐거웠다. 짙은 추색秋色에 덮인 전각 처마와 어울린 나뭇가지들이 어찌나 새뜻하고 아름다운지 눈길이 닿는 곳마다 감탄사를 토했다. 역사의 풍상을 기억하는 듯 비에 젖은 거목들의 옹이에서 무언가 간절한 이야기가 터질 것 같아 우러러 살펴진다.

오래전부터 들었던 전등사 나부상裸婦相의 전설. 대웅전에 들기 전에 먼저 전각의 네 귀퉁이의 처마를 받치고 있는 나부상을 찾았다. 웅크리고 앉아 두 손으로 처마공포를 받치고 있다. 긴 세월 나부는 얼마나 많은 목탁소리와 스님의 염불 소리를 들었을까. 이제는 내려와 옷을 입고 여염집 부인으로 살아도 좋을 만도 할 텐데……. 벌써 깨달은 바 있어서 내려올 필요도 없어졌을까. 그대로 편안하여 그곳을 찾는 중생들에게 본보기가 되고 있는지도 모를 일이다. 지금은 대웅전 앞에 커다란 나부상 조각 작품이 보초처럼 앉아 있다.

나부상의 전설은 이미 많이 퍼지고 그에 관한 글도 많아서 알 만한 사

람은 다 안다. 간단히 말하자면, 옛날 대웅전을 지은 대목수가 마을의 주막집 여인과 사랑에 빠졌는데, 삯을 받으면 그 여인에게 다 맡겼다. 나중에 혼인하면 집도 장만하고 잘살아보자는 뜻이었겠다. 그런데 얼마간 지난 다음에 그 여인은 다른 사람과 바람이 나서 도망쳐버렸단다. 목수는 분을 참지 못하여 그 여인을 욕되게 벌하자는 생각에서 벗은 몸으로 대웅전 처마를 받치고 있도록 한 것이란다. 몇 세기가 지났는데도 여전히 그 나부상은 전등사의 보물이 되어서 오는 사람을 내려다보고 있다. 사랑하는 사람끼리 그 나부상 앞에서 사랑의 맹세를 하면 절대로 헤어지는 일이 없으리라. 그 긴 세월 말하는 뜻이려니, 해볼 만하지 않을까 싶다.

'그 맛, 예술이다!' 독특하게 맛있는 음식에 주는 감탄이다. 소박하게 맛있는 강화 순무김치를 아껴서 먹었다. 강화의 기억까지 새록새록 맛보며. 맛이 곧 멋이던가. 그것이 지니고 있는 추억에서 멋까지 풍겨 나오니 예술의 근원이 맛에서 비롯된다는 것이 새삼스럽다. 순무김치는 그 어느 해 석모도 보문사에서 취했던 낙조를 떠올리고, 별이 쏟아지는 밤바다를 되돌려주는 것이 아닌가. 음식이란 지역의 풍토에서 자란 재료와 고유한 손맛에 따라 특유한 맛이 나오게 된다. 같은 지구촌이라도 각 나라마다 사람의 생김새와 생활 문화가 다르다. 그 지역의 자연 환경과 풍토에서 나오는 재료의 지닌 맛이 다르기 때문이다. 지역마다 비슷한 것 같지만, 묘한 개성과 차이가 있을 뿐, 그 다양성이 어우러지면서 멋진 예술이 탄생했으리라.

사찰의 공양 간에는 이런 공양계가 붙여져 있다. "이 음식이 어디서 왔는고, 내 덕행으로는 받기가 부끄럽네, 마음의 온갖 허물을 모두 버리고 육신을 지탱하는 약으로 알아 도업을 이루고자 이 공양을 받습니다." 부끄러움 없이 음식을 받을 만한 자격이라면, 각각의 인생도 삶의 현장에서 쌓은 경험과 체험이 조화롭게 배여 맛있는 사람이 된다면, 그 인생 자체가 예술이리라. 전등사의 나부상이 멋진 예술품이 된 것처럼.

역동적인 부산

부산은 길의 도시다. 부산의 역사는 길이 열리면서 시작되었다고 해도 과언이 아니다. 근대적으로는 경부선의 철길과 부관 연락선이라는 바닷길이 서로 뚫리면서 동래가 아닌 부산이 도시로 형성된 것이다. 부산은 항만 도시로도 유명하다. 세계 6대 항만에 들어간다고 한다. 항만 시설이 잘 되어서 컨테이너 하나를 배에 실어 올리는데 2분밖에 안 걸린단다. 부산은 우리나라 항구 중 가장 큰 항구도시가 되었으며, 제2의 도시로 불리는 것은 한국전쟁 때 임시정부가 있었기 때문이다.

조선 시대의 부산을 알려면 동래부성으로 가야 한다. 전국의 주요 도로로서 수도 한양을 중심으로 한 아홉 개 대로가 있었다. 그중 부산은 영남대로로 한양과 이어졌다. 영남대로에는 좌도, 중도, 우도 세 갈래 길이 있었다. 그중 중도가 우리가 알고 있는 영남대로이며 가장 많이 사용된 도로였다.

지난겨울에도 부산을 한번 둘러보았는데. 전에 없던 하늘에도 길이

열려 있었다. 다리의 도시 부산에는 영도다리가 있다. 내 기억으로는 50여 년 전까지만 해도 부산의 명물이라 하면, 영도다리와 국제시장과 자갈치시장이었다. 길이라면 서대신동이나 동대신동, 나는 어렸을 때 대신동에 살았다. 대신동에서는 송도해수욕장이나 국제시장까지 걸어 다녔다. 그래서 길이라면 소위 서쪽 전통적인 동네라고 할 수 있는 대신동에서 길게 휘어진 도로 하나로만으로 기억한다. 9 · 28 수복 때 개성까지 갔다가 1 · 4 후퇴 때 부산으로 다시 와서 구덕산 기슭의 천막교실이 공부했던 기억이 내 어릴 적의 추억 아닌 추억이랄까. 한참 뒤에는 구덕터널을 지나면 동부산으로 바로 갈 수도 있었다. 영도다리를 건너면 내 친구네 집이 있던 청학동이 있고 태종대가 있었다. 그리고 그 중간쯤에서 해운대로 가는 버스를 탈 수 있었다.

조용했던 어촌마을 같았던 해운대 해수욕장에 관광호텔이 하나 세워졌을 때 구경 갔고, 몇 십 년 뒤에 광안대교가 개통되었다고 해서 우리는 다시 관광 차 다녀왔다. 그리고는 친척들의 행사에 다녀올 뿐이었는데, 어느 때부터인가. 부산시 사상구 근처에 가면 도시 교통의 정체로 인하여 시간이 많이 걸렸다. 도시 고속도로가 세워졌으며, 부산의 인근 도시로 연결되는 길이 여러 갈래로 뻗어나가서 어느 곳이 어느 곳인지를 알 수가 없다.

2015년 9월 12일, 영호남수필문학회가 부산에서 열렸다. 내 어릴 적 놀던 마당 같았던 송도해수욕장 해안에 있는 송도비치관광호텔에서 묵게 되었고, 송도스포츠센터에서 행사를 하게 되었다. 겨울에 갔을 때도 해변을 걸으면서 주위의 높은 빌딩을 올려다보면 어느 먼 나라에 와 있는 것 같은 거리감에 놀랐다. 송림으로 우거진 언덕의 소나무만은 우람하게 크는 동안 얼마나 많은 잎갈이를 했던지, 거북등 같은 나무껍질에나 옛날이야기가 쓰여 있을지 쓰다듬어볼 뿐이었다. 모래도 물도 그때의 것이 아니기에. 송도해수욕장이 한눈에 보이는 창이 있는 호텔 방에서 일출을 맞는 기분은 어느 먼 나라에 떨어져 있는 것 같은 야릇한 감회였다.

송도에서 영도까지 남항대교가 세워졌다. 하늘에 떠있는 북항대교는 나선으로 이어졌다. 놀이 기구를 타는 것 같은 묘기를 체감했다. 그래서 부산은 하늘에도 길이 있는 길의 도시가 되었다.

현재 영도대교

어촌마을의 해수욕장이 있던 해운대는 우리들이 자주 다녔던 유원지며, 일출을 보러 새벽에 가끔 달려갔던 장소였다. 뉴욕을 방불케 하는 수영만에서는 국제 요트 대회가 열리고 해운대 주변은 완전히 국제도시가 되었다. 광안대교는 수영구 남천동과 센텀시티를 잇는 74키로미터, 복층 구조 8차선 다리다. 백스코 등 부산시립미술관도 여기에 있는데, 몇 년 전에 부산비엔날레가 열려서 세계의 예술가들이 한자리에서 그들의 작품을 전시한 적도 있었다.

조용하던 동백섬에 국제회의장이 세워지고 해안은 말끔히 도시형 해안풍경이 되었다. 2005년 11월 부산 APEC 제2차 정상회의가 열린 '누리마루'에 들어서니, 정면에 12장생도가 화려하게 걸려 있었다. 모두 그 앞에서 기념사진을 찍었다. 아시아 · 태평양 21개국 정상들의 국기와 대통령 얼굴들이 벽에 붙어 있었다. 회의장에는 그 당시의 식사 메뉴와 선물한 한복이 전시되어 있다. 또한 건축물 구석구석에 한국을 상징하는 단청이 곳곳에 새겨져 있었다. 각국의 대표들이 한복을 입고 푸른 가을하늘 아래 푸른 바다에 떠있는 광안대교와 오륙도를 조망하며 나누었던 환담처럼 우리도 그리했다. 딴 나라에 온 것처럼. 누리마루에서는 광안대교의 현수교와 해운대 마린시티를 가까이 조망할 수가 있다.

전라북도에 살게 되면서 아름다운 산과 들의 풍경에 늘 감탄하지만 때로는 내 안의 바다가 꿈틀거릴 때가 잦았다. 역동적인 국제 도시 부산 관광을 마치고 전주로 들어서면 고즈넉한 조선 시대의 거리로 들어서는 것 같을 때가 있다. 다시 새로운 전통의 한韓 바탕 길에 어떤 무늬를 그릴 것인가를 생각한다.

5부

늙은 가지에도 꽃은 피나니

구소九霄를 날아 옛 선인을 뵙다

햇살 좋은 어느 가을날 그리운 누군가를 만날 듯 길을 나섰다. 병풍처럼 사방으로 둘러쳐진 산 아래 햇살만이 가득한 빈 절터. 보령 성주사지聖住寺址, 성인이 주석했던 절이었다는 것을 이름으로 짐작했다. 거기에는 낭혜화상탑비가 있었다. 언젠가 꼭 가보리라 하고 생각한 날이 바로 이날이다. 낭혜화상탑비명은 그 유명한 최치원의 사산비명 중의 하나였기 때문이다. 최치원의 사산비명 4개의 비문은 지리산의 쌍계사진감선사대공탑비(국보 제47호), 보령 만수산의 성주사낭혜화상백월보광탑비(국보 제8호), 문경 희양산의 봉암사지증대사적조탑비 등(국보 제315호) 경주 초월산의 대숭복사비에 적혀 있는 금석문이다. 대숭복사비는 비문만 남겨져 있고 비석은 없다. 낭혜화상탑비를 못 봤기 때문에 꼭 보고 싶었다. 비문을 읽을 수는 없지만, 대문장가인 최치원의 글의 흔적만으로도 볼만한 가치가 있다고 생각했다. 그리고 탑비를 세울 만한 선사가 주석했던 절이면 큰 법풍을 일으켰기 때문에 분위기만으로도 마음에 위안이 될 것이라고 생각한다. 당연히 그런 절이 있는 곳이면 산세와 풍경이 그보다 더 좋은 곳이 없을 것이다. 허허로운 절터의 영화로웠던 때를 상상하며 생성과 소멸의 의미를 되새기는 시간이 되기 때문이다.

성주사지

멀리서 보면 황량하기 그지없는 들판에 작은 석탑들이 모여 있는 것처럼 보인다. 산기슭 풀만 무성한 평지에 한때는 불전이 50칸이고, 행랑이 800칸이었다니! 해바라기 밭이 조성되어 있었는데 모두 시들고 있다. 입구로 보이는 곳 계단으로 올랐다. 계단을 오르면 석등이 먼저 불을 밝힌다. 석등은 간결한 모습이다. 기단 돌 위에 복련을 조각한 받침돌에 팔각기둥을 세우고 앙련 조각 받침 돌 위에 화창석을 세웠는데, 상륜부는 없어졌다. 8각 지붕 처마 밑에 4개의 화창이 열려 있다.

5층석탑은 통일신라 하대의 것으로 강건한 의지가 서린 듯하다. 전형적인 1탑, 금당, 강당 일원 식의 도량인 것 같다. 금당 터에는 연화 좌대가 당당하게 놓였는데, 어쩌면 석불상이 놓여진 곳이리라 짐작된다. 금당 터와 강당 터 사이에 3층석탑 3기가 나란히 세워져 있어서 이상했다. 이렇게 석탑들이 즐비하게 배치되는 곳이 없기 때문이다. 탑들은 보물로 지정되어 있다. 이 탑들은 본래 이 절터에 있던 것이 아닌 듯한데, 아무도 어디에 있었던 것인지를 모른다.

낭혜화상탑비는 탑 군들에서 좀 떨어진 곳에 있다. 처음에 발견될 때는 길 가에 묻혀 있었던 것을 보수해서 세웠고, 지금은 보호각 안에 있다. 내가 본 비석들 중에서 귀부와 이수의 조각이 드물게 웅장하고 기골이 장대하다. 귀부의 몸통은 거북 같지만 머리는 불을 뿜는 용의 모습 같은데 오른쪽 얼굴이 심하게 깨져서 안타깝다. 오석에 새긴 5,000여 자의 글자는 또박또박 선명하게 파여 있는데, 이럴 때면 그 글자를 읽을 수 없음이 애석하다.

낭혜화상이 성인이란 칭호를 받을 정도로 그 덕이 빛났기에 성주사란 이름을 하사 받은 것이리라. 최치원의 사산비문이 늘 궁금했다. ≪삼국사기≫와 ≪삼국유사≫ 이전의 훌륭한 문장이기 때문에 한국학 연구에 필수적인 금석문이란다. 4개의 비문 모두 사륙변려문(중국 육조 시대에서 당나라에 이르기까지 유행한 한문 문체)이라고 한다.

낭혜화상탑비명 번역문을 찾아 읽었다. 한문을 잘 모르니 어떻게 대문장가라 하는지. 하지만 번역문으로도 그의 문장은 내가 감동받기에 충분했다. 부드러운 태도와 알맞은 비유로 표현한 글에서 선사의 인품과 공덕을 알 수 있었다. 낭혜화상의 불덕을 얘기했을 터이지만 읽는 나로서는 최치원의 인품이 그 안에 함축되어 나타나는 것 같았다. 모든 글에는 짓는 사람의 인격이 배어 있는 것이 아닐까. 어쨌든 이 땅에 탑비를 남긴 선사들의 염력이 지금의 사람들에게 알게 모르게 스며들어 있지 않을까 하는 생각이 들었다.

"임금께서 말씀하시기를 "돌아가신 성주대사聖住大師는 참으로 부처님이 세상에 나신 것과 같은 분이셨다. 전에 나의 부왕(父王 : 景文王)과 헌강왕憲(獻)康王 모두 스승으로 섬기셔서, 오랫동안 나라에 이로움을 주셨다. 나도 왕이 되어서는 선왕들의 뜻을 이으려 하였으나, 하늘은 (그런 분을) 남겨주지 않았다. 이에 나의 마음이 더욱 애달프다. 생각건대 큰일을 한 사람에게는 큰 이름을 주어야 하므로 시호를 '대낭혜大朗慧', 탑의 이름을 '백월보광白月葆光'이라고 하노라. 그대는 일찍이 중국에 가서 벼슬하고 이제 출세하여 고국에 돌아왔다. 전에 나의 부왕께서 (그대를) 국자國子로 뽑아 공부하게 하였고, 헌강왕憲(獻)康王께서는 (그대를) 국사國士로써 대우하였으니, 그대는 국사國師의 명銘을 지어서 그 은혜에 보답함이 마땅할 것이다." 라고 하셨다. (치원은) 사양하여 말하기를 "황공하옵게도 전하께서 저의 글이 벼에 알맹이는 없으면서 쭉정이만 많고, 계수나무에 향기만 있듯 실속이 없음을 용서하시고, 글을 지어 은혜에 보답하라 하시니 진실로 뜻밖의 행운이옵니다. 다만 대사大師께서는 유위有爲의 세상에서 무위無爲의 신비한 가르침을 널리 펴셨는데, 소신小臣의 한계가 있는 하찮은 재주로써 그 끝없이 큰 행실을 기록하려 한다면 약한 수레에 무거운 짐을 싣고, 짧은 두레박으로 깊은 우물의 물을 길고자 하는 것이 될 것입니다. 행여 돌이 상서롭지 못한 말을 하거나, 거북이 돌아보는 신조神助가 없으면 결코 산과 시내가 빛을 발하지 못하고 오히려 숲과 골짜기의 물에 부끄럽게 될 것입니다. 부디 글 짓는 것을 피하게 하여 주십시오."라고 하였다. 그러나 임금께서는 "사양을 좋아하는 것은 우리나라의 풍속으로 매우 좋은 것이다. 그러나 정말로 이런 일을 할 수 없다면 (중국의 과거에) 급제한 것이 무슨 소용이 있단 말인가. 그대는 힘써 행하라."라고 말씀하면서 크기가 방망이만 한 두루마리를 하나 꺼내어 내시로 하여금 전해주었는데 곧 (대사의) 문하 제자들이 올린 (대사의) 행장行狀이었다."

달마로부터 시작된 선불교가 8대 조사인 마조도일, 9대 조사 마곡 보철에 이어 10대에 와서 신라의 낭혜화상 무염국사(801-880)로 그 맥이 이어진다. 무염은 중국의 선맥뿐 아니라 차茶와 선禪이 둘이 아니라 다

선불이茶禪不二의 차풍도 이어와 이 땅에 뿌리내리게 하였다. 서기 845년 중국에서 선종의 법맥을 받아 귀국한 무염은 지금의 충남 보령 만수산 북쪽 기슭에 신라 구산선문의 하나인 성주산문을 열었다. 무염국사와 동시대 신라의 학자인 김립지가 쓴 〈성주사사적기〉에는 차인들이 목마르게 찾고 있는 차茶 자字가 나온다고 한다. 차는 향과 더불어 스님에게 올리는 최고의 예물이었다. 무염의 일생이 기록된 낭혜화상탑비에는 차와 향을 뜻하는 '명발'이라는 글자가 나온다. 당시 문성왕도 갓 귀국한 무염에게 차와 향을 올리며 제자의 예를 갖추었다고 한다.

9대 조사인 마곡이 누구인가. 단순한 마실 거리에 지나지 않았던 차茶를 선에다 접목시켜 선의 화두로 끌어들인 8대 조사 마조도일의 제자이다. 마조도일의 문하에는 걸출한 차의 달인들이 많이 배출되었다. 불전이나 사원의 각종 의식에 차를 올리게 하면서 사원 차례의 바탕이 된 백장청규를 남기고 백장회해(749-814), 또, "차나 한잔하고 가게."라는 공안의 주인공인 조주趙州 등이다. 무염은 당대의 걸출한 선배조사들의 차풍을 고스란히 신라로 가져와 그 뿌리를 내렸던 것이다. 중국의 당나라 서울 낙양 불광사에서 마조의 법손인 여만이 무염을 처음 보고 '내가 사람을 많이 보았지만, 이 신

낭혜화상탑비

라인과 같은 이는 드물다. 뒷날 중국이 선을 찾는다면 장차 동이東夷에게 묻게 될 것이다.'라고 했다. 무염국사는 제자들에게 다음과 같은 법문을 남겼다. "마음이 비록 몸의 주인이지만 몸이 마음의 사표가 되어야 한다. 저 사람이 마신 물로 내 목마름을 해소할 수 없고 저 사람이 먹은 밥으로 내 굶주림을 구하지 못한다. 어찌 스스로 마시고 먹지 아니 하느냐."

차를 수행처와 생활처로 알고 사는 나로서 차와 인연 깊은 무염국사비를 만나고 선다일여의 성지에 온 것 같아 가슴 가득한 그리움에 싸인 시간이었다.

보원사지를 거닐며

여린 햇살이 다정했던 어느 가을날 오후. 보령 성주사지에 다녀오는 길이다. 먼, 먼, 그날들을 회상하며 성주사지에서 따뜻한 마음을 챙기고 돌아오는 길. 서산을 들러서 보원사지를 걷고 싶었다. 언제부터인가 나는 폐사지廢寺址를 찾는 일이 좋아졌다. 답사할 때는 같이 공부하는 즐거움으로 가지만, 다시 찾아 흘러가버린 시간의 폐허에 젖고 싶은 마음이 남는다. 무한한 상상 속에서 그날들과 오늘과 미래에 겹쳐진 세월의 의미를 더듬어 보고 싶은 건가?

충청남도 지방은 예부터 살기 좋은 내포지방이라 하여 조선시대 벼슬자리나 차지했던 사람들은 내포 지방에 땅과 집을 소유했던 사람이 많았다고 한다. 백제시대부터 태안과 서산 지역은 중국과의 중요한 교통로였다는 점으로 중요한 곳이었다. 그에 따라서 불교문화도 융성했던 것 같다. 옛 사람들은 거석과 거목들을 숭배하였다. 그런 거석에다 불상을 조각하였으니 종교심은 더욱 컸으리라. 나도 석탑과 석불을 만나기를 좋아하고 거목들을 바라보기 좋아한다. 딱히 뭔가를 기원한다기보다 알 수 없는 시간의 힘이 느껴져서일지 모른다.

서산시 운산면 용현계곡 보원사지 삼거리에서 조금 들어가자면 너른 들판에 우뚝 솟은 당간지주와 마주하게 된다. 몇 년 전에 왔을 때는 한창 발굴 중이었다. 그동안 모든 발굴이 끝나고 터가 정리되었다. 동서로 마주하고 있는 당간지주는 언뜻 보면 간단한 구조인 것 같으나 당간을 고정시키기 위한 세심한 배려를 엿볼 수가 있다. 통일신라시대의 당간지주에서 많은 예를 볼 수 있다고 한다. 보물 제103호이다. 당간지주 뒤로 절터의 가운데 자리쯤에 5층석탑이 보이고 산기슭 아래 탑비가 멀리서도 보인다. 도랑을 건너는 징검다리를 건너서 마당으로 들어서면 5층석탑 앞에 선다.

5층석탑은 언뜻 보아도 통일신라시대 후기와 고려시대 초기에 만든 것이란 것을 알 수 있다. 각 층의 옥개석은 얇고 넓게 펴져서 끝이 살짝 치켜든 것이 백제 양식이고, 옥개석 층받침이 4층인 것은 신라 식이며, 각 층의 몸돌을 받치는 굄석을 하나 더 받쳤다는 것은 고려 식에서 볼 수 있는 것이다. 탑 전체의 모습은 미려하고 경쾌하여 아름답다. 기단부

보원사지

의 면석에 팔부중이 합장하고 있는 모습을 돋을새김한 조각이 천년의 세월을 뛰어넘고도 또렷하다. 제1층 탑신 각 면에 자물쇠 모양이 새겨져 있다. 상륜부는 정상에 노반석이 놓였고 그 위에 긴 찰간이 꽂혀 있을 뿐 다른 부재는 남아 있지 않다. 이 절은 고려 때에 중창하였다고 하는데 이때 탑도 세워졌을 것이라고 한다. 보물 제104호로 지정되었다.

절터의 맨 뒤쪽 산기슭 아래 부도와 탑비가 유려하게 서 있다. 바로 보물 제105호인 고려시대의 고승 법인국사 탄문의 승탑과 탑비이다. 승탑은 바닥 돌부터 지붕돌까지의 단면이 신라 승탑의 전형적인 양식인 8각원당형을 따랐다. 아래받침돌은 윗단과 아랫단으로 구성되었는데 아랫단은 옆면의 각 면마다 1구씩의 안상이 조각되었는데, 안상 안에는 각각 모습을 달리한 사자상이 1구씩 돋을새김되어 있다. 윗 받침돌의 옆면에는 구름무늬와 용무늬를 돋을새김하였다. 용머리의 부리부리한 눈과 코, 입 그리고 몸통의 비늘 등이 사실적으로 표현되어 위엄을 느끼기에 충분하다. 불교가 융성하던 시절의 석물들은 화려한 조각 솜씨를 엿볼 수 있는 재미를 더한다. 보물 제106호인 법인국사보승탑비. 전체 높이 450센㎝, 너비 116.5㎝, 장쾌한 느낌을 주는 탑비의 머리장식(이수)은 상부에 용이 양쪽에서 노니는 연못을 새기고, 네 귀퉁이에서 안쪽을 바라보는 용을 새겨 용이 사방에서 모이도록 조각하였다. 비석의 받침은 거북모양이나, 머리는 여의주를 물고 있는 용의 모습이다. 이만한 승탑과 탑비로 기념할 만한 승려라면 과연 어떤 분인가.

법인국사 탄문은 신라말, 고려초의 명승으로 고 씨이며, 968년 (광종 19)에 왕사, 974년에 국사가 되었고 이듬해 보원사에서 입적하였다. 978년 왕은 '법인'이라 시호를 추증하고 '보승'이라는 탑명을 내렸다. 고려 초기에는 구양순체를 쓴 대가가 많았다는데 그중에서도 이 비석의 글씨는 백미에 속한단다. 역시나 글씨를 읽을 수 없음이 이럴 때 아쉬울 뿐이다.

이밖에도 서산시에는 해미읍성과 유서 깊은 개심사가 있다. 보원사지 뒤쪽 산을 오르면 개심사로 넘어가는 길이 있는 것 같지만, 언제 그 길을 걸어가 볼 수 있을까. 벌써 가을바람이 햇살을 서서히 밀어내고 있다. 황량한 들판 같지만, 긴 세월 100여 칸이나 되는 전각들이 남긴 석물들이 한가득 마당을 차지하여 옛날의 영화를 증명이라도 하는가. 입구의 물통으로 쓰였던 널찍한 석조도 휑뎅그렁하게 수풀 속에 버려진 듯 있지만, 그 옛날의 분주한 역할을 했던 기억만은 담고 있는 것 같다.

서산마애삼존불(국보 제84호)

서산에서 용현계곡을 지난다면 반드시 마애삼존불을 만나고 가야 한다. 보원사지를 찾으면서 태안의 마애삼존불과 백제의 미소라 일컬어지는 서산마애삼존불(국보 제84호)을 떠올리게 된다. 서산마애삼존불을 두어 번 찾은 적이 있다. 삼존불의 미소만은 항상 내 마음에 들어있다. 최근에는 삼존불의 보호각을 걷었기 때문에 본래의 모습으로 볼 수 있다.

산 중턱 벼랑 바위에 새긴 삼존불. 본존불은 머리의 보주형 육계는 작지만, 머리 부분에 영기 무늬가 또렷한 광배가 부처를 더욱 환하게 하여 그 친근하고 푸근한 미소가 가까이 느껴지게 한다. 우협시보살은 본존과 같이 살이 통통하게 올라 눈과 입을 통하여 만면에 미소를 풍기고 있다. 두 손은 가슴 앞에서 보주를 잡고 있다. 발밑에 복련覆蓮 연화좌가 있다. 좌협시보살은 또 어떤가, 반가사유상인데 그 천진스런 미소라니! 두 협시보살 모두 미소를 풍겨주는 광배가 있다. 이런 삼존상은 ≪법화경≫, 즉 석가불, 미륵보살, 제화갈라보살을 나타낸 것으로 보인단다. 법화경 사상이 백제 사회에 유행한 사실을 입증해 주는 가장 중요한 사료라고 한다. 그런 사료적 가치는 몰라도 된다. 거대한 바위 안에서 걸어 나와서 우뚝 서버린 부처들이 그렇게 천년의 미소를 짓고 있을 수 있는가. 누구를 향하여! 물어야 하지 않을까.

고대의 석공들은 무슨 이유로 그렇게 무심한 벼랑 돌 속에서 부처를 끄집어낼 수가 있었을까. 조각가들은 어느 질료를 보면 그 안에서 어떤 형상을 보는 것이 분명하리라. 그것은 또 무엇을 위한 것일까. 그리스의 조각가들은 신전에 모시기 위해서 돌을 캐어서 신상이나 여인상으로 조각하였다. 그리하여 신을 숭배하도록 한 것이리라. 우리 삼국시대의 조각가들은 어땠을까. 누가 무엇을 위한 것인가. 불국을 위하여 나라를 튼튼한 기반에 서게 하여 보호하도록 국가 이념이 석공들을 재촉한 것인가. 원인이 곧 목적인 바지만, 그 시대 최고의 작가들의 예술 혼을 불태워 그토록 아름다운, 세월을 넘나드는 예술품을 남길 수 있었다는 것이 감탄스러울 뿐이다. 그로 인해 벌써 이 시대 사람들은 모두 부처나 신이 되었어야 마땅한 것이 아닐까. 어처구니없는 상상일까.

어찌 돌덩이나 청동조각에다 미소를 그려낼 수가 있단 말인가. 특별한 예를 갖추지 않아도, 위엄을 내려놓은 부처 앞에서 누구나 편안하게 마주 미소 지을 수 있지 않은가. 마음이 울적하거든 이 백제의 미소를 만나보시라.

태안마애삼존불

태안마애삼존불, 역시 백제 시대의 불상이다. 태안군 태안읍 동문리, 태안읍의 진산이라는 그리 높지 않은 백화산 등성이에 있다. 마애불 아래는 현대에 조성한 절이 있다. 우리는 그 절에는 들어가지 않고 태안마애삼존불에 관심의 초점을 맞추어 답사한 적이 있다. 보물이었던 태안마애삼존불은 2004년 국보 제307호로 승격 지정되었다. 백제의 초기 불상으로 그 사료적 가치가 높은 것이다. 고대 중국에서 기원한 마애불은 한국에 와서는 독특한 한국적 특징을 갖게 되었다. 중국에도 백화산이란 이름을 가진 산은 마애불을 조성하기 쉬운 괴석이 많다고 한다. 태안 백화산도 작고 아담하지만 서해안을 끼고 있는 아름다운 경관과 기암들이 많다고 한다.

지금도 알 수 없는 것은, 삼존불 가운데 본존불이 보살상으로 작다는 것이다. 좌우 협시가 부처상이라는 점이다. 중앙에 보살, 좌우에 불상을 배치한 독특한 형식을 취하였다. 좌우의 불상은 중앙의 보살보다 상대적으로 큼직하여 1보살, 2여래라고 하는 파격적인 배치를 보여주는 특이한 구도인 것이다. 그 당시에 관음보살 숭배 사상이 유행했던 것일까. 서산마애삼존불은 그 조각 솜씨가 빼어난 데 비하여 태안마애삼존불은 형식도 특이하고 많이 마모되었지만, 경외심을 일으키기에는 충분하다. 서산마애삼존불의 앞선 형식인 것을 쉽게 알 수 있다. 얼굴은 살이 붙어

양감이 있는 데다 근육이 팽창되어 강건한 인상을 보여 주고 있다. 백제가 융성했을 때 조성한 것이 아닐까. 모든 예술품이 그러하듯 그 시대의 작가의 특성이 잘 나타나는 것이 아닌가! 중국과의 교역이 많았던 백제였기 때문에 불상 또한 수나라 불상의 장대한 양식 계열의 영향을 받고 있다는 전문가의 이론이 짐작된다.

거대한 보원사지의 터에 설 때면 백제의 융성했던 문화미를 생각하게 된다. 보원사지가 백제시대 고찰임에도 불구하고 그 역사를 알 수 있는 사지寺誌나 사적기寺跡記 등의 문헌기록이 남아 있지 않단다. 사지에서 출토된 금동여래입상이 6세기 중엽에 제작된 것으로 추정되고 있다는 것으로 보아 알 수 있다. 그리하여 보원사지 근처에 있는 서산마애삼존불과 태안마애삼존불이 서로 연관이 있는 시대 불상이란 것을 짐작하게 된다.

백장암 삼층석탑과 남원 실상사

지난해 초파일 때 백장암을 다시 찾았다. 탑 주변의 넓은 터에 대웅전이 세워져서, 전연 새로운 절이 되어 있었다. 대웅전을 지은 뒤로 그 석탑을 옮겨 세운 것처럼 보였다. 사실 국가문화재는 옮길 수가 없는 것을……. 물론 백장암 오르는 길은 가파르지만 자동차로 구불구불 올라갈 수 있다. 상전벽해라 하던가? 백장암 알기를 40여 년이나 되었으니. 백장암 삼층석탑은 제대로 모습을 갖춘 것 같아서 다른 사찰 불사 같은 거부감이 들지 않았다. 지리산 천왕봉의 중턱쯤 되는 산허리라서 대단히 높다. 산아래를 내려다보는 경치도 마음을 씻어내기 충분하다. 스님들이 반가이 맞아주어서 저녁 공양까지 대접받았다. 옛날이야기를 했더니 대나무 숲으로 올라가면 선방이 있으니 올라가 보라고 했다. 대나무 숲 속의 계단을 오르자니 그때야 그 옛날의 정취가 되살아났다. 선방 옆의 요사체 작은 방에서 잠도 자고 난생처음으로 아궁이 장작불 지피는 체험까지 했던 때. 아! 옛날이여, 지금은 어떤 나로 어찌 여기 있는가?

백장암 삼층석탑

남원에서 인월 가는 버스를 타고 백장암 입구에서 내리면 산길을 걸어야 했다. 길도 포장되지 않았고 가파르고 험한 돌길이었다. 그래도 그때는 내 인생이 치열했던 시기였던가. 인생의 물음표가 많았던 때였던 것 같다. 겨울엔 눈마저 쌓인 길도 기꺼이 올랐다. 백장암 주지 스님은 불교 신도인 친구 소개로 내 다실茶室에 찾아오셨다. 몇 마디 담소 끝에 그분이 말했다. 내가 천주교 옷을 입었지만, 내용은 불심을 담고 있다고. 차로 인해서 알게 된 스님 몇 분의 영향으로 신도 아니면서 불교에 관심이 생겼을 때였다. 내가 편지를 잘 쓴다고 바로 버리지 못하고 한동안 간직하기도 한다고 했다. 무슨 내용인지 몰라도 불교와 인생에 대하여 내가 편지를 보낸 적이 있었던 것 같다. 어떤 때는 다구茶具를 좀 챙겨 오라고도 하고 명상 프로그램에 같이 참여하도록 부르기도 했다.

그 시절엔 몰랐다. 우리 문화재의 미감에 대해서. 암자 입구까지 올라오면 근처의 밭 옆, 담장 안에 삼층석탑과 석등이 있었다. 의미도 모른 채 경외심이 들어서 반드시 탑돌이를 하고 선방으로 올랐다.

박물관에 자주 가게 된 인연으로 우리 문화재의 아름다움과 그 뜻을 조금은 알게 되었다. 특히 석탑을 보러 다니기를 좋아하게 되었다. 답사객들과 찾은 백장암. 옛날의 백장암이 아니었다. 주변 담장과 밭 등을 모두 뭉개버린 벌판에 탑만 우뚝 서 있었다. 다시 본 석탑은 국보 10호였다. 처음 만난 아름다운 조각미였다. 돌도 화강암이 아닌 검은색을 띤 벼루 같은 돌이다. 그 모양새를 자세히 봐야 했다.

기단석에서부터 삼층 지붕까지 거의 크기가 일정한 비례로 조출한 크기에 전체적으로 아름다운 자태다. 통일신라의 전성기에 석가탑이 전형적인 삼층석탑이 된 이후뿐 아니라 그 모든 시대의 석탑들과는 다르게 자유스러운 구조로 만든 이형異形탑이다. 일층 몸돌만은 길다. 이층과 삼층의 몸돌의 크기는 비슷하다. 일층 탑신의 받침돌과 이층과 삼층의 몸돌에 목조건축에서나 볼 수 있는 난간을 돋을새김하여 둘렀다. 이 난간의 생경한 구조가 바로 앞 석등의 중대석에서도 볼 수 있다. 그 평난간의 새김이 감탄을 자아낸다. 미륵사지 석탑에서 볼 수 있는 목재 같은 느낌의 문살을 짜 넣은 것이라니! 각 몸돌에는 신장상과 보살 입상, 주악천인상 같은 인물상이 섬세하게 양각으로 도드라지게 조각되었다. 각층의 지붕돌 밑의 연꽃 받침의 양감도 얼마나 두드러지는지, 육감적인 섬세함이 탐스럽기조차 하다. 백장암 석탑의 상륜부에는 방형의 노반석 위로 복발, 보륜, 보개, 수연 등의 부재가 비교적 잘 남아 있다. 이는 실상사 동서 삼층석탑의 상륜부와 관련이 깊다.

남원 실상사는 신라 구산선문 중의 하나로 평지 사찰 중의 보물이 많은 절이다. 특히 동서 삼층석탑이 상륜부까지 온전하게 남아 있어 불국사 삼층석탑을 보수하는 데 참고가 되었다고 하던가.

양 석탑 뒤, 보광전 앞 석등의 아름다움은 압도적이다. 석등의 불빛창에 불을 밝히기 위한 석대가 있는 것은 그 어느 석등에도 없는 유일한 것이다. 석등도 석탑과 마찬가지로 시대의 변천 따라 그 양식이 변모해 왔다. 신라 후대에 몸돌이 장고형인 것이 나타났는데, 화엄사 각황전 앞의 석등이 가장 크며, 임실 지구사지에도 그와 비슷한 석등이었다. 그중 실상사의 석등은 모양과 크기와 석대까지 온전하게 그 빼어난 자태를 뽐내고 있다. 넓은 기단 터에 자리하고 있는 석등은 기단석의 복련覆蓮 끝에 세 개의 귀꽃이 달려 있다. 그 귀꽃은 지붕돌과 상륜부에도 있어 전체적 동일미를 나타내는 데 결정적 역할이 되는 것 같다. 어떤 마음이 이런 예술 형태를 구상하게 되었을까. 모든 작품은 만든 사람의 생각에 불심과 시대정신을 담은 예술 혼이 새겨져 있다. 헤아릴 수 없는 세월 속에 면면히 이어져온 정신이 오늘에는 어떻게 구현되어야 할까. 때때로 석조 예술 작품 앞에서 생각에 잠기곤 한다.

실상사 약사전에는 거대한 여래좌상철불이 있다. 상체가 길어서 입상처럼 보일 정도다. 철불은 천왕봉을 바라보는 쪽으로 시선이 닿아 있단다. 일본의 침략을 저지하는 자세라든가. 사실 이 지방은 고대부터 왜구의 노략질이 심했단다. 홍척 스님이 절터를 찾을 때 이곳에 절을 세우면 왜구의 침략을 저지할 수 있다는 예시를 받았단다. 보광전 안에 동종이 있는데 종의 표면에 일본 지도 같은 무늬가 있다는데, 그곳을 치면 왜구가 망한다는 전설이 있었단다. 사실 그 무늬를 나는 인식할 수는 없었다. 약사전은 단일 전각이지만 팔작지붕에 꽃살문과 귀공포 조각도 아름다워 볼만하다.

남원지방은 역사와 문화가 뒤엉켜 있는 이야기가 많다. 실상사 근처에는 이성계가 황산대첩을 승리로 이끈 것을 기념하기 위하여 세운 황산대첩비가 있고 인월에는 이성계가 황산 전투 때의 흔적인 피바위가 있으며, 인월이란 말에도 달빛이 비추어 전투를 잘하게 되었다 해서 그 지방 이름이 되었다는 전설 같은 이야기가 있다. 또한 실상사 뒷산에는 후백제의 연호인 정개政開가 새겨진 승탑이 있으며 여원치마애불과 신

계리에도 석불좌상이 있다.

백장암 삼층 석탑 같은 명품이 탄생하게 된 배경에는 그만한 바탕 정신과 정서가 있었던 것이 아니랴! 남원지방은 이야기의 보고다. 남원의 아이콘인 춘향 이야기는 모르는 사람이 없으며 현대까지 리메이크되고 있다. 남원시 산내면 백장암 계곡 가는 길에는 쌈지 공원이 하나 있다. 변강쇠와 옹녀가 팔도를 유람하다가 지리산에 정착하게 되었다는 전설에 바탕을 두었다. 신재효가 개작한 판소리 여섯 마당 중 하나인 〈가루지기타령(변강쇠타령, 황부가)〉에 등장하는 변강쇠와 옹녀를 주제로 남원문화원이 1998년에 조성하였다. 옹녀탕, 음양바위, 태아바위 등의 명칭에 비롯되었다고 한다. 팔도의 장승을 비롯하여 변강쇠와 옹녀를 형상화한 조형물과 당간형 솟대 등이 있다.

귀신과의 사랑이야기가 탄생한 남원 만복사지가 있다. 김시습의 〈만복사저포기〉의 배경이 된 곳이다. 차茶 일 때문에 교룡산성 및 대복사에 자주 갔을 때, 이웃의 만복사지에도 갔었다. 고려 때의 절터였던 것으로 아는데, 고려 식의 5층 석탑도 보기 좋거니와 광배가 찬란한 석불 좌상도 있으며 전각터였을 너른 잔디밭에 석련대가 있다. 아마도 〈만복사저포기〉의 배경이 그쯤 될 것이라고 한다. 초파일 오색 연등 아래서 마시는 차맛은 오묘한 세월의 맛이 있다고나 할까.

갑자기 빈 들에 대형 석인상이 서 있다니! 반드시 서 있지 않고 살짝 돌아보는 이국적인 인물상. 육감적인 자태가 남자인지 여자인지 모르나 인상만은 좀 험하다. 옷 주름도 양감 있게 두드러져 있지 않은가. 최근 남원지방 답사 때 알았다. 내가 대복사에 자주 다닐 당시에는 사지 입구의 당간지주 근처에 커다란 돌덩이가 묻혀 있었다. 몇 년 전에 그곳을 캐내었는데, 그것이 바로 인물상 당간지주였을까? 위아래 구멍이 있는 것으로 보아서다. 당간지주석을 인물상으로 구현한 것은 그 어디에도 없지 않은가.

실상사가 200여 년 폐사로 있을 동안 스님들은 백장암에서 공부하였다고 한다. 새로 발견한 백장암 석탑미로 인하여 그 아름다운 석물이 나오게 된 배경을 재삼 생각해보면서 신비한 생기를 얻게 된다. 장소는 무릇 생동감이 있을 때 가고 싶고 머무르고 싶어져서 새로운 정신으로 나갈 출구를 찾게 되는 곳이 되지 않을까.

가락국의 장군차를 찾아서

장유사

김해시 장유면의 불모산佛母山에 있는 장유사長遊寺를 찾았다. 불모산이니, 부처의 어머니 격인 산으로 보아 유서 깊은 산이다. 입구에 장유폭포가 방문객을 먼저 맞이하고 있으며, 계곡이 수려했다. 아직 새잎이 나지 않은 잡목이 우거진 산에 봄의 기운이 서리는 듯했다. 절은 산의 정상 바로 아래의 가파른 곳에 자리하고 있다.

아유타국의 공주 허황옥이 수로왕과 처음 만났다는 곳이 장유사라고 한다. 공주와 수로왕과 공주의 오빠라는 장유화상의 설화가 묻어 있는 신비로운 절이다. 허 왕후가 수로왕을 만났을 때 장유사는 지금의 이런 절은 아니었을 것이며, 이 높은 고개까지 올라올 필요도 없었으리라. 지금의 장유사 고개쯤에서 만나고 준비된 행궁에서 결혼식을 했지 않았을까.

≪삼국유사≫ '가락국기'에 보면 김수로왕과 허 황후에 얽힌 흥미로운 기사가 하나 실려 있다.

"붉은 돛을 단 큰 배를 타고/ 장장 2만 5천 리의 긴 항해 끝에/ 남해의 별포 나룻목에 이른다./ 영접을 받으며 상륙한 다음/ 비달치 고개에서 입고 있던 비단바지를 벗어/ 신령에게 고하는 의식을 치르고는/ 장유사 고개를 넘어 수로왕이 기다리고 있는 행궁에 가서 상면한다."

설화가 아닌 역사적 사건으로 우리에게 다가온다. 김해시에는 이야기의 두 주인공인 김수로왕과 허 황후의 능이 현존하고 있다. 황후가 아유타국에서 가져왔다는 파사의 돌탑이 이천 년의 신비를 간직한 채 누각 안에 보존되어 있다.

허보옥은 동생의 신행길을 함께 왔는데, 그는 부귀를 뜬구름과 같이 보아 산에 들어가 불도佛道를 설경하고 산을 떠나지 않았다고 하여, 장유불반長遊不返이니 장유화상이라 불렀다고 한다. 장유화상은 허 왕후의 오빠로 보옥선인寶玉仙人이라고도 하며 수로왕의 7왕자를 데리고 가야산에 들어가 도를 배워 신선이 되었으며, 지리산에 들어가 7왕자를 성불하게 했다는 이야기가 전해온다.

지리산 반야봉 칠불사에 전하는 이야기가 있다. 왕후는 모두 10명의 왕자를 두었는데, 그중 큰아들 거등은 왕위를 계승하고, 둘째, 셋째는 어머니 성을 따라 허씨의 시조가 됐다. 나머지 일곱 왕자가 3년간 불법을 수도했다. 왕후가 아들들이 보고 싶어 자주 가야산을 찾자 장유화상은 공부에 방해가 된다며 왕자들을 데리고 지리산으로 들어갔다. 왕후는 다시 지리산으로 아들들을 찾아갔으나 여전히 장유화상에 의해 제지

장유사

당하였다. 그 뒤 다시 지리산을 찾은 왕후를 장유화상은 반가이 맞으며 아들들이 성불했으니 만나라고 하였다.

그때 "어머니, 연못을 보면 저희들을 만날 수 있습니다."라는 소리가 들려 연못을 보니 황금빛 가사를 걸친 금왕광불金王光佛, 왕상불王相佛, 왕행불王行佛, 왕향불王香佛, 왕성불王性佛, 왕공불王空佛 등 일곱 생불生佛이 공중으로 올라가고 있었다. 김수로왕은 크게 기뻐하며 아들들이 공부하던 곳에 칠불사를 세웠다.

칠불사에 가면 근처에도 차나무가 많다. 또한 조선 후기 차문화를 부흥시킨 초의선사 동상도 최근에 세웠다. 초의 선사가 여기에 머물면서 동다송을 집필했기 때문이다. 허 씨가 인도에서 가지고 왔다는 차 씨앗은 여기에도 전해질 수 있었지 싶다. 칠불사 밑 쌍계사 주변에 차나무의 시목지도 있으니 서로 상관이 있을 것도 같다.

현재 장유사에는 장유화상 사리탑으로 알려진 8각 원당형 부도가 있지만, 양식상 후대에 만들어진 것으로 본다. 그러나 가락국기에는 장유화상의 허 왕후 신행길 수행 사실이 기록되어 있지 않다. 이에 대한 기록은 김해 〈은하사 취운루 중수기〉에 적혀 있다고 한다. 역시 후대의 기록이다. 장유화상에 대한 설화는 허 왕후 도래설화의 불교적인 유색과 궤를 같이하고 있는 것으로 볼 수도 있다고 한다. 장유화상이 암자를 짓고 수도했을 때는 작은 암자 정도였겠지만, 2천 년을 지나오면서 몇 번의 전환기가 있었으리라. 가장 오래된 흔적으로 장유화상의 승탑이 고려 말이나 조선 초의 양식이란 점에서 그 무렵에 절집이 세워지고 또 전쟁으로 없어진 후, 최근에 절집의 규모가 갖추어진 것 같다.

일주문을 들어서면 종탑루와 너른 마당 산기슭에 대웅전과 요사채, 그 뒤 높은 곳에 산신각이 자리하고 있다. 대웅전 앞마당에 서면 산 아래는 안개 바다 그 자체다. 옛날에는 맑은 날이면 지금의 김해 들판은 바다였으며 진해와 부산까지 바다가 내려다보였다고 한다. 대웅전 용마루가 신비롭다. 용마루답게 두 용의 머리가 양쪽 치미를 장식하며 절을 수호한다. 꿈틀대는 용의 허리가 지붕마루에 앉았다. 말 그대로 용마루다. 대웅전 뒤로 돌아가면 승탑으로 이어진다.

장유화상의 승탑은 기단 돌 위 복련, 몸돌은 앙련이 받치고 있다. 몸돌은 팔각지붕을 이고 있는, 좀은 투박하며 강인한 체구를 하고 있다. 돌 위의 푸른 이끼가 세월의 무게처럼 설화로 피었다. 승탑에서 내려오는 계단 입구에 작은 불상들이 안치된 것은 오가는 사람들의 기원이 모인 것이다. 맑은 석간수 한 잔을 올리며 나누어 마시고 불모산에 서린 장유화상의 기원에 함께하는 마음을 정화수 한 잔에 담을 수도 있으리라.

불모산 기슭으로 내려오는 작은 폭포수들이 소를 만들고 있는 산 아래에서 발길을 멈추었다. 언덕에 오르니 이 산의 영험한 기운을 받은 야생화가 봄기운을 먼저 토하고 있다. 낙엽을 뚫고 나온 노루귀라는 야생화다. 앙증맞아 귀엽게 빛나는 꽃이다. 분홍색, 하얀색, 이 신비로운 꽃을 담으려고 많은 사진작가들이 렌즈를 들이댄다. 부엽토 사이에서 부스럭대는 소리 한 점 내지 않고 언제 트는지도 모르는 사이 찬 이마를 내밀었다. 갇혀있던 봄기운의 조용한 외침 같다.

장군차將軍茶란?

장군차의 유래를 알고 싶어서 2016년 3월 4일 김해를 찾았다. 전에 역사 유적 답사 차 온 적이 있지만, 어디가 어딘지 잘 알 수 없었다. 김해 시청에서 장군차의 시음을 한다기에 시청을 찾았다. 그러나 어떤 기간 동안 시음회를 연 적이 있고 지금은 하지 않았다. 관광과에 문의했더니 차 맛을 보여주었다. 발효차의 맛이 깊고 향이 좋았다. 김해시 농업시험장의 차 전문가를 소개해주어서 그분을 만났다.

장군차의 현황과 해마다 '가야차문화 한마당'을 열고 있다는 전단지를 받았다. 직원 한 분이 자생군락지까지 동행해 주었다. 허 왕비의 동상이

있는 곳에 장군수가 자라고 있다. 그리고 왕비의 무덤 뒤의 산자락에 있는 자생 차밭에 올라갔다. 장군차 자생지 중에서 김해시 동쪽 산자락의 차밭이었다. 지금은 개인 소유로 된 것을 시市에서 관리하고 있다고 한다. 잎이 도톰하고 넓은 것이 특징이다. 남쪽 바닷가의 기후 때문인지도 모른다. 김해시가 내려다보이는 높은 언덕까지 차나무가 모여 있었다. 아직 새잎은 나지 않았고 묵은 잎들은 상당히 두텁고 잎이 넓었다. 지리산이나 전북 지방의 차나무 잎은 갸름하지만 이곳의 잎은 두껍고 넓었다. 기후가 다르고 종자가 다르니 그러리라. 그리고 차맛은 상당히 깊고 향이 좋았다. 차통을 열고 찻잎을 뜨거운 물에 넣을 때부터 향이 퍼져서 주위가 향기로웠다. 늘 익숙하게 익은 차맛이었다. 독특하게 익은 차 맛은 내가 차를 익힐 때 났던 바로 그 향기였다. 그런데 집에서는 그맛을 즉시 농축하지 못했다. 천천히 말려서 바로 그 맛이 그대로 나지 않은 것 같다. 좋은 설비에서 차의 발효가 적당히 되었을 때 바로 그 맛을 간직할 수 있었다. 대신에 내가 만든 차의 맛은 우릴수록 깊은 맛이 나지만, 장군차는 두 번째 차가 가장 맛이 좋게 우러나고 바로 옅어지는 것 같다.

차맛은 역시 차맛이었다. 아주 잘 익었을 때 바로 바싹 말린 것이지 싶다. 지금의 장군차 맛을 그 옛날 허황옥 공주가 알기나 할까? 그래도 차 맛이야 바로 알아볼 수 있을 것이다. 음식도 현대화 하면서 그 맛도 발전하듯 차 만드는 기술도 원시에서 현대로 오는 동안 현대인의 맛에 어울리도록 발전해왔으니, 그 모든 차맛이 한데 어울려 나온 맛이다. 2천 년 동안 우려진 차 맛이었다.

"장군차는 AD48년 아유타국의 공주 허황옥께서 봉차封茶로 가져와서 옛 가락 문화권에 전파하여 야생으로 전해 내려오고 있는 우리나라 최초의 전통차이며, 고려 충렬왕께서 김해 금강곡에 자라고 있던 차나무를 가리켜 '장군수將軍樹'라고 칭한 데서 유래되어 '장군차'라고 부르고 있습니다. 중국 북방 및 일본계통의 중엽류 녹차와는 다른 남방계통의 대엽류에 속합니다." 장구차의 안내문이다.

차밭에서 내려와 인근의 허황옥, 수로왕비의 무덤으로 갔다. 수로왕비가 된 허 씨는 김해 김씨, 허씨와 인천 이씨의 시조모가 되었다. 인도에서 가지고 왔다는 파사탑을 다시 보았다. 정말로 인도에서 왔는지는 모르나 분명한 것은 이런 돌이 한국에는 없다는 것이다. 왕비가 가지고 온 차는 봉차 그대로였다니, 오늘날 같은 덖은 찻잎은 분명히 아닐 것이다. 찻잎을 말린 것인지도 모르겠다. 차 씨앗은 동백 씨앗처럼 생겼으니 그대로 가지고 와서 심었으리라. 지리산 쌍계사 근처에 차 시목지라고 하는 차 군락지가 있으며 정금리에는 천년고차수도 있다. 어느 곳이 시조인지는 몰라도 수로왕비는 김해로 와서 차를 심었고 지리산 자락에는 중국의 것이 내려왔을 수도 있으며, 혹은 자생한 나무가 있었는지도 모른다. 아무튼 당시로는 첫 다인이지 싶다. 공주는 인도에서 오는 동안 중국의 해안을 거쳐서 쉬다 오다 하지 않았을까. 혹은 중국의 어느 곳에 머물다가 육로로 왔다는 설도 있으니, 어쨌건 여기 그의 무덤이 실존의 증명이 된다. 우리나라 제1호 다인이었던 수로왕비와 차 한 잔 나누는 심정으로 그의 무덤을 참배하고 떠나왔다.

다솔사多率寺

– 현대 우리나라 차茶 운동의 산실

봄비가 추적추적 내리던 4월 초, 오랫동안 마음으로 그리던 다솔사를 찾기로 했다. 차를 알고부터 찾고 싶은 절이었다. 현대에 와사 차茶 운동의 본거지로 손꼽히는 차의 성지였다. 효당 최범술 선생의 공로를 익히 알고 있었지만 직접 찾지 못했다.

종일 비가 내렸지만, 다솔사 입구로 들어가면서 비는 잦아들기 시작했다. 울창한 소나무 숲속을 통과하여 절 뒤로 올라가다가 되돌아 절 요사체에 이르렀다. 한숨 돌리고 천천히 입구로 다시 내려가서 거슬러 오르며 살피기 시작했다. 비 오는 평일이어서 절 경내는 고요하여 한적했다. 마당 왼편, 고색이 짙은 해우소를 지나서 비석 앞에 섰다. 다솔사 중건비였다. 중건비 뒤에 마주하는 당당한 건물은 대양루다. 정면 5칸, 측면 4칸인 맞배지붕으로 앞에서는 2층이지만, 올라가면 단층으로 보인다. 본래는 누각 아래가 대문이었지만 지금은 막아서 다른 용도로 쓰고 옆으로 난 108계단을 돌아 올라간다.

다솔사 대양루

계단을 올라서면 대양루는 높은 적멸보궁과 마주하고 있다. 대양루는 현재는 '다도전시관'으로 사용하여, 다솔사 차에 관한 모든 정보를 전시하고 있다. 다솔사의 역사는 503년 창건된 이후 천년 세월 동안 수많은 영고성쇠를 거쳐 오늘에 이르렀기에 주름 깊은 세월에 쌓인 이야기와 전설도 많다. 대양루가 조선 영조 때 지은 건물로 가장 오래된 전각이다. 다도전시관의 전시는 다음에 자세히 보기로 하고 우선 적멸보궁에 오른다.

적멸보궁은 석가모니 부처의 진신사리眞身舍利를 모신 전각을 말한다. 처음에는 사리를 모신 계단을 향해 마당에서 예배하던 것이 편의에 따라 전각을 짓게 되었다. 적멸보궁 가운데는 불상佛像을 전혀 모시지 않는다. 법당 안에는 단壇, 계단戒壇만 있고 속이 텅 비었으며 법당 밖 뒤편에 봉안한 사리탑이 보이게 유리창을 배치했다. 이는 사리탑이 부처님의 진신眞身 사리를 모신 보배로운 곳이란 뜻이다. 적멸보궁이 있는 모든 사찰에는 이렇게 조성되어 있다. 양산통도사와 우리 고장 금산사의 방등계단이 그렇고, 그 외도 사리탑이 있는 곳은 이와 비슷하게 적멸보궁을 형성한다. 완주 안심사도 전각 안에서 사리탑을 예배하게 되어 있다.

보궁에 들어서 삼배를 올리고 앉았다. 석가모니 입적 때의 와불이 보궁의 유리판 아래 있다. 함께 고요히 앉아 적멸의 기운이 들기를 기다렸다. 원래 이곳은 대웅전이 있던 곳인데, 대웅전 안의 삼존불을 개금불사하기 위한 과정에서 후불탱화 속에서 108과의 사리 사진을 발견하고 난 뒤에 대웅전 현판을 내리고 적멸보궁 현판을 올렸다고 전한다.

다음 날 아침 일찍 날이 개어서 뒷산을 산책했다. 벚꽃이 피기 시작하는 철이다. 주위는 온통 푸름으로 덮여 청신한 기운이다. 우선 적멸보궁에 들어서 아침 인사를 올리고 진신사리탑으로 올라가서 탑돌이를 했다. 많은 사람들의 기원이 모인 리본들이 난간 줄에 가득 매달려 있다. 보궁 뒤로 병풍처럼 둘러쳐진 산기슭은 온통 차나무 밭이다. 묵은 잎들도 사철 푸른 차나무. 아직 새잎이 돋지 않았다. 다솔사 주변에는 삼나무, 비자나무, 소나무가 유난히 많다. 그러나 소나무가 많아서 다솔사가 아닌, 많을 다多, 거느릴 솔率자를 쓰는데 '많은 불자와 인재를 거느린다.'는 뜻인 걸 알았다. 주산인 봉명산의 모습이 장군이 앉아 있는 듯한 형상을 하고 있기에 많은 인재를 거느린다는 의미다. 그래서인지 일주문 대신 빽빽이 들어선 소나무들이 개선한 장군들처럼 보였던가.

싱그러운 차나무 숲을 거닐고 있는 편백나무 아래 흙길을 걷는 맛으로 새아침의 기운이 내 안에 가득 채워진다. 일제 시기 때 주지로 있던 '효당 최범술' 스님이 봉명산 기슭에 차를 재배하면서 삼국시대부터 내려오다가 거의 사라져 가는 우리나라 고유의 차茶문화를 다시 일으켜 세우게 되었다.

〈다도 전시관〉, 차밭을 한 바퀴 돌아 적멸보궁 앞 대양루로 들어선다. 다도전시관이란 팻말이 붙여 있다. 전시관 안에는 다솔사의 역사와 다솔사 차의 유래를 비롯하여 다솔사 차의 역사가와 선인들이 쓰던 다

다솔사 차밭

도구와 차 조제법의 사진 등을 전시하고 있다. 효당 선생의 다도정신도 알기 쉽게 도표로 작성되어 있다.

〈다솔사 차 기운〉, 다솔사 원형은 좌우 대칭형으로 마치 봉황새가 골을 따라 봉명산 가운데로 날아오르는 형상을 하고 있다. 백두산에서 발원한 기운은 백두대간을 이루어 그 끄트머리에 지리산을 올리고 다시 낙남정맥을 이어서 이명산 아래 봉명산에 그 기운을 맺는다. 이어 봉명산 양쪽 작은 산등성이를 따라 그 기운을 마을로 불어넣은 다음, 기운의 조각들이 바다가 되어 사천만을 이루고 남해로 들어가 태평양으로 확산된다. 그 당당한 기운으로 다솔사가 창건(503)되고, 차나무를 기르고 맑은 물을 뿜어낸다. 그런 정갈한 찻잎을 맑은 날 새벽부터 따서 차인 효당 최범술 스님의 가르침대로 정성들여 손수 만든 다솔사 차이다. 다솔사 차는 맑은 맛의 녹차 '봉명죽로'와 노을빛을 내는 발효차 '황봉운하'가 있다. 봉명산 차밭의 튼실한 찻잎으로 만든 다솔사 차는 오미 가득한 차향을 품어 독특한 차맛을 낸다. 그렇게 다솔사는 오늘날 한국 차 이야기의 산실이 되었다.

다솔사는 지금은 차茶로 유명하지만 일제 강점기 때는 불제자들의 항일운동의 거점이었다. 왜구의 침략이 잦던 고려와 조선시대에는 백성들에게 위안이 되는 사찰 기능만이 아니라 군사들이 주둔하며 말을 조련시키고 승병들이 무술을 익히던 훈련장으로도 이용됐는데 그 흔적이 지금도 곳곳에 남아 있다.

다솔사는 독립 운동가들의 은거지이기도 했던 곳으로 한용운 선생의 〈님의 침묵〉 흔적을 찾기 위해 문학인들의 답사도 끊이지 않고 있으며 김동리 선생께서 청년기를 보내고 결혼도 한 곳이다.

안심료, 다도전시관을 나와서 옆 건물로 간다. 하늘을 가리는 황금편백나무의 아름다운 자태가 눈길을 하늘로 이끈다. 민족정신 일깨운 다솔사의 안심료安心寮 앞이다. 다솔사는 만해 한용운 선생과 인연이 깊은 절로 한용운 선생과 김동리 선생이 다솔사의 안심료에 기거했다고 한다. 한용운 선생은 이곳에 12년간 은거하면서 항일비밀결사단체인 만당卍黨을 조직했고 계몽운동, 불교정화운동 등을 펼쳤다. 사찰 내 안심료는 만해가 머물면서 김범부, 김법린, 최범술, 문영빈, 오제봉, 설창수,

안심료 앞 황금편백나무

강달수, 이기주 선생 등과 교류하면서 독립선언문 초판을 집필한 곳이다. 한용운 선생의 회갑 기념으로 독립운동가들이 심었다는 황금편백은 안심료 앞마당에 15그루 중 7그루만 남아 아름드리가 되어 황금빛으로 곧고 푸르게 빛나고 있다. 또 소설가 김동리 선생은 안심료에서의 생활을 통해 〈등신불〉이란 작품을 탄생시키기도 했다. 김동리 선생이 다솔사를 찾은 것은 1937년 봄으로 다솔사 주지 효당 최범술 선생이 문맹퇴치를 위해 절 아래 마을에 세운 학당의 야학 교사로 합류했다. 세월을 묵묵히 안고 빛을 뿜는 푸른 편백나무여!

주지 스님께 인사를 하고 다솔사를 뒤로하고 소나무 장정들이 배웅하는 일주문을 내려왔다. 갈림길에 잠시 차를 세우고 진달래 빛 뿌리는 언덕에서 아쉬운 마음을 달랬다.

다솔사에 들어가는 초입의 언덕길 소나무 숲 사이에는 '어금혈봉표御禁穴封表'라는 바윗돌이 있다는 것을 나중에 알았다. 조선시대 고종 임금 때 경상감사가 다솔사라는 명당에 선영을 안장하려 하자 스님이 주민 탄원서를 임금에게 올려 분묘를 안치하지 말라는 어명을 받아 저지했던 징표란다. 우리나라에 있는 봉표나 금표 23개 중 다솔사의 고종임금이 내린 봉표는 다솔사는 누구 한 개인을 위한 것이 아니고 좋은 명당, 길지를 보존하기 위해서 하사한 글씨라서 더 유명하다. 특히 다솔사는 군립공원으로 주민들의 자연사랑 애착심으로 상권을 들이지 않아 상술로 얼룩진 사찰 앞 풍경이 없어 정갈하다. 갈림길에 쓰여 있는 '남기고 가는 발자국, 가지고 가는 추억'이란 정겨운 푯말이 아직도 가슴에 남아 있다.

다솔사에 남은 내 발자국을 생각하며 가지고 가는 추억은 어떤 의미로 내게 남을까. 다솔사는 쌍계사의 말사이며, 경남에서 가장 오래된 절이다. 이제 올라가면서 쌍계사 화개천의 만개하는 벚꽃을 감상하리라.

늙은 가지에도 꽃은 피나니

저 유명한 당나라 시인 이백李白이 찬양한 봄날의 서정이야말로 더 바랄 것이 없다.

'봄날 밤 도리원 연회에서 지은 시문의 서'와 같은 문장이다.

> "무릇 천지는 만물이 쉬어가는 여관이요
> 시간은 긴 세월을 지나가는 나그네라
> 부평초 같은 인생 꿈같은데 즐긴다 한들 얼마나 되랴!
> 따뜻한 봄날의 아련한 경치로 나를 부르고
> 천지가 나에게 아름다운 경치를 빌려주었음이랴!"

벚꽃이 만개하여 전국이 꽃 대궐에 싸였다. 남도 다솔사의 적멸보궁에서 하루를 지냈다. 올라오는 길도 꽃구름에 떠오는 것 같았다. 하동쪽으로 올라오면 벚꽃 10리 길도 만나고 섬진강이 꽃구름으로 흐를 것 같았다. 역시 하동포구에서부터 가로수의 벚꽃이 환희에 차서 잔치를 벌이고 있었다.

벚꽃 터널을 이루는 길가에 차를 세운다. 뒤따라오는 자동차도 서고 그 뒤차도 줄서고 사진을 찍는다. 혼자 가는 사람도 꽃 풍경을 그냥 갈 수 없는 듯. 서로 사진을 찍어주고 인사를 나눈다. 하동포구 강가에는 둘레길이 있다. 데크 바닥에 떨어진 꽃잎이 수놓인 카펫을 밟으며 걷는 맛이 그윽하다. 언제 이런 풍경을 보았을까. 또다시 볼까. 천지의 은혜로움을 누리는 기쁨을 어찌 축복하지 않으랴! 이 순간, 시간이란 긴 세월을 지나는 나그네이며 또 오늘 벚꽃 길을 지나는 나그네라! 잠시 누리는 행복은 꿈 같이 꿈 너머로 사라질진대…….

월요일인데도 쌍계사 근처에 오니까 자동차가 길게 줄을 서기 시작한다. 하늘에서 내려오던 눈꽃들이 잠시 나무에 붙어서 꽃구름으로 소복하게 쌓였다. 화개천 양쪽은 활짝 핀 벚꽃 길이 띠를 이룬다. 꽃나무 아래를 걷는 사람도 뭉게뭉게 모두 행복하다. 한 바퀴 돌아내려 오는 길은 자동차들이 밀려서 꽃 터널 속에 갇히는 즐거움도 누린다. 천천히 꽃비를 감상하며 봄날의 상념에 젖는다. 길가에 차를 세워두고 잠시 걸

으면서 화개천의 흐르는 물줄기에 빠질 듯한 꽃가지들을 아련하게 바라본다. 눈처럼 휘날리는 꽃잎을 손들어 전송하기도 하고 바닥에 떨어져 모인 꽃을 사뿐히 '즈려밟으며' 가는 길이 어디 일지 마음으로 그리나, 알 수 없는 그 길. 같이 흐를 뿐이다. 애틋하게.

고목이 된 벚나무들이 굵은 가지를 늘어뜨리고 화개 천을 따라 줄 서 있다. 시커먼 둥치의 옆구리에서 불쑥 붉어져 나온 꽃송이가 얼마나 기특한지. 알 수 없다. 그 신통력. 꽃잎들은 어디를 갔다가 봄날 이맘때만 되면 다시 나무 속으로 들어갈까. 나도 거기가 어딘지 알고 싶다. 가면 다시 올 수 있을까. 아니, 떠나간 모든 임이 꽃잎이 되어 내려오는지도 모른다. 꽃이 세상에 태어난 이후로 나 역시 세상에 태어나서 몇십 번의 봄 향기가 나의 일부가 되어 쌓였을진대, 어찌 그 꽃님들을 반갑게 맞이하지 않으랴! 환희심歡喜心이 뭉게뭉게 피어오른다.

늙은 벚나무도 옆구리에서 툭툭 생생한 꽃잎을 틔워낸다. 꽃잎 날리는 룸비니 동산에서 마야부인은 옆구리에서 싯다르타 태자를 생산했지 않은가. 그리고 세상을 떠났지. 그리고……. 나도 늙었지만 싱싱한 정신으로 옆구리에서 오래 기억될 글줄이나 터졌으면…. 늙은 벚나무의 몸피에서 피워낸 꽃잎 같은. 아니 가슴에 쌓인 그리움이 꽃 같은 글줄이 되어 생산되면 좋으련만, 황홀하고 환장할 봄이 누군가의 가슴에서 오래도록 살 수 있는 열매 같은 문장으로 익어가도록.

이백이 저런 명문장을 이미 써버렸고 송한필이 짧은 인생을 이리 읊었으니 나는 즐거이 시정詩情을 음미하며 묵묵히 세월을 이겨보리라. "花開昨夜雨 花落今朝風 可憐一春事 往來風雨中" 어제 내린 비에 핀 꽃이 오늘 아침 바람에 떨어지네, 가련타, 봄날의 일이 비바람 속에 오가네. 인생사가 또한 그러하니…. 어제 화사했던 꽃잎이 오늘 밤비에 다 떨어지겠다.

쌍계사 벚꽃길

그대, 어느 해든 좋으니
청명절淸明節 맑은 꽃바람이 불거든
전라도와 경상도가 DNA로 꼬여 흐르는
섬진강 화개장터로 한번 오시게.

사랑이 꽃(花)으로 피어나(開)는 화개花開 주막에서
전라도 안주로 경상도 막걸리 몇 잔 칼칼하게 마시고
맑은 화개천 따라 십 리 벚꽃 길을 걸으면
백억 송이의 벚꽃은 우리의 인연을 다 헤아릴 수 없어
그냥 연분홍 구름으로 피어나리니
우리 사는 이승이야 까짓
역려건곤逆旅乾坤이면 어떻고 역려과객逆旅過客이면 어떠랴?

사랑이 꽃으로 피는 길은
먼먼 십 리 길이라도 차 타고 갈 수는 없는 길
목이 말라도 다리가 아파도 내색 않고 걸어야 하는 길
끝내는 이별이 되든 죽음이 오든 원도 한도 없어야 하는 길.

말없이 걸어도 벚꽃은
연분홍으로 살풋 사랑을 색칠해 주고
노래하지 않아도 개울물은
밝은 소리로 마음의 꽃가지를 흔드나니
구름 속의 쌍계사 도통道通스님들이야
어찌 세속世俗의 이 그리움들을 알랴?

우리, 불일폭포에 들어 목욕재계沐浴齋戒 하고
다시 거슬러 반야봉般若峰에 오른다면
지리산 천왕신天王神도 마고선麻姑仙도
'사랑하였으므로 행복하였다'*는 말
저 구름 같은 벚꽃목걸이로 만들어
우리 사는 길에 걸어주지 않으랴?

* 유치환의 서간집에 나오는 말임.

〈늙은 가지에도 꽃은 피나니〉 포토에세이를 읽은 양명학 선생께서 보내주신 〈쌍계사 벚꽃길〉에 감사의 정을 띄운다.

르네상스 미술 기행의 초대

"내 인생의 최고의 전성기에 문득 길을 잃고, 뒤를 돌아보니 어두운 숲 속에서 길을 잃고 있는 나 자신을 발견하였다." 르네상스를 열었던 인문학자요, 시인이었다는 페트라르카의 시 구절이라던가. 세계에서 가장 아름다운 산악 경관을 가진 이탈리아 북부 돌로미티 산 정상에서 아름다운 산, 바다, 거대한 가르다 호수를 바라보며 감탄하지만 정작 인간의 본질은 보지 않았다. 페트라르카의 성찰이었다. 르네상스는 그렇게 산에서 잉태되었다고나 할까.

어떻게 하면 우리는 이 어둠에서 벗어나 빛의 시대, 창조의 시대를 만날 수 있을까?

르네상스가 바로 그런 시대였다. EBS를 통하여 연세대학교 김상근 교수의 안내로 르네상스미술 기행으로 초대받았다. 서양미술사를 공부할 때 늘 흥미로웠던 분야는 르네상스 미술이었다. 피렌체라면 르네상스의 고향이다. 단편적으로 알고 있었던 서양미술을 이해하며 그 의의를 되새길 수 있는 기회가 되었다.

이제 서로마제국은 쇠퇴의 길로 접어들고 중세의 시대가 시작되었다. 암흑의 시대였다.

르네상스의 서막은 시에나에서 시작한다. 시에나 초기 역사의 중심지로 현 시에나 시청사인 푸블리코 궁전이 있다. 세계에서 가장 아름답고 유명한 광장 중의 하나인 캄포 광장에 있다.

르네상스의 초기 씨앗을 어느 도시가 뿌리느냐를 놓고 치열하게 경쟁하게 된다. 팔라초(중세 이탈리아의 도시국가 시대에 건립된 정청政廳이나 규모가 큰 귀족의 개인 저택) 푸블리코 청사의 건축 자체가 중세를 대표하는 고딕식의 건축물이다. 14세기 초에 고딕식 건물로 1층은 시청사이며, 2,3층은 시립미술관인데 아름다운 프레스코화로 장식되었다. 푸블리코에 들어가면 치열했던 경쟁의 흔적을 찾아볼 수 있다.

〈좋은 정부와 나쁜 정부에 대한 알레고리〉 암브로조 로렌체티 (Ambrogio Lorenzetti 1290－1348)의 연작을 본다. 중세시대에 피렌체와 시에나는 치열하게 경쟁했다. 그래서 너무 희생이 많아져서 협상을 맺기로 했다. 시에나와 피렌체에서 전쟁을 하지 말고 각 도시에서 기사가 한 명씩 출발하여 만나는 장소를 국경으로 정하자고 했다. 아침에 가장 먼저 우는 닭소리를 듣고 피렌체와 시에나에서 기사가 달려가는 거다. 그래서 둘이 만나는 지점을 국경선으로 하기로 협정을 맺은 거다. 피렌체 사람들은 검은 닭을 선택했다. 그리고 굶겼다. 어떻게 되었을까? 시에나 국경선 12㎞ 지점까지 와서 두 기사가 만나게 된 것이다. 피렌체 사람들의 기지를 엿볼 수 있지 않은가.

아씨시는 성프란체스코의 도시로 유명하다. 바로 성프란체스코 대성당이 있다. 시에나에서 아시시로 가는 길은 푸른 들판이 펼쳐진 평야에 오밀조밀한 농경의 마을이 전개된다. 예의 붉은 지붕을 한 주택이 들판 가운데 점점이 박혀 있다. 마을과 들녘을 가르는 가로수가 울창하다. 유럽은 애초부터 그림 그리듯이 도시를 조성했는지, 주택 모두가 하얀 벽에 지붕이 붉은 색조여서 한 폭의 그림이다. 아시시는 이탈리아 중부에 있는 곳으로 로마제국 시대부터 번영한 도시로 대성당은 13세기 건축된 로마 고딕 양식으로 지어졌다. 성프란체스코 대성당에는 1226년 임종했던 성프란체스코의 유해를 모신 곳이다.

내 40대, 인생의 전성기 때, 길을 잃었던 저 시인처럼 정신의 자유를 찾았던 시기. 지금 생각하면 어쩜 새로운 빛을 향하여 어둠의 터널을 지나고 있었는지도 모른다. 그 시기 가톨릭 신앙을 하던 때, 성프란체스코의 삶, 그중 어린 시절의 성프란체스코가 자유를 위해 모두 벗어던지고 들녘과 산야를 헤매던 시절을 보고 공감했던 때가 있었다. 아시시의 풍경을 보면서 성프란체스코의 삶의 단면에서 감동했던 때가 떠올랐다.

성스럽고 웅장하고 근엄한 대성당 안에는 로렌체티와 조토(Giotto)의 작품이 소장되어 있다.

서양미술사 공부하면서 귀동냥했던 미술가들이다. 두 사람은 각각 시에나와 피렌체를 대표했던 르네상스 초기의 화가들이다. 로렌체티와 조토의 사이에서 그리고 시에나와 피렌체 사이에서 어떤 일이, 어떤 경쟁이 치러졌을까? 그 현장을 본다. 봄이 오는 기쁨을 즐기는 아시시 주민들의 축제에서 느낄 수 있다. 아시시 지역의 두 마을이 경기를 펼친다. 마그니피카와 노빌리시마의 두 마을 주민들이 행진하며 중세시대를 재현하고 합창을 겨룬다.

성프란체스코가 묻힌 대성당은 이탈리아의 대표적인 로마가톨릭 순레지이다. 대성당에서 가장 중요한 작품 중의 하나, 중세시대의 마지막 작품이랄 수 있는, 치마부에의 작품, 검은 도포를 입은 성프란체스코 수도사의 얼굴을 볼 수 있다. 치마부에(Cimabue) (1240(1250)-1302)는 피렌체 출신이며, 로마에서도 일했고 성프란체스코 대성당에서 〈성모전〉, 〈묵시록〉, 〈그리스도의 생애〉, 〈성프란체스코 생애〉 등의 벽화 장식에 종신했다. 지오토의 스승이기도 했다.

성당 내부는 벽과 천장까지 성서의 내용의 벽화로 화려하고 근엄하게 장식되어 성스러운 분위기로 압도될 듯하다. 이곳에서 조토(Giotto)는 왜 르네상스의 아버지로 불리는지 확인한다.

조토는 상상의 세계, 신화의 세계가 아니라 실제로 본 것을 작품으로 남김으로써 인간의 관점을 중시하는 르네상스의 기초를 세웠던 것이다. 전혀 다른 차원의 그림이 등장했다. 슬퍼하는 얼굴, 기뻐하는 얼굴, 그리고 내면의 괴로움을 표현하는 얼굴들이 표현되어 있다.

〈산다미아노에서 기도하는 성프란체스코〉, 성프란체스코의 생애를 그린 프레스코화 연작으로 조토 디 본도네 (Giotto di Bondeone) 작품이 등장했다. 14세기는 전쟁의 시기였다. 피렌체와 시에나의 전투였다. 단순하게 황제파와 교황파의 대결이 아니다. 예술의 대결이 일어난 것이다. 대성당 지하층에 있는 로렌체티의 천사와 달리 조토는 울부짖는 천사의 얼굴에서 본질적인 아름다움을 구현했다. 시에나는 가고 피렌체가 르네상스 미술의 고향으로 등장하게 된다.

오! 피렌체

피렌체는 이탈리아 중부 내륙에 위치해 있다.

천재들의 도시, 피렌체 거리 곳곳에서 천재들의 이야기와 찬란한 걸작을 만난다. '꽃의 도시' 라는 뜻을 지닌 이탈리아 르네상스 문화의 중심도시. 이 도시에서는 누구나 사랑을 느낄 수 있다. 안내자도 이 도시에서는 사랑을 느낀다고 한다. 단테와 베아트리체가 만났던 곳. 미켈란젤로가 그의 예술 혼을 마음껏 불태웠던 곳. 마르실리오 피치노와 같은 철학자들이 학문의 자유를 누렸던 곳. 메디치 가문의 자비로운 후원이 있었던 곳. 시민들의 자유가 보장되던 곳, 바로 그곳이 피렌체이다. 이곳에서 중세의 암흑이 끝나고 창조와 아름다움, 빛의 시대가 시작된다.

중세를 지배하던 기독교적 세계관에 영원한 평화가 지배하는 신의 나라로 가기 전, 잠시 머무는 곳인 이 세상에 속한 인간과 자연이 모든 가치의 중심이 되었다는 것이 놀랍지 않은가.

그렇다고 기독교 중심의 중세적 세계관이 하루아침에 무너진 것 같지는 않다. 사람들의 정신적 중심으로 자리 잡고 있던 하늘나라로부터 어떻게 사람들의 관심을 인간 스스로에게 그리고 인간을 포함하고 있는 자연으로 돌릴 수 있었을까? 사람들의 가치관의 변화는 전적으로 예술을 비롯한 인문주의자들의 업적으로 보아도 무방하지 않을까 생각된다.

산타 트리니타 다리를 지나면서 이 도시에 얽힌 아름다운 사랑 이야기를 흥미롭게 한다.

단테는 1274년 아름다운 소녀 베아트리체를 만난다. 그녀를 보는 순간 단테의 가슴은 뛰기 시작했다. 사랑에 빠진 것이다. 중세시대가 끝나고 한 남자가 한 여자를 사랑하는 새로운 시대, 중세의 마지막이 다가오고 있었다. 그들은 각각 다른 사람과 결혼하게 된다. 9년 뒤에 우연히 산타 트리니타 다리 부근에서 단테는 그녀를 다시 만나게 된다. 그리고 "내가 당신을 사랑했노라. 당신이 나의 사랑이다."라고 고백하고 싶었지만, 용기가 나지 않았다. 그래서 괜히 옆에 있는 아가씨에게 말을 걸었다. 그러나 베아트리체는 그 길로 조용히 걸어갔다. 사랑했던 그녀에게 사랑의 고백을 하지 못했던 단테는 쓸쓸한 마음을 안고 아름다운 아르노 강둑을 걸어서 천천히 집으로 돌아갔다. 그로부터 3년 뒤 단테는 우연히 베아트리체의 사망 소식을 접하게 되었다. 16년간 자신의 가슴에 자리해온 여신을 잃은 상실감은 형언할 수 없는 것이었다. 이를 계기로 단테는 베아트리체와의 두 번째 만남 이후 그에게 바친 연시를 모아 ≪라 비타 누오바(새로운 인생)≫를 출간한다. 이런 사랑 이야기는 고대로부터 현대까지 수없이 많은데, 왜 단테와 베아트리체의 사랑 이야기는 불멸의 이야기로 남을까? 베아트리체가 단테의 연인에서 만인의 연인으로 남게 된 것은 단테의 〈신곡〉을 이해할 수밖에 없으리라. 중세가 끝나가고 단테의 〈신곡〉과 함께 르네상스가 시작된다.

산타 마리아 델 카르미네 성당에 브랑카치의 채플이 있다. 바로 르네상스 미술의 요람이라 불리는 곳이다. 15세기 초반에 천재 예술가였던 마사초가 성당의 벽화 그림을 그리고 난 후 70년이 지났을 때, 미켈란젤로, 레오나르도 다빈치, 보티첼리, 기를란다요, 베로키오, 이런 사람들이 선배인 마사초가 그린 그림을 따라 그리면서 르네상스가 탄생하게 된

마사초(낙원의 추방)

성전세를 바치는 성베드로

다. 〈성 베드로의 일생〉, 〈낙원의 추방〉 등이 유명하다. 그림 속에서 15세기 피렌체 화가를 대표하는 마사초를 만날 수 있다. 얼굴이 넓적하고 광대뼈가 약간 나와 코도 길고 잘생긴 얼굴이라고 할 수 있다. 왜 그가 르네상스 미술의 선구자였을까. 왜 그가 위대한 인물이었을까. 어떻게 르네상스 미술의 첫 출발을 알렸을까. 선원 근법이 처음으로 적용되었기 때문이었다. 마사초의 〈성전세를 바치는 베드로〉는 그림을 따라 그렸던 흔적이 남아 있다. 〈낙원의 추방〉를 보면 알 수 있다. 회화에 문외한이었던 나도 이 그림만은 익숙하다.

르네상스라면 마사초부터 들추어내던 이야기가 기억에 남아있다. 발가벗은 아담과 이브가 에덴에서 쫓겨나는 그림. 중세시대에 아담과 이브를 그렇게 그리면 그 화가는 잡혀가 종교재판에 넘겨져서 사형에 처할 확률이 높았다. 신학자들이 아담을 예수그리스도의 구약적 모델로, 이브를 성모마리아의 구약의 모델로 표현했기 때문이다. 그래서 아담과 이브는 늘 거룩하고 경건하게, 멋지게 그려줘야 했다. 그런데 〈낙원의 추방〉을 보라. 낙원에서 추방될 때 아담과 이브는 어떤 표정을 지었을까? 마사초는 인간이 느끼는 고뇌와 슬픔, 좌절과 외로움을 수치와 두려움을 그대로 적나라하게 표현했던 것이다. 마사초는 인간 슬픔의 본질을 표현했던 것이다. 마사초의 혁신적인 투시화법, 사실적인 비극묘사 등은 그를 르네상스 회화의 선구자로 올려놓기에 충분했다. 그리하여 이곳은 르네상스 미술의 요람이 되고 미켈란젤로에 의해서 르네상스는 최고의 정점을 향해 올라가게 된다.

아! '산타 마리아 델 피오레 두오모 성당', 바로 이곳이 피렌체의 심장. 이 두오모 성당의 돔 지붕은 피렌체 시 전체를 아우르고 있다. 미술사를 통하여 수차례 보아왔던 곳. 마치 그 성당에서 예배를 자주 봤던 것처럼 가지 않고서도 추억처럼 그리운 곳. 〈냉정과 열정 사이〉의 영화 배경이 바로 피렌체다. 헤어졌던 두 연인이 십 년 전의 약속을 기억하고 각각 두오모 성당 꼭대기 전망대를 찾는다. 십 년 전에 남자는 십 년 후에 연인을 두오모 성당에 데려다 줄 것을 약속했던 것이다. 그리고 우연히 그 약속을 기대하고 두오모 성당 꼭대기로 가서 사랑을 추억하게 된다. 우연이 필연이 되어 두 연인은 만나게 되고 피렌체 거리에서 다시 두 손을 잡게 되었던 것이다. 피렌체는 사랑의 느낄 수밖에 없는 장소가 되었다.

성당의 거대한 돔이 완성되기까지 조각가의 일화도 재미있다. 부루넬레스키의 거대한 돔이 피렌체를 내려다보고, 피렌체 거리를 안고 있는 듯하다. 성당 제작 과정에서 유명한 작가들의 경쟁이 있었다. 세례당 제2문, 청동문 제작을 놓고 기베르티와 브루넬레스키가 경쟁하였으나 브루넬레스키의 포기로 기베르티가 〈그리스도전〉 28면의 청동문을 제작하기 시작한 21년만인 1424년에 완성하게 된다.

브루넬레스키는 청동문을 제작하고 싶었지만, 결국 아름다운 돔을 만들어냈다. 언제 보아도 놀랍고 멋진 돔이다. 성당 외벽에는 브루넬레스키 동상이 그가 1430년도에 자신이 완성했던 돔을 바라보고 있지 않은

가. 그는 청동문 만들기를 시도했지만 실패하고 로마 건축을 공부한 다음 돌아와서 르네상스 건축의 모델과 같은 거대하고 아름다운 돔을 완성하게 된다. 1418년까지 캄비오라는 사람이 두오모 성당을 완성하게 되었다. 바로 캄비오의 시선이 머무는 곳까지만 완성했다. 하지만 캄비오는 거대한 돔을 만들 수 있는 건축학적, 미학적 해결책이 없었다. 바로 그때 로마의 고전 건축을 공부하고 돌아온 브루넬레스키가 그 위대한 돔을 만들었던 것이다. '필리포 브루넬레스키(Filippo Brunelleschi, 1377-1446) 동상은 그가 이탈리아 르네상스 건축 양식의 창시자 중 한 사람이란 것을 알리고 있다. 흰 구름 떠 있는 푸른 하늘에 8개의 하얀 띠를 두른 붉은 돔은 피렌체 심장의 아름다움을 유감없이 드러내고 있다. 그 돔을 감상하기 위해서는 '조토의 종탑'으로 올라가야 한다. 조토의 종탑은 그의 제자 피사노와 함께 작업해서 14세기 말에 완성한 종탑이다.

피렌체는 브루넬레스키에게 기회를 주었다. 기회를 주는 곳, 그에게 새롭고 거대한 돔을 만들 기회를 줬던 것이다. 그래서 바로 이곳에서 르네상스 건축의 백미라고 불리는 브루넬레스키의 돔이 완성된 것이다. '오! 피렌체'라고 탄성을 지를 만하지 않은가. '조토의 종탑' 꼭대기에서 건너편에 보이는 돔이 바로 브루넬레스키가 만든 '산타 마리아 델 피오레 성당'의 돔이다. 르네상스 건축의 역사에 있어서 왜 저 돔이 중요한 것일까. 고전을 재해석한 것이다. 바로 고전의 부활. 브루넬레스키는 로마로 가서 고대 로마의 건축물을 재해석하고 연구하고 공부했다. 로마에서 배운 판테온의 미학을 바로 브루넬레스키의 돔에서 구현했다. 피렌체의 중심, 산타 마리아 델 피오레 성당에서 재현한 것이다.

피렌체라면 우피치 미술관을 말하지 않을 수 없다. 미술관에 들어가

피렌체

면 르네상스 미술의 보물 창고. 조토, 도나텔로, 미켈란젤로, 레오나르도 다 빈치 그리고 마키아벨리까지 일렬로 서 있다. 정문 양 면에는 바로 코시모 데 메디치와 그의 손자인 로렌초 데 메디치가 서 있다. 위대한 예술가들이 마음껏 예술 혼을 발휘할 수 있도록 그들이 예술가들을 후원한 것이다. 그래서 오늘날까지 피렌체의 르네상스미술을 이야기할 때 빠지지 않고 메디치 가문을 언급한다.

메디치 가문의 이야기는 피렌체의 역사이기도 하다. ≪피렌체의 빛나는 순간≫의 저자인 원광대학교 성제환 교수의 강의를 들은 바 있다. 그는 피렌체의 르네상스를 만든 것은 상인들이었다고 경제학적 측면에서 르네상스를 다루었는데. 메디치 가문이 어떻게 부를 축적하였는지 연구하여 흥미진진하게 파헤쳤다. 마침내 메디치 가문은 피렌체의 권력을 가지게 되고 교황에게 막대한 헌금을 내었으며, 성당의 건축과 교회 내의 장식을 할 수 있도록 예술가들을 활용했다. 르네상스를 만든 것은 상인들이었던 것이다. 동서를 막론하고 부를 가지게 되면 권력을 쥐고 싶게 되어 정치를 하게 되는 것인가. 그렇다면 오늘의 피렌체가 있기까지 상인들의 역할이 어떻게 빛나게 되었는지 살펴봐야 할 일이다. 메디치 가문이 교회에 막대한 후원을 함으로써 그들의 영묘를 안치하기 위한 속내도 있었다. 예술가들을 통해서 그들의 사후 세계까지 장식하려는 욕망이 숨어 있었다.

산 로렌초 성당, 메디치 가문의 가족 성당 옆에는 로렌초 수도원이 딸려 있다. 메디치 가문의 2번째 교황이었던 클레멘스 7세는 미켈란젤로에게 도서관을 만들라고 지시를 내렸다.

미켈란젤로는 그 작품을 완성하지는 못했지만, 그가 설계한 메디치 도서관으로 들어가는 계단은 세계에서 유일하게 모서리가 둥근 계단이다. 도서관 전체의 환경, 전체 건물의 구조, 창문, 밖을 내다보지 못하는 창문이다. 미켈란젤로는 의도적으로 세상의 단절된 어둠의 공간을 만들었다. 빛을 향해 올라가기 위해서 우리는 어둠 속에서 먼저 숙고의 시간을 보내야 한다는 것을 상징한다. 1555년에 그의 친구이자 제자였던 조르조 바사리에게 아주 흥미로운 이야기를 한다. '나는 지난밤에 꿈을 꾸었다네. 그런데 그 꿈속에서 나는 둥근 계단을 보았는데 그것을 작품으로 표현하고 싶다네.'라는 표현을 남겨두었다. 아마 그렇게 둥근 곡선으로 계단을 만든 사람은 미켈란젤로가 최초였을 것이다.

밖의 세상이 차단되는 그 어둠의 공간에서 고뇌를 거쳐서 우리는 빛의 세계로 올라가게 된다. 그런데 여기서 우리가 꼭 기억해야 할 미켈란젤로의 놀라운 미학적 의도가 있다. 메디치가문은 자신의 부를 이용해서 엄청나게 많은 고대의 희귀본을 소장했다. 그런데 그것을 자기들만 보는 것이 아니라, 둥근 계단 옆의 계단을 통해서 피렌체의 인문학자들

그리고 시민들도 그 계단을 걸어 올라가 진리의 세계로 나갈 수 있다는 것을 이 공공 도서관을 통해서 보여줬던 것이다. 바로 이곳이 있었기 때문에 동방과 서방 그러니까 비잔티움제국과 로마제국, 아리스토텔레스주의와 플라톤주의가 함께 만나게 되고 그 사상의 융합을 통해서 미켈란젤로뿐 아니라 라파엘로, 레오나르도 다 빈치, 티치아노와 같은 놀라운 거장들에 의해서 르네상스 미술이 꽃피울 수 있었다.

미켈란젤로와의 산책

미켈란젤로와 레오나르도 다 빈치의 대결. 두 거장의 경쟁은 개인의 경쟁이 아니다. 집단의 경쟁이었고, 장르의 경쟁이었다. 왜냐하면 회화와 조각 중에서 어느 장르가 더 완벽한 아름다움을 표현하느냐를 놓고 경쟁했다. 1504년 미켈란젤로가 〈다비드상〉을 완성했는데, 피렌체에서 난리가 났다고 한다. 왜? 〈다비드〉를 어디에 설치하느냐를 놓고 논란이 많았다. 당시 레오나르도 다 빈치는 미켈란젤로의 작품이 바로 란치 로지아(회랑) 정면에 장식되기를 원했다. 왜냐하면 〈다비드〉를 회화 작품처럼 보이게 하려고 했던 것이다. 하지만, 미켈란젤로는 자신의 작품을 시뇨리아 정청 입구에 장식하기를 원했다. 바로 이런 경쟁 때문에 이 도시에서 르네상스가 꽃피게 된다. 미켈란젤로와 다빈치는 지금도 눈앞에 보이는 시뇨리아 정청 안 500인 대회의장에서 다시 한 번 더 치열하게 경쟁하게 된다. 거기 보이는 작품, 다빈치가 그린 〈앙기아리 전투〉 장면이다. 당시 시뇨리아 정청 안 500인 대회의장에서 두 명의 예술가가 치열하게 경쟁했던 것이다. 그런 이유 때문에 이 도시에서 위대했던 시대, 르네상스의 시대, 빛의 시대, 창조의 시대, 아름다움의 시대가 펼쳐

세례당 청동문

진 것이다.

피렌체의 외곽에 있는 작은 산골 마을, 세티냐노. 미켈란젤로가 탄생한 마을이다. 위대한 예술가는 좋은 집안에서 태어나서 좋은 교육을 받아야만 되는 것일까. 그는 좋은 환경에서 태어난 사람이 아니었다. 미켈란젤로는 6살 때 어머니를 여의게 된다. 바로 세티냐노의 한 채석장에서 일하던 인부의 집에 맡겨졌다. 그가 살던 집터에 지어진 〈빌라 미켈란젤로〉란 저택이 있다. 도로 이름에도 비아 데 부오나로티 시모니(부오나로티 시모니의 길)이라는 이름을 붙여놓았다. 바로 그 장소에서 미켈란젤로와 로렌초 데 메디치가 만나게 된다. 그는 할아버지 목상을 조각하고 있었다. "꼬마야, 너 조각 잘했는데 할아버지치고는 이가 너무 가지런하지 않아?" 그 말을 하고 로렌초 데 메디치는 그의 곁을 스쳐 지나갔다. 미켈란젤로는 로렌초의 말을 듣고 발심해서 밤새도록 열심히 조각했다. 다음날 로렌초가 조각공원을 다시 지나다가 미켈란젤로를 자신의 저택으로 데려가 2년 반 동안 함께 숙식하며 같은 식당에서 음식을 나누면서 당대 최고의 플라톤 철학자를 동원하여 미켈란젤로를 교육시켰다.

미켈란젤로 교육의 현장, 천재가 탄생했던 메디치 가문의 저택을 본다. 메디치 리카르디 궁전(Palazzo Medici Riccardi), 이탈리아 르네상스 시대 4대 건축물 중 하나. 피렌체의 대부였던 코시모 데 메디치를 위해 지어졌다. 이 건축물이 중요한 것은 바로 그곳에서 3명의 교황이 배출되었기 때문이다. 바로 그곳에서 미켈란젤로가 메디치 가문에 입양되었다. 미켈란젤로는 그냥 뛰어난 솜씨를 가진 장인이 아니었다. 당대 최고의 플라톤 철학자였던 마르실리오, 프리치아노 같은 학자에게 플라톤 철학을 배웠기 때문에 그의 작품은 '플라톤 철학의 예술적 구현이다.'라고 말한다. 예술의 천재였던 미켈란젤로가 그렇게 성장하게 된 것이다.

피렌체에 있는 우피치 미술관은 르네상스 미술의 보고다. 미켈란젤로의 작품이 즐비하다. 처음에는 우피치 궁으로 건축하여 메디치 가문이 사용하던 거물이었는데, 후에 미술관이 되었다. 우피치는 '집무실'이란 뜻을 의미한다고 한다. 메디치 가문의 마지막 상속자인 안나 마리아는 1743년 가문의 전 재산을 피렌체 시에 기증하고 사망하였는데, "이 모든 유산들은 절대 피렌체 밖으로 나갈 수 없으며 이를 보고자 하는 사람들은 반드시 피렌체를 방문해야 한다." 이 사건으로 피렌체는 르네상스의 영원한 보고가 되었다. 오늘날 전세계에서 이 위대한 걸작들을 만나기 위해 계속 사람들이 몰려온다.

미술관으로 들어가면 중앙에 서 있는 〈다비드〉 상을 올려다보게 되었다. 다비드(다윗)는 구약성서에 나오는 골리앗을 돌팔매로 쓰러뜨린 소년 영웅이다.

〈켄타우로스의 전투〉 1490-1492, 로렌초 데 메디치를 위해 제작한 미겔란젤로의 십대 시절 작품. 〈바쿠스〉, 1497, 그리스 신화의 디오니소스 신을 묘사한 작품. 우리나라 음료 이름 '바카스'가 여기서 비롯됐다.

〈피에타〉 1498－1499, 성모마리아가 죽은 그리스도를 안고 있는 모습을 표현한 미켈란젤로의 3대 작품 중의 하나. 후대의 작가들이 이 피에타를 모방한 새로운 작품을 제작하고 있다.

〈다비드〉 1501－1504, 미켈란젤로의 29세에 완성한 대리석 조각 작품.

〈피렌체의 피에타〉 1545－1555, 미켈란젤로의 후기의 피에타. 미켈란젤로의 자신의 무덤에 전시하려고 시작했던 작품. 르네상스 시대의 대표적인 아이콘인 〈다비드상〉이 늠름한 자태로 아름다운 남성미를 자랑하는 시뇨리아 광장. 지금 광장에 있는 〈다비드상〉은 복제품이며 진품은 우피치 미술관에 있는 것이다. 복제품도 진품과 마찬가지로 분간할 수가 없다. 광장에는 코시모 데 메디치 청동기마상이 늠름한 모습으로 자리하고 있다. 1594년 제작했다. 넵튠 분수에는 물의 요정들에 둘러싸인 바다의 신 포세이돈이 서 있다. 단테의 사랑과 푸치니의 아름다운 아리아가 펼쳐지는 피렌체. 베키오 궁전은 1322년 세웠다. 여러 차례 보수를 거쳐 현재의 모습을 지니게 되었지만, 고딕 양식으로 지어진 건물론 피렌체 공화국의 시 청사로 사용하였으며, 현재도 시청사로 사용하고 있다.

우피치 미술관은 피렌체의 아카데미이다. 미켈란젤로의 친구이자 동료였던 조르조 바사리가 이곳 미술대학을 만들었다. 비록 미켈란젤로는 죽었지만, 그의 정신은 이곳에서 살아 숨 쉬고 있는 것이다. 한 조각가에게 묻는다. 당신에게 미켈란젤로는 어떤 사람인가요. "그는 멋진 예술가죠. 그의 작품은 수 세기 동안 강한 에너지를 가지고 있어요."

카라라란 도시는 이탈리아 토스카나 현에 있는 도시인데 대리석을 채취할 수 있는 거대한 채석장이 있다. 미켈란젤로는 그 거대한 채석장에 숨어있는 조각품들을 끄집어낼 수 있었다.

이탈리아의 카라라는 고대 로마시대부터 세계에서 품질이 뛰어난 대리석 채석장으로 유명했다. 원래 로마인은 그리스에서 대리석을 수입해 왔다. 그런데 기원후 2세기에 접어들어서 많은 양의 대리석이 필요하게 되었다. 놀랍게도 이 카라라에서 엄청난 양의 대리석을 발견하게 된 것이다. 여기서 바다까지 5km밖에 되지 않았기 때문에 운반이 수월했다.

니콜리예술공방에는 현재도 조각가들이 창조적인 작품을 제작하고 있다. 이 공방은 2000년 유네스코 클럽의 평화의 문화사절 장소로 선정되었으며, 1835년부터 6대째 운영 중이다. 공방 대표가 방문자를 〈모자〉상의 모조품 앞으로 안내한다. "멋지고 아름다운 곳이지요. 조각품들이 제작되고 있는 이 장소의 분위기 자체가 정말 아름답네요. 대리석으로 만든 미켈란젤로의 〈피에타〉예요." 공방의 대표인 프란체스카 여사가 〈피에타〉를 설명한다. 미켈란젤로의 작품들은 현대의 모든 조각가들이 복제하고 있다. "처녀 성모마리아는 아들 예수보다 더 젊게 조각된 것처럼 보이죠. 심지어 아들의 딸처럼 보입니다. 미켈란젤로는 신성함뿐만 아니라 그리스도의 인간적인 모습을 강조하고자 했어요. 우리처럼요. 이게 바로 죽은 예수의 몸으로서 존엄함을 느낄 수 있는 이유예요.

피에타

아들을 잃은 엄마의 인간적인 슬픔을 카라라 대리석으로 묘사해낸 것 같아요. 멋져요." "…… 때로 고통과 슬픔이 평온과 기쁨을 능가하는 것인가. 그의 고통은 모나리자의 평온보다 더 평온하고 슬픔은 신비로운 미소보다 더 신비롭게 다가온다. 아픔을 진정으로 아는 이는 아픔을 끝내 물리치지 않고, 슬픔을 진정으로 아는 이는 한 방울의 피눈물도 함부로 내비치지 않는다 했던가. 차가운 대리석에서 깊이를 알 수 없는 호수를 본다. 그 바닥에는 길어내고 퍼내어도 마르지 않는 샘물이라도 있는 것인가……." 〈피에타〉의 또 다른 멋진 감상이다.

공방 근처에 한 식당에는 '미켈란젤로의 식단'을 제공하고 있다. 미켈란젤로는 어떤 종류의 음식을 먹었는지 그 맛은 어떤지 궁금하다. 피노키오 스프 - (야채를 넣은 우리의 된장국 같은 스프), 빵 두 개와 포도주 조금, 청어와 멸치조림 등의 소박한 식단이었다. 미켈란젤로가 이런 음식을 먹고 이 험한 카라라 산에서 대리석을 캐냈다는 사실. 우리의 정신을 통해서 발현되는 것이 중요하다는 생각을 그의 검소한 식단에서 알 수 있을 것 같다.

시스티나 성당의 천장화는 어떻게 탄생하였는가

로마에 성 베드로 대성당을 재건축하고 있었다. 율리우스 2세는 미켈란젤로에게 왜 작업 중지를 명령했을까. 심지어 교황은 미켈란젤로가 캐왔던 대리석을 압수해서 시스티나 예배당의 천장에 금이 가게 되었다. 그때 율리우스 2세 교황은 건축가 브라만테에게 천장을 보수하라고 지시했다. 그러자 브라만테가 이렇게 교황에게 제안했다.

"교황님, 미켈란젤로가 천재라고 하니까 천재에게 그림 하나 그리게 하시죠."

"나는 지금까지 한 번도 그림을 그려보지 않은 조각가야." "당장 올라가서 그림을 그리라구." 올라가서 예수그리스도의 열두 제자를 그리라고 했다. 그러자 미켈란젤로는 이렇게 대답했다. "제가 그리고 싶은 것을 그리지 못한다면 나는 저곳으로 올라가지 않겠습니다." 이때 그린 그림이 바로 시스티나 예배당의 '천장화'이다. 처음으로 그린 그림이 세계 최고의 회화 작품이 된 것이다. 회화의 파라곤(Paragon:모범)이 된 것이다. '피에타'와 '다비드'를 통해서 이제는 회화의 파라곤을 완성한 것이다. 〈천지창조 Genesis〉(1508－1512), 미켈란젤로가 로마 바티칸 시스티나 성당 천장에 그린 세계 최대의 벽화가 탄생된 것이다.

미켈란젤로는 〈모세상〉을 완성하기도 했다. 율리우스 2세의 영묘를 안치하기 위해서 장식했던 미켈란젤로의 또 하나의 명작이다. 〈모세상〉에서는 오히려 미켈란젤로 본인의 얼굴을 발견하게 된다. 어느 장르든 모든 예술가는 그의 작품을 통해서 자기를 표현하기 마련이다. 모세는 가나안 땅에 들어가지 못한 슬픔을 안고 죽었다. 율리우스 2세 교황은 이탈리아에서 외적 프랑스와 스페인을 몰아내지 못한 슬픔을 안고 죽었고, 우리 조선의 고종은 일본을 몰아내지 못하고 죽었다. 미켈란젤로는 평생 자신의 예술 혼을 불태우기 위해서 고뇌하고, 평생 숙고하고 좌절하다가 자신의 모습을 〈모세상〉의 모습으로 상상했던 것 같다.

캄피돌리오 광장(Piazza del Campidoglio) 시청사의 3개 건물로 둘러싸여 있다. 좌우 건물이 마주보는 간격은 투시효과의 조화를 위하여 바깥쪽에서 안쪽으로 향할수록 넓어지게 배치되어 있다. 광장 중앙에는 로마의 현제賢帝 마르쿠스 아우렐리우스의 기마상이 있다. 광장과 건물의 디자인은 독창성과 공간 통일의 탁월성으로 미켈란젤로의 가장 뛰어난 건축 작품으로 꼽힌단다. 60대 후반의 미켈란젤로는 노년임에도 불구하고 예술에 대한 열정을 멈추지 않았다. '신과 같은 미켈란젤로'는 1564년에 89세의 나이로 임종했다. 그러나 작품을 통하여 전세계에 그의 정신이 전해지고 있다. 유럽의 모든 예술의 근원은 성서의 내용과 영웅들의 생애가 바탕이 되었으며. 동양의 예술은 석가모니의 생애를 통하여 부처의 세계가 불화와 조각품으로 나타나고 있는 것 같다. 미켈란젤로의 시대가 마감되고 르네상스는 100여 년 뒤에 베네치아에 상륙한다.

베네치아—두 개의 상상이 펼쳐지는 베네치아, 세상의 다른 곳, 베네치아, 이탈리아의 인구는 6천1백만 명(2012), 면적은 약 30만 킬로미터, 한반도 면적의 1.5배다. 피렌체에서 북동쪽으로 기차를 타고 베네치아로 이동한다. 옛날부터 베네치아는 '알테르 문디Alter Mundei'라고 불렀다. '세상의 다른 곳'이라는 뜻이란다. 이 세상에 그런 곳이 없다는 것이다. '세레니시마 리퍼브리키Serenissima Republicka di Venezia'라고 불렀다. 르네상스의 꽃이 어떻게 만개했는지 그곳에는 어떤 작품이 있는지 또 어떤 역사가 펼쳐질지 너무 궁금하다.

우리의 호기심과 벅찬 기대감을 안고 르네상스의 기차는 계속 질주했다. 창밖의 풍경은 질서정연하게 구획된 들녘과 숲이 아름답게 펼쳐진다.

Venice, 베네치아의 영어식 이름. 5세기에 세워진 베니스는 '물의 도시'라 불리며 118개의 섬이 약 400여 개의 다리로 이어져 있다. 베니스 입구에 산타루치아 역이 보인다.

〈산타루치아〉라는 노래에 등장하는 그 Santalucia의 이름이다. 베니스는 바다에 도시를 심은 것 같다. 건물의 밑바닥은 어떻게 지탱하고 있을까. 바위 위에 심고, 석호에 심은 것이다.

서기 828년 북아프리카의 도시 알렉산드리아에서 큰 도난 사건이 벌어졌다. 베니스의 상인들이 성자 성 마가의 시신을 훔쳐서 이곳으로 도망쳐 온 것이다. 왜? 베니스의 상인들은 성 마가의 시신을 훔쳐왔을까. 이 도시의 수호성자로 만들고 싶었기 때문이다. 성 마가는 베니스 사람들에 의해 마르코라 불렸다. 그래서 두칼레 궁전 앞에 있는 기둥 위에 큰 사자의 조각상이 전시된 것이다. 그리고 지금 눈앞에 펼쳐지고 있는 아름다운 광장을 산마르코 광장이라고 부르게 됐다.

'성마르코 광장', 베니스의 정치, 종교, 문화의 중심지. 1987년 유네스코 세계문화유산으로 등재, 두칼레 궁전과 그 옆 건물의 일층은 아치문이 나열해 있는 긴 회랑이 이어진다. 광장에는 비둘기도 사람 수만큼 무리 지어 놀고 있다. 광장에서 〈오, 솔레미오〉를 한 곡 부탁받은 가수가 멋지게 노래를 불러 광장의 사람들을 매료시키고 있다. 르네상스 미

술에 초대했던 안내자가 회랑에서 연극배우가 된다. 셰익스피어의 작품 〈베니스의 상인〉에 나오는 대사를 읊는다. '당신이 우리를 찌르면 우리는 피 흘리지 않나요?' '당신들이 우리를 해코지한다면 우리가 복수하는 것이 정당한 것이 아닌가요?' 〈베니스의 상인〉 제 3막에 나오는 내용이란다.

베네치아의 역사는 서기 4-5세기로 거슬러 올라간다. 라틴 사람들은 석호에 말뚝을 박고 살기 시작했다. 베네치아 사람들이 가장 동경하는 것은 마른 땅이었다. 그런데 이곳에서는 봉건제도가 발생할 수 없었다. 왜? 땅이 없었으니까. 베네치아에 있는 모든 배들, 갯기선(돛과 노가 있는 군용선)들은 국가의 소유였다. 그해서 그들에게 제일 중요한 것은 바다였고 땅이 없어 농업을 하지 못하였기 때문에 결국, 무역에 의존할 수밖에 없었다. 두칼레 궁전 입구를 장식하고 있는 거인의 계단에 두 명의 거인이 서 있다. 바로 바다의 신 포세이돈과 교역과 무역의 신 헤르메스이다. 바닷가에 대종루가 서 있다. 꼭대기 상부는 종탑이다. 그곳이 바로 베네치아의 '산 조르조 마조레' 성당이다. 1432년 코시모 데 베디치가 이곳으로 망명을 왔다. 산 조르조 마조레 성당을 은신처로 삼았다. 미켈로초가 자신을 후원했던 코시모 데 메디치를 보호하겠노라고 찾아왔다. "자네는 칼을 쓸 줄 아나? 창을 쓸 줄 아나?" "자네는 건축가가 아닌가? 이왕 여기 왔으니 베네치아 시민들을 위해서 건축 하나 해주게." 그래서 건축된 노랑색 건물이 산 조르조 마조레 성당의 도서관이다. 바로 그곳에서 두 위대했던 도시가 만남으로써 르네상스는 이제 새로운 국면으로 접어들게 된 것이다. 베네치아의 산 마르코 광장 남쪽 해상에 떠 있는 산 조르조 섬에 있는 교회인 것이다. 바로 그 성당에서 피렌체의 르네상스 건축 미학이 베네치아로 전수된 것이다. 그곳에서 위대했던 도시가 만남으로써 르네상스는 이제 새로운 국면으로 접어들게 된 것이다.

피렌체에 메디치 가문이 있었다면 베네치아에는 단돌로 가문이 있었다. 어떻게 베네치아가 지중해의 해상 무역을 장악하는 거대한 무역국가로 변모할 수 있었을까. 제4차 십자군 때 단돌로는 당시 베네치아를 통치하던 통영이었다. 그리고 실제 전투에서 90 노인이었던 단돌로가 전쟁에 나서게 되었다. 실명 상태였던 단돌로가. 베네치아 시민들은 그 장면을 보고 크게 감동을 받고 용기를 내서 전쟁에 참여하게 되고 지중해의 무역을 장악하는 거대한 해양국가로 변모할 수 있었던 것이다.

'카페 플로리안'은 1720년에 개업한 카페다. 이탈리아에서 가장 오래된 카페, 카사노바, 괴테 등 유명인들의 단골 카페였다. 베네치아 사람들은 점점 내면화되기 시작했다. 아마 그래서 세계 최초의 커피숍으로 알려진 '플로리안'이 문을 열게 됐는지도 모른다. 쓴 커피를 마시며 '멜랑콜리'에 접어들었는지도 모른다. 르네상스가 피렌체에서 시작된 지 꼭 100년 만에 르네상스의 물결이 베네치아 해안에 도착하게 된다. 바로 이곳에서 르네상스의 마지막 물결이 일어나게 된다. 지중해 해상권을 오스만투르크에게 빼앗긴 베네치아 인들은 물질에 대한 욕망을 멈추게 된다. 베네치아 아카데미아에는 르네상스 예술가들의 작품이 소장된 곳이다. 그리고 마드리드의 프라도 미술관에 팔려나가게 된다. 하지만 아직도 수백 점의 작품이 아카데미아 박물관에 전시되어 있다. 베네치아 르네상스를 이해하기 위해서 세 명의 화가를 만나야 한다. 첫 번째 인물은 조르조네, 두 번째 인물은 티치아노, 그리고 마지막 인물은 틴토레토이다.

〈산 마르코의 유해 발굴〉 1562-1566, 16세기 중후반에 베네치아에서 활약한 화가 틴토레토의 작품. 〈산 마르코의 기적〉 1567-1568, 색채와 구도를 모두 중시했던 틴토레토의 작품

〈피에타〉 1576, 미완으로 남은 티치아노의 마지막 작품, 피에타는 미켈란젤로 이후 대대로 많은 화가들이 조각이나 회화로 재해석하기도 하여 재창조하고 있는 것 같다. 〈폭풍우〉 1505, 16세기 베네치아 회화의 창시자로 일컬어지는 조르조네의 대표작이다.

베네치아에서는 곤돌라(택시 기능)를 타는 것이 제격인 것 같다. 안내자는 이제 르네상스 미술의 기행을 마무리하고 곤돌라를 타고 더 넓은 아드리아 해로 나가고자 한다. 좁은 골목을 지나는 것처럼 좁은 수로를 연결하는 아치형 다리 밑을 곤돌라가 지난다.

'오티움 쿰 디그니타테Otium cum dignitate', 여행은 위엄을 갖춘 여가'여야 한다는 것이다. 단순히 먹고 마시고 새로운 것을 보는 것이 여행의 전부가 아니다. 새로운 영감을 얻는 것, 미래에 대한 돌파구를 발견하는 것이다. 어떻게 하면 우리 삶이 아름다워질 수 있을까. 이 질문에 대한 작은 해답이 르네상스 미술의 여행을 통해서 모든 사람들이 함께 새로운 영감과 미래에 대한 돌파구를 찾는 계기가 된다면 얼마나 좋을까. 안내자의 바람이었다. 안내자를 태운 곤돌라는 이제 아드리아 해의 큰 바다를 향해 나아가고 있다. 더 넓은 바다가 암시하듯, 우리들 의식도 새롭고 넓은 지평을 열어가야 하지 않을까.

중세의 어둠에서 빛을 찾아 새로운 창조의 시대를 열 수 있었던 것은 위대한 예술가와 인문학자들 그리고 그들의 창조적 자유가 주어졌던 환경과 후원자들이 있었기 때문이었다. 그리고 현대까지 많은 예술사조가 시대를 대변하고 변화를 거듭하고 있다. 어쩌면 현대는 혼돈의 무지개

가 난무하는 시대인지도 모른다. 삶의 공간이 여행지가 된 지금 우리의 르네상스라는 조선 후기의 예술과 인문은 어디로 가고 있을까. 인본주의가 극에 달하여 위험한 시대에 직면하고 있는 지구촌인 것 같다. 다시 새로운 탈출구가 필요하지 않을까. 인본주의를 넘어서 휴머니즘보다 더 멀리 보아야 하지 않을까. 인간도 생물이라는 차원에서 살아있는 모든 생물에 연결된 나, 인간, 자연의 세계로 나아가야 한다는 생각을 하게 된다. 현대에 와서 기술이 신의 자리를 차지하고 있었다면, 다시 정신의 세계로 나아가야 할 것 같다. 황지우 시인의 〈나는 너다〉라는 시의 주인공처럼 너의 자리에는 사랑 혹은 모든 생물, 자연물이 자리해야 하는 자리이리라. 동서를 막론하고 페트라르카의 위대한 발견은 지금도 여전히 계속하고 있다.

| 후기

폭염이 계속되던 어느 날, 늦은 오후에 금산사로 산책을 나갔다. 보제루 옆길 큰 마당으로 가던 중 대적광전 쪽을 힐끗 바라본 순간, 푸른 나무 사이에서 배롱나무 꽃빛이 내 가슴에 불을 붙이는 듯했다. 한순간 시원한 감동에 떨었다. 큰 마당의 유서 깊은 잣나무와 사진작가들의 소재였던 고풍스런 감나무는 사라진 지 오래다.

미륵전 앞의 산사나무는 〈고목에 핀 꽃〉으로 추억의 나무다. 반쪽이 헐어버린 기둥이 위험해서 옆에 후손을 키우고 있다. 미륵전 옆에서 배롱나무 꽃이 그토록 아름답게 하늘을 채우고 있는 것을 처음 보았다. 전각들의 건축미에 장소가 주는 공간미를 더한 감흥에 멍하니 나무 주위를 맴돌았다. 주위에 수형 좋은 나무가 많기는 하지만, 어느 시간 어느 공간, 어떤 조명을 받는가에 따라서 느낌이 주는 감상이 이렇게 달라진다. 이날만은 전각의 삼층 지붕선이 배롱나무의 배경이 되는 것 같았다. 미륵전에 들어 백팔배를 올렸다. 땀을 내며 열을 높이는 일도 시원했다. 어차피 땀에 젖을 바에야 열렬히 젖었다. 불타는 여름을 감사했다.

하루 사이에 갑자기 가을이 된 듯하다. 열렬했던 청춘의 사랑은 역시 한 순간인가. 가을이 깊어지면, 사랑 뒤에 남는 쓸쓸함을 어찌 감당할 것인가. 풍성한 가을에 대한 기대보다 사라짐에 대한 그리움을 먼저 앓을 것이다. 뜨거움을 열로 치유하듯, 허전함을 달래는 데는 폐사지에 남은 돌탑이 어울릴 수도 있다. 지난 세월의 흔적에서 의미를 찾아낼 일이다.

가끔은 미륵사지에서 "고운 님 보고픈 생각이 나면 황룡사 문 앞으로 달아 오소서" 하던 민사평(1295-1359)의 시도 읊조릴 것이다. 살다 보면 문득 가버린 날들이 못 견디게 그리울 때가 있겠지. 그럴 때면 당간 지주와 외로운 탑 하나 남은 빈 절터로 오라고 했다. '아무 말 말고 황룡사 문 앞으로 찾아오소서. 빙설처럼 고운 그 모습이야 보이지 않겠지만,' 가만히 눈을 감고 그 앞에 서면, 임들의 목소리가 지금도 소곤소곤 들려온단다. 우리 사랑했던 아름답던 시간들 주춧돌 위에 여태도 남아 반짝인다고. 잊고 있던 사랑의 꿈이 안타까운 날이면, 눈감고 당간 기둥에 기대보시라!

하늘과 맞닿아 있는 탑의 꼭대기를 바라보는 순간 받았던 처음의 전율을 다시 느낄 것이다. 해 질 녘 노을빛이 탑을 감싸 만드는 아름다운 실루엣이 드리우는 시간, 그보다 더 좋은 마음의 휴식처가 없으리라. 무상과 소멸이라는 화두를 챙기고 침묵의 가르침을 되새기며, 나만의 시간과 공간을 챙길 일이다. 사라지는 것에서 흐르는 시간의 힘을 얻을 수도 있으리라. 나를 잘 다스리는 일이 진정으로 이웃을 돕는 일이 될 것이기에.

| 작품해설

옛 향 깊은 작가의 수필세계

– 조윤수 제5수필집 ≪발길을 붙드는 백제탑이여!≫에 부쳐

전일환(수필가, 전주대학교 한국어문학과 명예교수)

1. 작품과 작가가 일치된 수필

수필가 조윤수는 2003년 ≪수필과비평≫으로 등단한 수필가다. 수필집 ≪바람의 커튼≫(2008)을 첫 출간한 이래, ≪나도 샤갈처럼 미친及 글을 쓰고 싶다≫(2010), ≪명창정궤明窓淨机를 위하여≫(2013), ≪나의 차마고도茶馬孤道≫(2014) 등을 연이어 생산해 내더니 올핸 제5수필집 ≪발길을 붙드는 백제탑이여!≫를 상재했다. 작품집 대부분이 2년 만에 출간을 거듭했으니, 그가 말한 것처럼 수필을 그냥 쓰는 게 아니라, 아예 수필이 직업이 된 작가다. 13년의 문력文歷이 말해주듯 그는 글을 쓰는 열정이 펄펄 넘치는 문학가다. 그는 수필간가 하면, 다도가茶道家며, 다인茶人인가 했더니 종교철학자인 데다가 역사, 음악, 미술 등 다방면에 박학다식한 박물학자다.

나는 이분을 만나기 전에 어느 문예지에 발표된 〈대하연大賀蓮 오오가하스〉를 먼저 만났고, 그리고 올해 전북문학관 문학아카데미에서 운명적으로 조우遭遇를 했다. 프랑스의 문학사가이자, 과학자인 뷔퐁(Buffon 1707-1788)은 프랑스아카데미회원으로 들어갈 때의 입회연설인 문체론(1753년)에서 '문장은 인간'이라 했다는 것처럼 조윤수 작가의 제5수필집 속에는 뷔퐁의 그 말 한마디답게 정말 작품과 작자가 똑같다는 생각을 하였다.

그는 본디 가톨릭신자였다. 그런데 그의 수필집을 보면 오히려 천주교신자라기보다 불교신자 같고, 불교철학에 매료된 작가라고 하는 편이 훨씬 타당한 것처럼, 편향되지 않고 보편성이 있는 다정다감한 수필가다. 마치 여말 충혜왕 때 예문관 대제학을 지낸 이조년이 노래한 '이화에 월백하고 은한은 삼경인데… 다정도 병인 양하여 잠 못들어'하는 작가다. 뿐만이 아니다. 중, 고등학교를 전주에서 다녔기 때문에 의당 고향이 전라도라 생각을 하고 있었는데, 알고 보니 경상남도 진주가 고향이었다.

정치인들이 자기만의 얄팍한 어떤 이익만을 찾으려고 영호남을 2분해 놓고 정치 놀음을 하면서 자만自慢하고들 있지만, 우리 순박한 보통사람들은 저들의 교활한 그런 저의底意도 모른 채 그들의 놀음에 일희일비하면서 무감각적으로 그렇게 흘러 살아가고 있다. 그러나 조윤수 작가는 아예 그런 것과는 무관한 수필가다. 오히려 옛 신라문화보다 백제문화를 더 좋아하고 지금의 전라도를 자신의 원고향보다도 더 사랑한다. 그래서 '이제는 이곳의 문화미에 푹 젖게 되어 탑 앞에 서면 한살처럼 느껴진다.'라고 고백도 서슴지 않았다.

작가의 부친도 그런 것과는 거리가 멀었던 분 같다. 부녀지간 영호남을 가리지 않고 경상도를 떠나 전주에서 삶터를 잡은 탓에 작가는 전주에서 학교를 다니게 되고, 그를 좋아했던 전라도 남자가 〈서동요〉의 마동처럼 끈질지게 구애한 끝에 혼인을 하여 아름다운 가정을 이루고 살아왔다. 그리고 스스로도 일연의 ≪삼국유사≫ 기이紀異조의 기록대로 선화공주처럼 백제의 서동을 맞아 인생을 엮어간다고 재미 삼아 말하곤 한다.

참 인연이란 묘하다. 내가 아버지의 직장 인연 때문에 중고등 학생시절을 전주에서 보낸 일이 후에 다시 이곳 사람과 결혼할 인연이 될 줄이야! 설화의 주인공처럼 서동이 선화공주를 찾아다녔던 것 같이 내 남편도 서울에서 직장 생활하던 나를 찾아 전주까지 데려올 줄이야! 아마도 친정 친척 하나도 없는 타향에서 내가 어려운 고비를 넘기면서 외로움을 달랠 수 있었던 것은 이런 나를 위로해주었던 백제탑이 있어서였는지도 모른다. 그리고 진작부터 차의 공덕을 알고 부처께 헌다공양을 올렸던 기원의 덕도 힘이 되었을 것 같다.

(중략)

아버지의 덕택에 경남에서 산 세월보다 전주에서 산 세월이 많아졌다. 이제는 이곳의 문화미文化美에 푹 젖게 되어 탑 앞에 서면 한 살처럼 느껴진다. 고대에 선화공주가 그랬던 것처럼 내 피도 걸러지고 여과되어 나에게서는 복합 문화 맛이 나지 않을까 싶다. 아버지가 첫 세대로써 영호남의 가교를 이었고, 내 아들도 대를 이어 영남 여인을 아내로 맞았으니 그렇게 해서 선화공주의 후손들은 대한민국 안에서 하나의 역사와 문화를 이어 창조해 가고 있다. 만날 때마다 내 발길을 붙잡는 백제탑이여, 아! 세월이여!

제5수필집의 제호가 된 대표적인 작품으로 끝 단락 마지막 문장 〈미치도록 내 발길을 붙잡는 백제탑이여!〉의 일부다. 필자가 매료된 것은 전주의 자연환경이나 도심이 아니라, 목재로 시작된 아름다운 사탑에서 최초로 화강석을 목재처럼 공굴리고 다듬어 만들었던 석조미륵사탑으로부터 왕궁리 5층석탑으로 이어지는 백제탑들이다. 그는 '왕궁리 탑을 보러 갈 때면 옛 연인을 만나는 듯한 묘한 설렘조차 일어서 탑을 돌아보고 면석을 어루만져도 보고, 풀밭에 누워보기도 하고, 무한한 아늑함에 안도의 숨을 내쉬기도 하며, 때로는 거석이 주는 위압감에 숙연해지기도 했다'고 순진무구한 어린이의 동심처럼 그 기쁨을 고백하면서, '한참 탑을 올려다보고 있노라면 폐허로 남아있는 탑 주변에서 알지 못할 적요한 마음결이 느껴져서 좋았다'라 감탄을 토로하고 있다.

이렇듯 필자는 사물을 보는 관점(viewpoint)이 남다르고 초월적이며 전문가보다 더 세밀한 미적 감각, 즉 심미안審美眼을 지니고 있다. 이러한 안목은 시인이나 소설가에게도 필요한 요소지만, 수필가에겐 더더욱 빼놓을 수 없는 필요불가결한 요소가 아닐 수 없다. 햇빛을 프리즘에 굴절시키면 일곱 색깔 무지개 색으로 분화된다는 그런 분석적 안목을 지녀야 한다는 것이다. 햇빛은 무색무취의 물처럼 아무런 색깔이 없는 것 같다. 하지만 프리즘을 통해 투과된 빛은 일곱 빛깔 무지개 색으로 신비롭게 분화되는데 그게 햇빛의 본질이다.

2. 미학적인 안목이 남다른 작가

우리가 살아가는 세상만물이 다 그렇다. 만물 중에 가장 귀하다는 사람도 그렇고, 개미 같은 하찮은 미물도, 길가에 생명 줄을 내리고 온갖 것들로 하여 짓밟히는 풀 한 포기도 마찬가지다. 이처럼 작자는 자칫 지나쳐버릴 수 있는 미물 같은 것들도 확대경을 들이대어 분석해내듯

볼 수 있는 그런 안목眼目이 있어야만 한다. 조윤수 수필가는 그런 미학적인 남다른 안목이 독특한 작가다.

> 멀리서 아련하게 보이는 석탑은 날개를 접고 안전한 곳에 내려앉은 붕새처럼 천년 세월을 품고 있다. 백제인의 어떤 삶의 철학이 강직하기만 한 돌에 예술 혼을 실었을까. 생명을 불어넣은 돌탑에서 어떤 정신을 발견해야 하는 걸까. 옛 백제인의 삶의 철학과 의지를 통하여 오늘 내게 새로운 감동을 주는 것은 무엇일까. 천4백 년 전의 혼이 지금까지 전해 내려오는 어떤 정신에 감동된 것일까. 어떤 감동이든 그 감동을 통하여 우리의 의식은 새로운 통로를 발견하는 것 같다. 생활의 활력이 되어서 행동의 변화도 일으키고, 보람찬 삶의 변화로 이어지는 것이 아닐까. 그래서 날로 새로운 감동의 날들을 엮어가면서 새 역사를 만들고 그 역사는 다음의 세대로 또 이어지리라.
>
> (중략)
>
> 저녁 이내가 내리는 시각, 안타까워 그리는 백제의 옛 꿈을 말없이 말하고 있지 않은가. 아스라이 먼 것 같지만 또렷하다. 어느 순간은 바로 옆에서 보던 때보다 더 장중하게 다가오는 석탑이다.
>
> — 〈왕궁리 5층석탑〉 중 일부

서산에 해가 지니 패망한 옛 백제의 왕성에 이내 같은 어스름이 내리는 걸 '안타까워 그리는 백제의 옛 꿈을 말없이 말하고 있지 않은가. 멀리서 아련하게 보이는 석탑은 날개를 접고 안전한 곳에 내려앉은 붕새처럼 천년 세월을 품고 있다.'라 하고, 그리고 '백제인의 어떤 삶의 철학이 강직하기만 한 돌에 예술혼을 실었을까. 생명을 불어넣은 돌탑에서 어떤 정신을 발견해야 하는 걸까. 옛 백제인의 삶의 철학과 의지를 통하여 오늘 내게 새로운 감동을 주는 것은 무엇일까. 천4백 년 전의 혼이 지금까지 전해 내려오는 어떤 정신에 감동된 것일까'라며 연거푸 네 번씩이나 설의법을 통해 폐허의 유허지에서 망국의 스산한 백제국의 서정을 어스름 짙어가는 이내 속에서 안타깝게 그리고 있다.

이렇듯 좋은 수필은 김광섭이 〈수필문학소고〉(1933년)에서 말했듯이 달관達觀과 통찰과 깊은 이해가 인격화된 심경이 무심히 생활주변, 혹은 회고와 추억에 부딪혀 스스로 붓을 잡음에서 제작되어지는 형식이어야 한다는 것처럼 씌어져야만 한다. 그것이 '붓 가는 대로'의 의미를 담은 '따를 수隨, 붓 필筆'자의 수필이다. '따른다[隨]'는 말의 속뜻을 살펴보면 어떤 수준에 '이른다[到]'는 의미가 함의含意되고 있음을 깨닫게 된다. 그러므로 수필을 쓰려면 어떤 단계에 올라야만 좋은 작품을 쓸 수 있다는 것에 이르지 않으면 안 된다. 운필運筆의 기본도 모르면서 붓 가는 대로 쓴다면 아무런 글씨도, 글도, 그림도 이루어질 수 없는 잡기雜記류가 되거나 아니면 악필惡筆이나 졸화拙畫만이 남을 수밖에 없다. 수필은 기품氣稟이 넘쳐야 하고 고상한 품격과 향기가 있어야 하며 아름다움이 넘쳐나야 한다. 그리고 인생을 관조觀照하면서 진정한 삶의 아름다움이나 미적가치가 있어 독자에게 감동을 주어야만 한다.

조윤수 작가는 석공예자가 되고, 건축가가 되었다가, 때론 미술가도 된다. 이번에 출간하는 제5수필집은 총 50여 편의 작품을 실었는데, 거의 대부분 절집, 사탑, 석존상, 사지寺趾 등이 대부분인데, 신라와 백제에 걸쳐 두루 분포되어 있다. 그중에서도 불교미학의 중심은 주로 백제에 국한되어 그 미적가치를 탐색해 내었다.

꿈틀거리는 용 한 마리가 부처의 머리 위에 머물고, 주위를 날고 있는 비천상과 화려한 연꽃 등이 환희심을 일으키게 한다.

(중략)

극락전 뒤를 돌아보았다. 육중한 처마를 받치는 백제식의 하앙下昻식 공포栱包라는 것. 앞쪽은 용의 얼굴 모양으로 화려하게 조각했지만, 전각 뒤의 공포는 단순하게 처리했다. 주변에 여름 꽃이 화사하게 피어 있어 오랜만에 절집은 잔치를 맞은 듯하다. 뒤안길에는 잎을 만나지 못하는 상사화가 곳곳에 무더기로 피어서 산자락 뒷길을 화려하게 수놓았다.

'꽃비 흩날리는 누각', 극락세계가 사철 꽃동산을 이루면 얼어붙는 빙벽길에도 불명의 꽃비를 내릴 것이다. 바라지창이 활짝 열린 우화루에 달린 목어도 오늘따라 생기를 얻어 날카롭게 삐져나온 이빨이 애교스럽게 보인다.

(중략)

단청을 덧입히지 않은 절집은 시인의 말처럼 잘 늙은 절집. 곱게 늙은 절집이라고 말할 수 있을까. 겉은 늙었으나 그가 지닌 정신은 날로 새롭다. 저리 곱게 늙어가서 아름다운 무언가를 남길 수 있다면 사람으로서도 잘 살았다고 할 수 있을지 모르겠다. 오래전에 불교 신자도 아닌 내게 법명을 지어서 보내준 큰스님 한 분이 떠올랐다. 바위골짜기를 쉬엄쉬엄 내려오면서 생각했다. 수월관음을 만난 선재동자처럼 환한 마음으로, 화암사는 긴 세월을 거슬러 올라도 끝을 알 수 없는 시간의 계단이라고.

〈내 사랑, 화암사〉의 일부다. 이 수필 제목은 안도현이 읊은 시 〈화암사, 내 사랑〉이 좋아 인용해 오면서 '그러나 나는 그의 사랑을 방해하지 않았다'라는 주해註解도 아끼지 않아 모두冒頭에 밝혀두는 작가의 예도 잊지 않았다. 화암사는 완주군에 있는 안심사, 위봉사와 더불어 '완주3사'의 한 고찰이다. 화암사에 가 보지 못한 사람이라도 이 글을 읽어보면 화암花巖의 글자가 지닌 대로 불명산佛明山 화암사花巖寺의 절집이 꽃과 바위로 하여 얼마나 아름답고 여타의 절과 다른지를 알고도 남음이 있을 정도로 묘사되었다. 마치 화가가 수채화를 그려 놓은 듯이 부처의 자비를 밝히는 불명산에 자리한 '꽃 바위 절', 화암사를 풍경까지 아우르며 글로만 쓴 게 아니라, 아예 글로 그림을 그려 놓은 것처럼 수필을 아름답게 써놓았다.

'바위에 꽃이 피는 절집? 연꽃이 핀 바위 위에 지은 절. 옛날 임금님이 꿈에 공주의 병을 낫게 할 수 있다는 연꽃을 찾았다. 부처님이 꿈에서 알려주었다는 곳. 깊은 산속 바위 위에 연못의 용이 올라와서 연꽃을 키웠다는 이야기. 그 연꽃을 따와서 공주의 병은 낫게 되고 임금은 그 바위에 절을 지었다. 깊은 산속 연화대에 앉은 절집이다.'라며 불명산 화암사를 이 네 줄의 간결한 문장에 마치 한 편의 동화를 압축하여 절 이름을 해석해 놓은 문재文才가 놀랍다. 이뿐만이 아니다. '주변에 여름 꽃이 화사하게 피어 있어 오랜만에 절집은 잔치를 맞은 듯하다. 뒤안길에는 잎을 만나지 못하는 상사화相思花가 곳곳에 무더기로 피어서 산자락뒷길을 화려하게 수놓았다. 꽃비 흩날리는 누각, 극락세계가 사철 꽃동산을 이루면 얼어붙은 빙벽 길에도 불명의 꽃비를 내릴 것이다.'는 감각적인 묘사는 한 폭의 수채화를 보는 듯한 착각을 하게 만든다.

3. 온고지신溫故知新의 맛과 향이 나는 수필

작가 조윤수는 글로 그림을 그리는 화가이면서 탁월한 석공예가요 건축가다. 백제식 건축양식의 화암사 전각도 서너 줄의 단순한 문장으로도 비단옷을 공그리듯 수놓는다. '꿈틀거리는 용 한 마리가 부처의 머리 위에 머물고, 주위를 날고 있는 비천상과 화려한 연꽃 등이 환희심을 일으키게 한다. 극락전 뒤를 돌아보았다. 육중한 처마를 받치는 백제식의 하앙식 공포라는 것. 앞쪽은 용의 얼굴모양으로 화려하게 조각했지만, 전각 뒤의 공포는 단순하게 처리했다'고 간결한 문체로 묘사하고 있다. 육중한 절 지붕을 괴는 기둥의 아래턱을 목공들은 사람의 얼굴의 주요부분에 비유하여 하앙下昻이라 하고, 처마 끝의 무게를 받치려고 기둥머리 같은 데에 짜 맞추어 댄 나무쪽들을 공포栱包라거나 포작包作이라 하는데, 이는 목공예가나 건축가들만이 주로 사용하는 전문용어다. 절집만 그렇게 전문인들이 쓰는 건축용어를 쓰는 게 아니라, 석존상들을 그릴 때도 매 한가지다. 그런 전문적 안목이 있으므로 그는 국립박물관 해설사로도 봉사를 한 적도 있다. 어떤 문인이 국립전주박물관에 관람을 갔다가 능란한 말솜씨로 해설하는 조윤수 작가의 모습을 본 적이 있었다는 말을 몇 사람에게서 들은 적도 있다.

그만큼 작가 조윤수는 공예나 미술, 음악까지도 다방면에 해박하고 그것을 삶에 대응해서 아름답게 해석해내는 글재주가 아주 좋은 작가다. 국립중앙박물관 미술관에서 미국미술 300년 속으로 들어간 그가 '〈모히칸 족의 최후〉의 한 장면만으로 평화스럽게 살고 있는 원주민들이 어떻게 사라졌는가를 짐작할 수 있게 한다'라는 문장에서도 '자세히 보지 않으면 거대하고 웅혼한 자연풍경에 압도되어 힘센 정복자에 의하여 피 흘리며 죽어가는 한 쌍의 남녀를 놓치게 된다'는 경종을 울리기도 했다. 또한 '청교도들이 토착민들에게 성경의 장면을 들어 바로 이사야 11장 장차 올 평화스러운 왕국'이라고 설명하는 장면도 놓치지 않고 묘사하고 있다. 청교도들이 메이플라워 배를 타고 아메리카에 도착하여 성경과 커피, 콜라 등 세 가지로 원주민들을 정복하고 이후 세계의 후진국들을 점령할 때도 동일한 수법을 썼다는 사실은 보편화된 지 오래다.

'꽃비 흩날리는 누각', '바라지창이 활짝 열린 우화루', '목어도 오늘따라 생기를 얻어', '날카롭게 삐져나온 이빨이 애교스럽게 보인다.' 는 서술은 산문이라기보다 한 편의 시를 읽어 내리듯 시적이다. 이런 감각적인 문체는 그의 작품 속에서 면면이 드러나고 있다.

조윤수 작가는 온고지신溫故知新이라는 말을 그냥 지나치지 않고 제대로 실행하여 수필에 새로운 맛과 향이 나도록 자양滋養을 불어넣어 독자로 하여금 짙은 다향茶香의 맛을 느끼게 한다. 옛것이란 용도 폐기된 실용성을 잃어버린 폐물이 아니라, 이를 다시 새로운 향과 맛이 어우러지도록 음식으로 요리하여 독자들에게 베풀어준다는 말이다. 그는 자신의 수필집 ≪나도 샤갈처럼 미친 글을 쓰고 싶다≫의 후기에서 다음과 같이 말하고 있다.

> 연암 박지원이 쓴 〈녹천관집서綠天館集序〉의 '옛것을 상고하지 못했노라'를 읽고 바로 그것이다 라고 쾌재를 불렀다. 전라감사를 두 번이나 지냈던 이서구는 젊어서 연암에게 글을 배웠다. 그가 쓴 〈녹천관집〉을 연암에게 가져와서 평해 달라고 했다. 당시 이서구는 옛글을 답습하지 않는 새 글을 썼기 때문에 기존 문인들에게 핀잔을 많이 들었던 모양이다. 그러나 연암은 그의 제자에게 경의를 표하면서 그로 인하여 전하지 못하던 옛날 학문이 계승될 것임을 칭찬하였다.

우리가 옛것을 바탕으로 하지 않으면 현재의 문명을 누릴 수 없다. 첨단문물의 모든 것들이 옛것에 새로운 것들을 가미加味하고 다시 모양과 기능을 바꾸어서 새로운 것처럼 만들어 오늘의 우리가 그것을 누리며 살아간다. 연암은 삼종형 박명원이 청나라 고종의 성절사로 갈 때 동행을 하면서 〈열하일기〉를 남겼다. 박지원은 조선 굴지의 대문장가다. 그는 장인의 아우 양천으로부터 사마천의 ≪사기≫를 비롯해 역사서를 교훈 받으며 문장 쓰는 법을 터득하고 많은 논설을 습작하면서 현대소설에 비겨도 결코 뒤지지 않는 소설, 〈호질전〉, 〈양반전〉, 〈허생전〉, 〈예덕선생전〉, 〈광문자전〉 등 부조리한 인간과 사회풍조를 해학과 풍자로 비판 고발한 한문소설을 펴내어 경종을 울렸고, ≪열하일기≫ 중 〈일야구도하기〉는 고등학교 국어교과서에 실릴 만큼 조선의 명수필을 남겼다.

수필가 조윤수는 백제의 사찰에서 찬란한 백제문화답사에만 그치지 않고, 그 유허지나 왕궁리5층석탑에서도 옛 역사문화를 찾아 만져보고 호흡하면서 그 문화에 탐닉되어 작품을 썼다. 뿐만 아니라, 차문화茶文化도 ≪차마고도茶馬孤道≫라는 수필집까지 내면서 다도의 전문성을 그 수필에 담아 다향의 진미를 독자들에게 선사하는 친절도 마다하지 않았다.

한국수필가협회 이사장 정목일도 〈우리 차문화의 멋, 맛, 향기〉라는 작가의 작품해설에서 '나의 차마고도- 오심지다五心之茶의 세계'라 부제하고 '조윤수 수필가의 차茶수필은 맑은 선미가 있다. 명상의 문이 있고 온정과 그리움이 있다, 범속과 과장을 떨쳐버리고 마음으로 주고받는 대화법을 보여준다. … 조윤수 수필가가 한국문화의 한바탕을 이루고 있는 차문화에 관심을 갖고 테마수필집을 펴내게 된 것만 보더라도 개성과 작가정신을 엿볼 수 있다'고 한 발문 성격의 작품해설에 오롯이 드러내고 있을 정도로 차문화 전문가요, 차문화 수필가다.

이렇듯 작가 조윤수는 천인만색千人萬色의 사람의 삶에 관한 지나간 역사나 철학에 관해서도 조금도 지나치지 않고, 깊은 천착穿鑿을 하고 분석하면서 작품에 재해석해 놓는 그의 수필작법은 놀라울 정도다. 이

번 독자들에게 내놓는 제5수필집 ≪발길을 붙드는 백제탑이여!≫는 그러한 작가의 수필적 재능이 종합적으로 응결된 작품집이다.

앞으로도 한여름의 태양보다 더 뜨거운 열정으로 종교, 역사, 미술, 음악, 다도茶道 등 사람의 삶을 무채색의 햇빛이 프리즘을 투과시키면 일곱 빛깔 무지개로 영롱하게 비쳐지듯 아름답고 가치 있는 좋은 작품들을 옹글게 많이 창출, 생산해내길 바란다. 그리하여 조윤수 수필가의 작품을 그냥 스치지 않고 그가 만들어 놓은 작품세계 속에서 독자들이 그 영혼과 교통하며 인간의 삶의 의미를 깨닫고, 인간의 아름다움과 행복을 느끼고 발견할 수 있기를 기대해 본다. 제5수필집의 상재를 마음 깊이 축하드린다.

조윤수 기행수필집

발길을 붙드는 백제탑이여!

인쇄 2016년 11월 07일
발행 2016년 11월 10일

지은이 조윤수
발행인 서정환
펴낸곳 수필과비평사
주소 서울시 종로구 삼일대로 32길 36(익선동 30-6 운현신화타워 빌딩) 305호
전화 (02) 3675-5633, (063) 275-4000 · 0484
팩스 (063) 274-3131
이메일 sina321@hanmail.net essay321@hanmail.net
출판등록 제300-2013-133호
인쇄 · 제본 신아출판사

ISBN 979-11-5933-063-6 03810

값 16,000원

이 도서의 국립중앙도서관 출판예정도서목록(CIP)은 서지정보유통지원시스템 홈페이지(http://seoji.nl.go.kr)와 국가자료공동목록시스템(http://www.nl.go.kr/kolisnet)에서 이용하실 수 있습니다.(CIP제어번호:2016026797)

Printed in KOREA

※ 이 책의 발간비 일부는 문화체육관광부와 한국문화예술위원회의 지원을 받았습니다.